ネパール周遊紀行

田村善次郎

武蔵野美術大学出版局

MAUライブラリー——01

ネパール周遊紀行

はじめに

　ネパールを最初に訪れたのは昭和四二（一九六七）年の秋も終りの頃であった。荷物を積んだトラックの上に乗って、マハーバーラタ山地を越え、カトマンズ盆地に入った時の感激は、今も昨日のことのように思いだすことができる。澄みきった空の彼方に雪をいただいたヒマラヤの高い峰々に囲まれた盆地の、取り入れの終った田圃の中に点在する村々の風情には、故郷に帰ったような懐かしさと、落着きを感じさせられた。カトマンズの町には中世の都市はこんなでもあったろうかと思わせるような趣があった。冬の初めの盆地の朝は深い霧がたちこめていた。そんなある日の早朝、村のほうに散歩にでた。深海の底を思わせるような深い霧の底から、小さな水壺を小脇にかかえたサリー姿の女が、田圃の畦道にふっとあらわれ、そしてふっと消えた。何のことはない、トイレのないネパールの女性が朝の用足しに出た、その一齣だったのだが、妖精を見たのかと錯覚するような幻想的な光景であった。だからというわけではないけれども、その時から、私はヒマラヤの小さな王国、ネパールに魅せられてしまった。速いもので、それからもう三〇数年の月日が過ぎてしまった。その間に断続的にではあるが何回かネパールに赴き、調査と称して村や町を訪ね、一宿一飯の恩義にあずかった。出あう人は老若男女を問わず皆、暖かく親切であった。何者とも知れぬ異邦人の私たちであったが、一夜の宿りを頼めば誰もが拒まずに軒先を貸してくれた。そして様々なことを教えてくれた。言葉も生活習慣も異なる人々の世界のことであるから、どれほどのことを私が知りえたのか、理解しえたのか判らないけれども、厳しいヒマラヤ山地やその南麓斜面を生活の場とし、営々と暮らしてきた人々の生きざまの数々を教えて貰ったことは確かであるし、その見聞を糧として、モノを見、考えるようになったこともまた確かである。もし三〇数年前のあの時にネパールを訪れなかったら、今の私はなかったし、異なった道を歩いていたに違いない。長年にわたって暖かく迎え、多くの見聞を与えてくれたネパールの人々とたくさんの友人たちには本当に感謝をしているし、彼らの国がいつまでも平和で健やかに発展してほしいと願っている。

本書に収録したのは、これまでに私がネパールで見聞し、学んだことを折にふれて記した紀行文的な文章をとりまとめたものである。発表誌も発表年月もばらばらであるから、重複もあるし、舌たらずな部分もたくさんあるが、初出のままにほとんど手を加えていない。読みにくい部分が多々あると思うがご寛容いただければ幸いである。なお本書は武蔵野美術大学の出版助成を得て刊行するものである。ここに付記してお礼の言葉としたい。

◉第3章 フムラ見聞抄 209

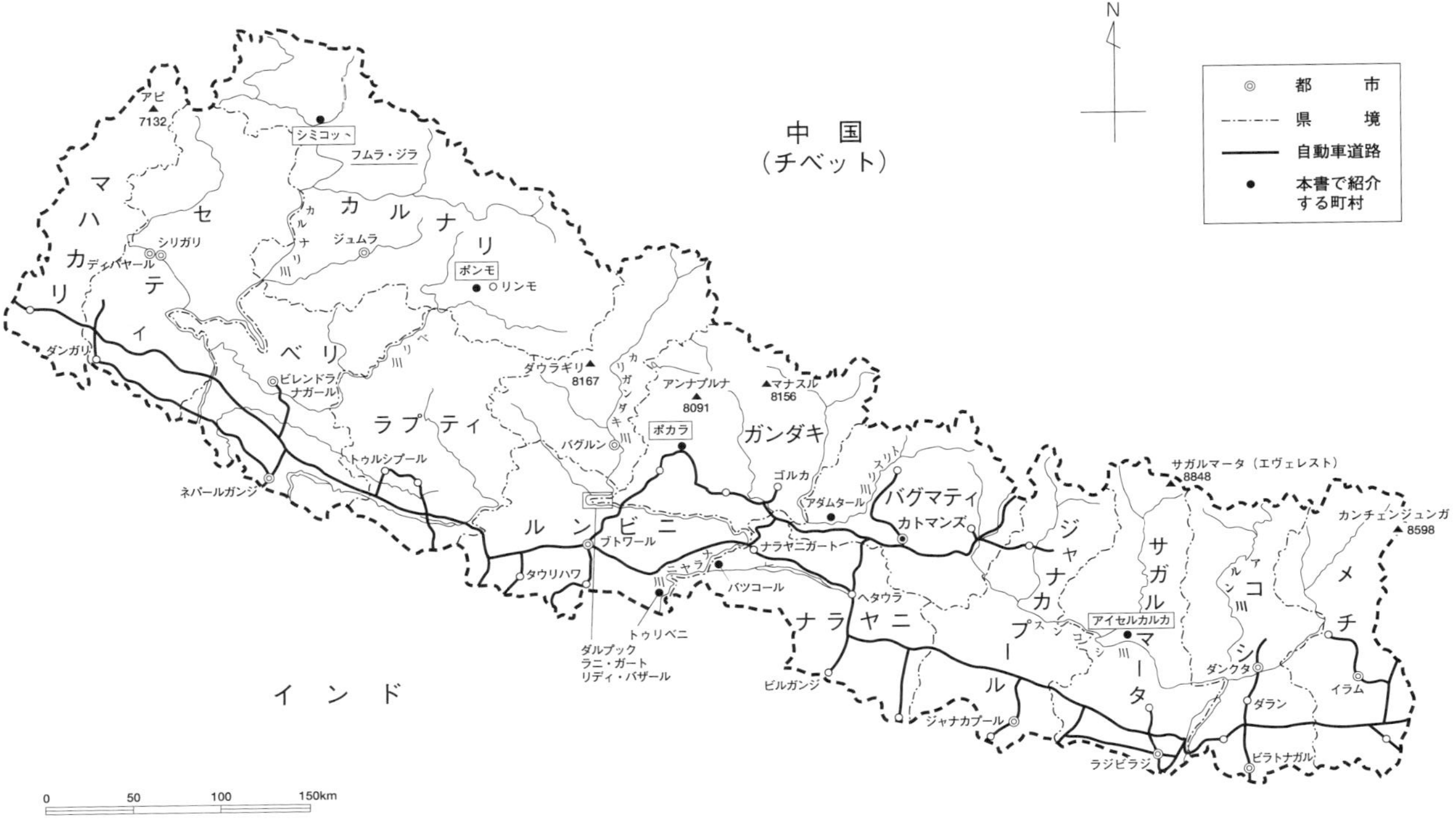

中国
（チベット）
N
都市
県境
自動車道路
本書で紹介する町村
マハカリ
セテ
カルナリ
ベリ
ラプティ
ルンビニ
ガンダキ
ナラヤニ
バグマティ
ジャナカプール
サガルマータ
コシ
メチ
インド
アピ 7132
シミコット
フムラ・ジラ
シリガリ
ディパヤール
ジュムラ
カルナリ川
ポンモ
リンモ
ダンガリ
ビレンドラナガール
ベリ川
ダウラギリ 8167
カリガンダキ川
アンナプルナ 8091
マナスル 8156
バグルン
ポカラ
ゴルカ
トゥルシプール
ネパールガンジ
アダムタール
スリスット川
カトマンズ
ブトワール
タウリハワ
ナラヤニガート
ニャラナ
バツコール
ヘタウラ
トゥリベニ
ダルプック
ラニ・ガート
リディ・バザール
ビルガンジ
ジャナカプール
スンコシ川
アイセルカルカ
サガルマータ（エヴェレスト） 8848
アルン川
カンチェンジュンガ 8598
ダンクタ
イラム
ダラン
ラジビラジ
ビラトナガル
0 50 100 150km

装幀——高麗隆彦
写真——荒川健一

第1章

ポンモ村記

ドルポ西南端のチベット人村落

1――ポンモ滞在記

ポンモ村の元日

私たちは、一九六七年の九月から六八年の五月まで約八カ月の間、ネパール王国に民族学の調査に出かけた。

ネパールは、東北六県に新潟県と北海道を合わせたぐらいの面積で、人口は約一〇〇〇万人という小さな国であるが、チベット高原とインドの大平原にはさまれて、東西に七〇〇〇メートル以上の高山をいくつも持ったヒマラヤ山脈が走り、世界の山国として、登山愛好家たちのメッカとしてよく知られている。また一方、釈迦誕生の地であることや、カトマンズを中心に古い文化や宗教建造物が数多く残されていることから、この国を訪れる人は多い。

私たちの目的は、ネパール王国の中でも比較的外国人の入ることの少なかった、西部ネパールの奥地に住んでいるというチベット人の村を調査することであった。西ネパールの奥地には古い宗教や生活慣習がまだ残っているのではないか、という予想があったからである。

インドの荷物輸送や諸々の手続きなどに予想以上の時間がかかり、奥地にむかってカトマンズを出発したのは、予定から一カ月以上もおくれた一一月の末、峠の道には雪が降り始める頃であった。

● 1

ヒマラヤの山は深く、谷は険しい。

ヒマラヤの道は、この深く険しい山を越え、北はチベット高原から南はタライのジャングルを抜けて、インドの平原まで続く、細くたえだえと長い道である。ヒマラヤの住民たちは、この道ともいえぬ道を通って、北から南へ、南から北へと移動を続けてきた。

南のタライ地方で稲の取り入れが始まり、畑に菜の花が美しく咲き乱れる頃、北のヒマラヤ山地には、冬が近づいてくる。そして峠の道は雪で閉ざされてしまう。山の住民たちは峠が雪

●西部ネパール民族文化調査隊踏査図

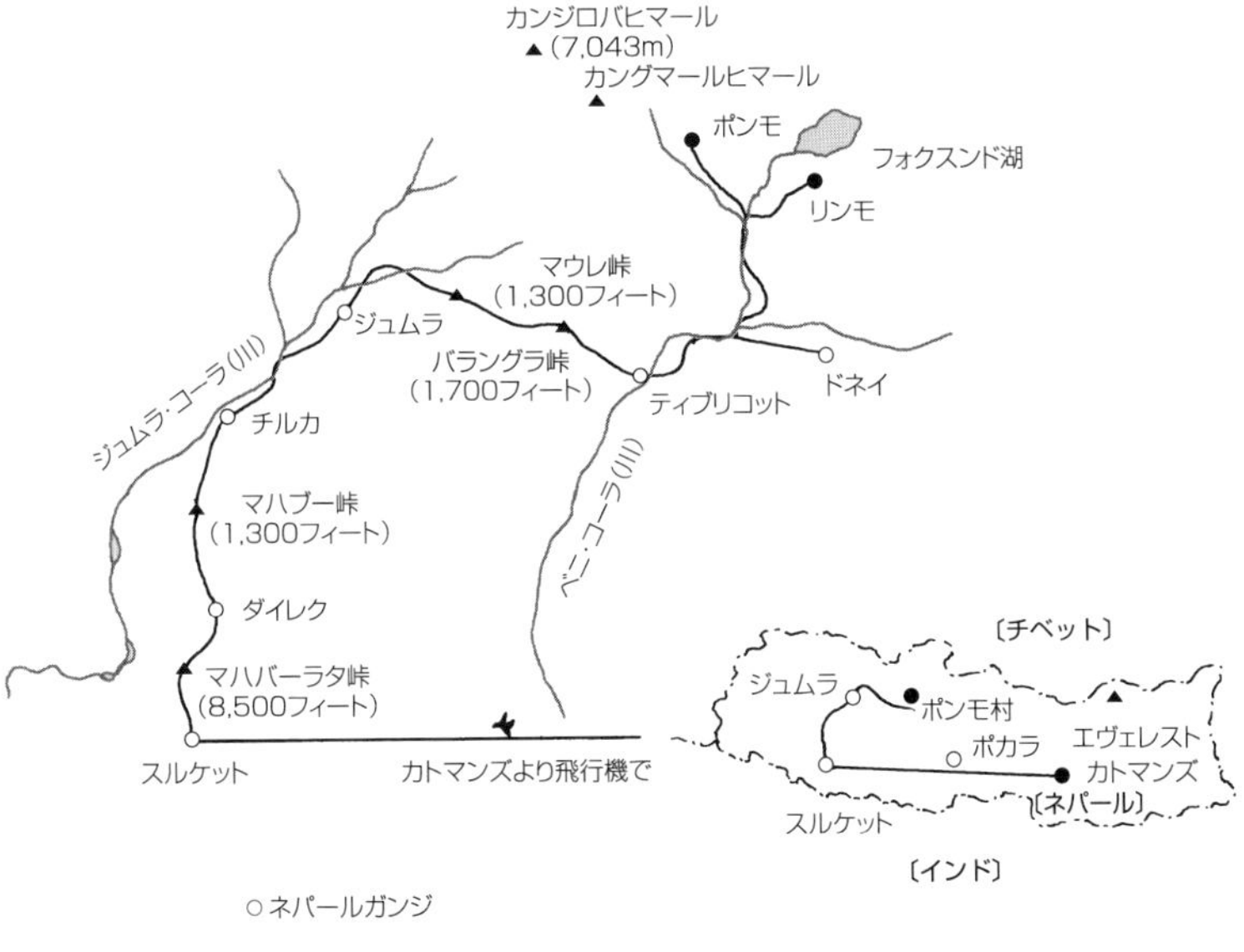

ポンモ村，外観

村の中，陽溜まりは暖かい

雪の朝のポンモ

石積みの家，外観

裏山の中腹から

ポンモの谷

カンニ，手前の石積みはマニ石の塚

峠の積み石塚

梵字を刻んだマニ石

経文を刻んだマニ石

で閉ざされるまえに、わずかの家財道具をまとめ、ニワトリやヒナといっしょに、竹で編んだ大きな籠に入れ、羊や山羊の背には穀物やチベットから運んできた塩、羊毛などをつけて南の国へ旅に出る。

寒い冬を暖かい南の地方ですごし、春になったらまた山の住居に帰ってくるというのが、彼らの年中行事であり、大事な生活手段となっている。

暖かい地方で家畜に十分草を与え、一方、北から運んできた岩塩を南の布や穀物などと交換して持ち帰り、夏になるとそれをまた北の国に運んで物々交換をするのである。

冬が近づいたヒマラヤの道は、北からの旅人たちでにぎやかになる。羊たちは首につけた鈴を鳴らし、道草を食いながら進む。草が十分あるところでは、何日もとまって腹いっぱい食べさせ、草のない山中では雑木の枝を折って羊に食わせながらゆっくり進んでいく。一日に何程も進まないのんびりした旅であるが、彼らにとっては旅そのものが生活であり、べつに急ぐ必要はない。峠の雪が消えて夏が近づく頃までに、村に帰りつけばよいのであるから。

私たちがキャラバンを始めたのは、山の人々が南に下ってくる時期であった。少ない日で数組、多い日には十数組、何百頭という羊の群と出会いながら、私たちの旅は続けられた。南から北へ、山を越え、岩をよじのぼり、川を渡って、くる日もくる日も続けられた。

できるだけ純粋なチベット人の村を見つけて住み込み、村人たちが食べるものを食べ、生活をともにしながら深くその生活を観察しようという目的で西部ネパールの奥地に目標を決め、計画を立ててきた私たちにとって、複雑なインドと中共(中国)の関係に影響されて、チベットとネパールの国境への立ち入り禁止ラインが、大幅に広げられたことは大きな打撃であった。

当初、目的地としてあげていたムグカルナリ流域は、奥まで入る許可が得られず、やむなく第二の候補地としていたドルポ地方に入ることにしたが、ドルポ地方の情況は少しもわからない。

奥地にいけば何とかなるだろうということで出発したものの、私たちの行くところはどこでしょうと毎日聞きながら歩くという変な旅になってしまった。

日本を出発する時には、かなりはっきりしているように思っていたチベット人村落の所在も、ネパールの首都カトマンズに着いて、いろいろ情報を集める段になると、さっぱりわからなくなってしまった。首都カトマンズの人たちにとって、私たちが行こうとするような地域は夷狄の住む所である。西部ネパールの中心地であるジュムラすら大変なところとされており、役人などでジュムラに転勤させられるということになると、まるで島流しにさせられたように悲しむのである。

私たちがポンモ村に落ち着くまでに、予想以上の日数と苦労を重ねなければならなかったのは、村に着いて見るまでは、まったくその村のことがわからないという情況の不正確さにあったのだ。まことに旅は辛いものである。

●2

それでも日を重ねるにつれて、少しずつようすがわかり出してきた。しかし、これぞという村は見つからない。皆の間に焦りが見え出した頃、リンモ、ポンモというふたつの隣り合ったチベット人の村の情報が入ってきた。

リンモという村は、フォクスンド・タールという湖のほとりにあり、たいへん景色の良いところで、外国のパーティも何組か入ったことがあるという。ここはジュムラやリミ地方とトルボ地方との交易路にあたっており、通行する人も比較的多いことから、いくつかの情報を得ることができたが、リンモと隣り合った谷でわずか一日行程ぐらいしか離れていないポンモについては、大ラマ（ラマ教の僧）がいるということ以外に、ほとんど知ることができなかった。大雑把なことでは、リンモ、ポンモとも純粋なチベッタンの村で、戸数は二〇戸程度であるらしい。冬も大部分の村人が残っているという。

その当時の私たちの状態としては、三〇日あまりのキャラバンを続けたあとでもあり、これ以上新しい村を探してうろつくだけの余力は残されていなかった。また、探したとしてもリンモ以上の村が見つかるとも思えなかったので、とりあえずリンモを目指すことに決めた。

新しい年、一九六八年はキャラバン中に迎えることになった。

元日の夜は薪も十分得られないような、吹きさらしの寒々とした川原でテントを張った。前の村でやっと買った粟の飯と、ジャガイモのわずかにはいったカレースープが私たちの元日のごちそうであった。まことに貧しい食事であり、わびしいねぐらではあったが、目的地に近づいたという気持ちが皆を元気づけていた。狭い谷を、何回も渡渉をくりかえしながら、リンモの谷に入る峠にかかったのは一月四日のことであった。高度はすでに三〇〇〇メートルを越えているらしい。チベット語でシュクパというビャクシンの木が、このあたりから出てくる。

夕方近くから雪が降り出してきた。雪の積もった山の道は、すべって歩きにくい。今月中に村に着かなければ食料がなくなってしまう状態であった。ポーターたちの大半も食料がないという。谷間から吹き上げる雪に、ともすれば視界をとられそうになりながらも道を急いだ。

途中から本隊とはなれて、食料調達のため先に行っていた神崎宣武君が、リンモの情報を持って途中まで迎えに出てくれたのに会う。彼の話では、リンモは高度が高いところから冬の間は雪が深くて生活ができないので、村人のすべてが本村をはなれて下の方にある冬村に移ってしまっているという。そして、その冬村に出た人たちも大部分が家畜をつれて南のネパール人の村に商売に出ており、残っている人が少ないので調査地としては不適当であろうという判断であった。

最後の望みをたくしていたリンモも、またここにきて幻の村と化してしまったのか。冬季にまとまったチベット人の村を求めることが無理なことなのだろうか、と暗く沈んだ気持ちになってしまう。ともあれリンモの冬村を一目確かめてみなければならない。本隊はとうてい今日中には村まで着けないということで、岩室にキャンプするように手配して、心を残しながらも暮れかけた谷間の道を急いだ。

リンモの冬村は、リンモ河がつくるわずかな段丘にあったが、チベット人の村では、どこでも見かけられるタルチョ(屋上に立てる白い祈祷旗)も立っていないし、ましてやカンニ(村の入口にある塔)、チョルテン(仏塔)といった独特の建物などもない。棘の多い灌木がまだらに生えた中に、陰うつで寒々としたたたずまいを見せていた。村人もほとんど見えない。女が二、三人、家の陰から疑い深そうにのぞいているばかりであった。一見しただけで長期間住み込むことなどできないということがわかる。一夜の宿すら求めることがむずかしい状態であった。

リンモから半日行程ほどのところにあるという、ポンモ村がどういう村であるかわからない。隣村でかなりの往来があるはずなのに、リンモの村人は知らぬ存ぜぬというばかり。とりつくしまもないとはこのことである。

正月3日，タルチョのたてかえ

正月，ダムニャンを弾きながら踊る

供物をねらって集まってきた烏

正月風景

年始にまわる女性，耳たぶには麦もやしをはさんでいる

道化役は人気者

若水を汲む

年の暮れには厄払いが行われる

悪霊よ去れ

ツァンパで供物のトルマをつくる

厄払いの一場面

リンモがこんな状態であるかぎり、ポンモにそんなに簡単に入れるとは考えられないが、なにしろ、リンモには人がいない。そのうえ、あと数日のうちには、また何世帯かが家畜をつれて南へ出ることになっているという。

ポンモはどうなのだろうか。口の重い村人からようやく聞きだしたところでは、村に残っている人が多いという。はたしてどこまで信用できるかわからないが、とにかくリンモが不適当である以上、ポンモに行ってみることにしよう。

天井の低い、半分こわれかかった空家で寝苦しい夜をすごした。

最後にきてまたまた目的地を変えるとは、何とも気の重いことである。ポンモがだめなときには、あとに残された方法はもうない。ともかくもそこに村があり、何人かでも人がいる以上、そこでやる以外にはない。

翌日は昨日にかわる上天気であった。

降ったばかりの雪が山を覆い、道には人の足跡らしきものはまったくついていない。わずか二時間ほどの山道であったが何とも遠く、恐ろしくさえ感じられた。はるか向こうの谷に仏塔らしきものが見え、お寺がかすかに望まれる。村は近いらしい。山腹をまわっていた道が谷に降り、川原に小さな畑が拓けている。この岩かどをまわれば村が見えるという、谷あいの狭間まできて、足はなんとなくとまってしまった。一服つけて気を落ち着け、岩かどをまわる。

見えた、村だ。門のついた大きな仏塔がまず目にはいる。その上にもいくつかの仏塔が、冬の陽射しに輝いて見える。そしてはるか上の台地になったあたりには、チベット風の石積み平屋根の家々が、何本も何本もタルチョをはためかせている。今までに見たどの村よりもチベッタンの村らしい村である。村はしんと静まりかえって、人影すら見えない。ここもまた、もぬけのからになっているのではあるまいか。カンニをくぐり、仏塔をまわって一歩一歩坂道をのぼっていく。

●3

ポンモは良い村であった。四〇日あまりのキャラバンのはてにたどり着いた私たちの落ち着き場所としては、まさにうってつけの村と思えた。

ガングマール・ヒマールの美しいツインピークから流れ出るポンモ川がつくる険しい谷の中程に、ここだけえぐり残したかのようにわずかの段丘がある。この段丘もまた岩山から流れ落ちる谷水で、切れ切れになってはいるが、いくらかの平地がある。そのわずかの平地に人々は家をつくり、畑を拓いて住みついた。

まえは雪山、うしろは険しくそそり立った岩山、山と山とに囲まれてわずかに陽溜まりになった所、そこがポンモ村一八戸、一〇〇余人の人々が居住する天地である。私たちは一月五日、チベット暦の一二月五日にポンモ村に着いた。

ポンモの人たちにとっても、一二月は年間の総決算の月であり、新しい年を迎える準備に忙しい月である。

若い人たちの何人かは、ヤク(牛に似た家畜で三〇〇〇メートル以上の高地に住む)をつれて、リミやジュムラという南のネパール人の村に物々交換の旅に出ており、村の家々では残った人たちが、山中にある寺から、ラマ（ラマ教の僧）を呼んで厄払いの儀式を行っていた。

厄払いは、病気や火災その他の災難にかかった家で行われるもので、必ずしも暮れだけに行うものではないが、やはり暮れともなると多いようである。私たちが村に着いた日は、村長の家で厄払いが行われていた。

たいていの家は、平屋根二階建ての屋上に小さな部屋がついていて、そこが仏間になっている。村長の家のは、一間半に二間ぐらい、小さな窓が一つついているだけのうす暗い部屋で、正面には曼陀羅が掛けられており、横に並んで五、六人の坊主が座って読経していた。坊主たちのまえにそれぞれ経本が広げられ、またシンチュウ製のお椀が置かれている。いずれもなみなみとチャン（麦などで作る地酒）が盛られている。一番奥に坐って黄色の法衣をつけた人物が、話に聞いた大ラマらしい。しきりにチャンを口に運びながらドラを鳴らし、経を読んでいる。

着く早々、大ラマがきて厄払いをやっているという話に、荷物の整理などはそっちのけにしてテープレコーダーを持って駆けつけた。はじめて見るテープレコーダーに、大ラマ先生はすっかり御機嫌になって、経の録音からはてはダムニャンという三味線に似た楽器まで持ち出して歌え踊れという始末で、とんだ厄払いになってしまった。

おかげで私たちの村入りは、スムーズにすんだ。それからも一週間ぐらいはあちらこちらで厄払いが行われたが、そのたびに大ラマ先生が、テープレコーダーやラジオを御所望だという使いをうけては駆けつけ、陽気な厄払いが続いた。

厄払いは本式にやると二日かかり、たいへん金のかかるものだというが、村長の家でさえ、年間に使う現金が三〇〇ルピー(一ルピー約四〇円)ぐらいしかないという貧しい村のことであるから、簡単にお経だけですますのが普通である。

厄払いがすみ、村からラマの姿が消えた日、交易に出ていたヤクが帰ってきた。一六頭の背には二袋ずつヤクの毛で編んだ袋を積んでいる。これはすべて正月用の食料だという。籾が多いらしい。

男たちは、呑気そうに日ねもす紡錘車をまわして糸をつむぎ、女たちは、陽溜まりに集まって坐機をすえておしゃべりをしている。毎日毎日が同じようなくりかえしで、何の変化もないような村であるが、わずかずつ新しい年を迎える準備はすすんでいるようであった。

●4

チベット暦では月が満ちてゆく時が良い日である。とくに満月の時が最高に良い日とされている。寺ではその日に、村人が金持ちになるように、病気をしないようにという祈りをこめて祭りを行う。月が欠けていくのは悪いことで、新月の日は最悪の日となっている。とくに一二月の二九日は一年の総決算ともいえる悪い日である。この日には一年のうちにたまったもろもろの悪いことを追い出す行事が、村の家々で行われるのである。この行事をグ・ドックと呼んでいる。

今年は、一月二八日がチベット暦の一二月二九日になるという。本当は一月二九日がグ・ドックの日にあたるのだが、二九日というのは大変悪い日であるからということで、一日切り捨て、二八日にグ・ドックを行うことにしたのだという。

暮れもおしせまって、三日行程ほど谷を下ったところの、ドネイという地方庁のある町に出稼ぎに出かけた若い連中は、このことを知らないため、帰りが間に合わないのではないかと心配しながらも、家々では準備をすすめている。

前日から降り出した雪で、村は白く埋まってしまった。谷底の村の日暮れは早い。五時ともなればすでに暗闇である。暗闇の中を腰まで雪に埋まって、ドネイに出た連中のうち若いものだけが帰ってきた。村長や助役といった主だった人たちは、会議があるとかで、今日は帰ってこないらしい。

朝から、何度も何度も村の入口にあるカンニのところまで出ては、帰りを待っていた村長夫人が、ションボリと家に上っていく。

夜行われる行事を観察するため、モラムじいさんの家に行く。

じいさんの家でも三人の息子が交易と出稼ぎに出ていて、まだ帰ってきていなかった。そこへ私たちが三人で押しかけたので、じいさんは息子たちが帰ったようなものだと大喜びである。村長の家に嫁いでいる長女も、孫たちをつれて里帰りをしている。因業なことで有名なばあさんも、今日ばかりは孫たちに囲まれてニコニコしている。囲炉裏には大鍋がかけられ、肉、米、豆、エンドウ、小麦粉、大麦粉、馬鈴薯、大根、カブの九種類を入れた粥がグツグツ煮立っている。この粥はグ・ツックといい、グ・ドックの夜に食べるものである。煮え上る頃に娘が、ツァンパ(日本のハッタイコに似た粉)をこねて人形をつくる。これはルウと呼ぶもので男、女、子供と三体つくる。人形のまえにはお椀らしい形をしたものを並べる。最後に残ったツァンパを各人が少しずつとって、身体中をなぜまわすようにしてから、ちょうど何かを包みこむようにして丸め、ルウを入れた木の盆に放りこむ。これは身体についた穢れをふきとって、ルウに持っていってもらうためである。楽しそうにやっている。ルウをつくって身体の穢れを拭きとったら、グ・ツックを食べる。普段の食事といえば、ツァンパやロティ(麦粉やトウモロコシ粉を鉄板で焼いたもの)に、せいぜい塩味をつけた馬鈴薯やカブのスープといった単純な味のものしか食べない村人にとって、これはたいへんなごちそうである。

皆につぎわけられるのを待って、じいさんの「さあごちそうができたよ、皆腹いっぱい食べておくれ」という音頭で食べはじめる。こんなところは日本と何も変わらない。いっしょにいったシェルパのひとりは、故郷の家でやはりグ・ツックを食べているであろう妻子のことなど想い出してでもいるのか、しんみりとしている。小さな孫は、ちょこちょこと椀をかかえてじいさんのまえに行ったり、ばあさんの膝に乗ったりしながら、おいしそうに食べている。シェルパならずとも一家団欒の楽しさを想い出すような雰囲気であった。腹いっぱい食べたら各自が自分の椀に残った粥をルウにかける。鍋に残ったものもルウにかけてしまう。

嫁が白い布を首にまき、末娘と孫娘が、鎌と機織りに使う金具のついたオサを持ち出してきた。これから一年間の穢れを身につけたルウを、村はずれまで捨てにいくのである。一般にはルウを捨てるのは男に限られているというが、じいさんの家では息子たちがまだ帰ってこないので、嫁が代りをつとめるらしい。

鎌やオサなどは、日常使用する鉄製品を代表するもので、これを持って歓声をあげて走っていくと、悪霊が恐れて逃げ出すという。

ルウを持って娘たちが家を出るとき、じいさんは炉端で数珠をくりながら一心に経を読んでいる。身体についている諸々の悪いもの、病気や悪い夢などを皆持っていってくれるように、そして、新しい年は清らかな身体で迎えることができるようにという意味の経である。

娘たちが門口を出るとき、炉の火を石皿にのせて送って出たばあさんが、その火を大声とともに投げ捨てる。悪霊は空腹のときには火の中に潜んでいて人にとびかかり悪さをするので、追い出すためにやるのだという。

娘たちは雪の降りつんだ村の道を大声をあげながら村はずれのカンニまで走っていく。松明のあかりが雪に照りはえ、とび散る火の粉が悪霊の踊りのように見える。幻想の世界に入り込んだような錯覚にとらえられる。

村の入口と出口にはカンニと呼ぶ塔が建てられており、狭い意味での村領域はこのカンニの中ということになっている。村人にとって、カンニの外と内はまったく別の意味を持っていると考えられる。ルウが身代りになって運んできた悪霊、悪夢、それに諸々の悪事は、カンニの外に大声とともに放り出される。放り出すと同時に後足で雪をかけ、素早く石を三つ積む。この三つの石には重要な意味がある。石は上から天上界、地上界、地下界を代表する神のシンボルとして積まれるもので、村の外に放り出された悪霊たちが、ふたたび村の中に入り込んで災禍をもたらすことのないように封じ込めるのである。

ルウを送り出した後では、家人たちが門口に出て、麦藁と古くなった竹籠を燃やし、水とツァンパを持って待っている。ルウを送った人は、この火の上をとびこえ、水とツァンパを頭からかけられて清められる。そのあとまた門口に石を三個積み、悪霊たちが家の中に入ってこないようにまじないをする。一同揃って家に入り、杯にバターを三点つけて、チャンを呑み、この行事は終りになる。

モラムじいさんの家での行事が終って外に出たときも、まだ雪はしきりと降っていた。

家々の門口で燃やす竹籠のかがりが、雪の上を走りまわる人々をシルエットのように浮きあがらせ、村は異様な雰囲気につつまれていた。

明くれば大晦日。降りつづく雪が昨夜の跡をすっかり消して、清浄無垢、白一色の世界である。大晦日にはたいした仕事はない。すすはきは二九日の午前中に終っているし、後は正月中に食べるパルクルという油であげたロティを用意し、夜になって部屋の壁や天井に小麦粉で白く模様をつければ、新年の準備は終ったことになる。

●5

元日の朝は、若水汲《おちみず》みから始まる。ポンモ村では黄金水、白銀水を汲むという。金、銀の水を汲むのであるから、人の汲まないうちに汲む方がよいのである。

村人たちは競争で、村の上手にある水場まで桶をかついで走っていく。早い家では朝三時ごろから起き出して、ツァンパとバターをまぜた簡単な食事をすませ、水汲みに出かけるということで、私たちも早起きをして待っているつもりであったが、昨夜のチャンがききすぎたのか、目覚めたのは四時をまわっていた。家々ではすでに起き出しているようで、何となしにざわめいている。

ねむい目をこすりながら、水場への道を、深い雪に何度となく足をとられながら急ぐ。途中一組が水を汲んで帰ってくるのに会う。

水場にいってみたが誰もいない。昨日、村人に確かめたところでは、水場にある龍神の岩のまえで大きな焚火をし、その中にツァンパ、バター、香（ビャクシン〔柏槙〕の葉を粉にしたものでシャンという）を入れ、身体を清め、顔と頭を洗った後に金銀の水を汲む。そのときに焚くかがり火で水場のあたりは昼のように明るい、ということであったが、真っ暗闇で何も見えはしない。

ポンモの人たちの行動は、たてまえと実際に行われる行為のひらきが大きく、話を聞いただけではわからない。

若水汲みの場合もその一つであるが、今年は雪が深くて大変なので、焚火はせずに、龍神のまえでバター、ツァンパを混ぜた香を焚いてすませたのであるという。誰もいない水場で顔を洗っていると、松明の明かりがさして、村長の弟が若水汲みにきた。

彼について村長の家に上りこむ。時計は五時を少しまわっていた。村長はまだ帰っていないので、弟、老母、嫁が忙しそうに立ち働いている。汲んできた若水は正面の棚に供えられる。ここにはすでに灯明があげられており、壁や天井には小麦粉で模様がかかれている。模様といっても点々と丸くつけているだけで、宗教的な意味を表すものでもないようであるが、何となしに明るい感じを与えるから妙である。ただ白い点をつけただけで目立つほど、ここの家には色彩がないのである。

老母が、奥の部屋から昨夜のうちに用意していたパルクルを持ってくる。これにはヤクや羊などの家畜を象ったものがある。パルクルを盆に入れ、若水をそえ、香を焚いて屋上に登る。屋上のタルチョのところにある神に供えるのである。

香を焚いて清められた囲炉裏には、鍋がかけられ、バターが溶かされる。バターが溶けた頃、チャンが入れられる。これはチャングルといって、日本のオトソにあたるものである。元日の朝、家族だけでこれを祝う。

チャングルが沸き立った頃、老主人が起き出してきて、箱を囲炉裏ばたに並べて膳ごしらえをする。膳にする箱は、巴や卍などのチベット風の模様が描かれた、手製の粗末なものであるが、ふだんは使わない、晴の日のものである。

膳の一つは正面の棚の中段に供えられている。これは神に供えたものではなく、旅先からまだ帰ってこない村長のためのものである。日本の陰膳というところであろうか。

弟は奥からガーゼの荒いような白い布を出してきて、肱から指先までの長さに揃えて切っている。これはライカとして使うものである。

ライカというのは、チベットではカタと呼ばれ、聖なるものを表し、儀式のときはすべてこれが使用される。チャンとともに欠かせないものである。

老母や嫁は料理の仕度で忙しい。料理といってもチャングルの味を見、チベット茶をつくり、昨夜から用意していたパルクルを出して並べるだけであるが、けっこう忙しそうに動きまわっている。

ひととおり用意ができたところで、老主人がそれぞれにライカを渡す。陰膳にもライカがかけられる。そのあと主人から小麦のモヤシの青々としたものを一〇本ずつぐらい、男は耳の後ろに、女は後髪に挿してもらう。

このときに、新年の挨拶が正式にかわされ、チャングルを呑み、パルクルを食べる元日の食事が始まる。

七時頃になって、隣りの息子が年始にやってきた。チャンを木製の容器に入れ、小麦のモヤシとバターを白樺の皮に包んで下げている。

主人の前に進んで、額を床につけて挨拶をする。挨拶の仕方には二通りあるようで、額を床、もしくは相手の足につける場合と自分の右手で相手の足にさわり、それを自分の額にもってくる方法とである。このときにわずかだが舌を出すこともある。相手に対して嘘をつきませんということを表すのだという。挨拶のあと、バターを主人から額につけてもらう。家族の人たちにもバターをつけ、小麦のモヤシをつけて挨拶をするのである。客は持参したチャンをまず主人にすすめ、自分もまた貰って呑み、パルクルを食べる。

主人側では客が帰る時には、客の持ってきた容器にチャンを満たして帰すのが礼儀であるから、客はそのチャンを下げて今度は隣りに行くということになる。そうして村中をまわる。

村長の家は村の旧家であり、代々村長《むらおさ》を務めてきた名望家でもあるので、村人はまず初めにここに挨拶にくる。

年始まわりは、村中の家をまわるのが礼儀であり、また村中の人に来て貰うのが礼儀らしい。私たちもかなりよい気になって、大部分の家をまわり歩いたが、最後にはどこへいってもチャン、パルクル、ツァンパという決まりきったコースにあきてしまって、何軒か略してしまった。一〇日以上たった頃、村人から、お前は正月に来なかったが、今日はアラック(蒸留酒)があるから呑みに来いという使いを受けて、恐れ入りながら出かけたことであった。明日は何を見せるからとか、何々をやるからとかいった約束は、あまりあてにならないことが多いが、こういうことは実に律儀である。

元日の午後、ポンモで最もおとなしい青年である村長の弟と隣りのヒャクパが、ダムニャンをかかえて踊りをはじめた。カメラを向けると調子にのっていつまでも続ける。そのうちに村中の娘たちが集まって見物に加わったので、同じ踊りをくり返しくり返し、ついに暗くなるまで続けた。

踊りはちょっと日本の盆踊りに似た単調なものであるが、なかなか上手である。娘たちも上手であるが、この日にはなんとすすめても踊らなかった。

娘たちは正月のために、暮れのうちに念を入れて織った肩かけをかけ、頭は菜種油できれいにかきつけ、後髪には小麦のモヤシを飾っている。顔はどうも洗ったようすは見えず、すすけているが、なんとなく見映えのするこざっぱりした格好になっている。

踊りの連中が私たちから二升ばかりチャンを貰って、よい気になって帰っていった時には、もう日はとっぷり暮れていた。雪に埋もれた村に、また静寂がもどった。

ラマ僧／キャラバン／学校

●1

雪がやんだ後の空は美しい。どこまでも澄みきって、まるで吸いこまれそうな深い青である。ポンモ村の正月二日はそんなよく晴れた日であった。村人たちは頭に緑の麦モヤシをつけ、チャンの入った容器を下げて家から家へと年始まわりに忙しい。私たちのところへも何人も顔を見せる。今日は正月だからというので村中の家々と子供たちに千代紙を配る。子供たちは物珍しそうに、そして大事に大事にふところにしまって走って帰る。まわってみると、私たちの配った千代紙が囲炉裏のそばの壁に張られている。光もろくに入らない、くすんだ部屋に、千代紙の赤や黄がわずかながら色彩を添えている。

ここはまったく色のない世界である。といって彼らが色に対する感覚や感受性がないわけではない。いつでも自由に手にはいらない環境にいるために、そういうものを使わないだけであろう。初めの頃、ドクターが病人にあげた薬の包装紙の金紙や銀紙の部分をていねいにはがして、壁に張りつけたり、星型に切り抜いたりして帽子につけているのを見て感心させられたが、千代紙もまたそうして家の彩りに使われている。子供たちを集めて折紙を教えてみたが、さっぱり興味を示さなかった。それよりも壁に張ってながめるほうが、美しく実用的だということであろうか。

昼近くなった頃からボツボツと思い思いに寺に出かけて行った。今年は雪が深いせいか出かける人は少ないようだが、それでも後で調べてみたら一軒から一人あたりは寺に行っていたから、ちゃんと守るべきことは守っているのである。

寺は村から二時間くらい離れたところにある。険しい峠を越えた小さな谷の奥である。そこにはリンブルチェと呼ばれ村人から尊敬されているラマ僧とその一家が住んでいる。一家といっても僧は妻帯ができないので妻君はいない。しかし村長の姉が小さい時から寺で養われており、リンブルチェの身のまわりの世話をしているというから、必ずしも女気がないわけではないようである。先代のリンブルチェは大変偉い坊主で、チベットから流れて来て何年もしないうちに、前のラマ僧と岩を踏みくだいたり、空を飛んだりという術くらべをやって勝ち、前ラマをしりぞけて大ラマの地位についたという話であるが、現在のリンブルチェは先代の長男である。そのすぐ下の弟がやはり寺に住み、農業、牧畜、商業その他俗事一切をとりしきっている。ラマ一家は、村一番の財産家であり、ポンモの村人たちの上に君臨している。村の中で勢力のある家は、なんらかの形でラマ一家と深い関係を持っている。たとえば村で最も古くからの家だといわれ、代々村長を務めてきた家の嫁はラマ家の娘であり、村長の母は現リンブルチェの姉、助役の家にはリンブルチェの弟が養子にきているといった具合である。先代ラマがチベットから来てわずかの間に大ラマとして村人の尊敬を受けるようになった背景には、村の勢力ある家と姻戚関係を結ぶという、多分に俗っぽい政治力が発揮されたことにもよるのであろう。とはいうものの単にそればかりではなく、村人のラマ教、もしくは僧に対する信仰と尊敬があってのことである。

ポンモ村の生活を律しているのはラマ教である。病気や災禍のときにはラマを呼び、治療を受け、厄払いをしてもらうのはいうまでもなく、旅立ちの日を決めるのも、農作物についた虫を退治するのもすべてラマ教の教えにのっとって行われる。なにしろすべてのことがお経に書かれているらしい。村人たちに話を聞いていると、必ず最後に、それは何というお経に書いてある、ということになってがっかりするやら感心するやらであった。そういう点ではラマ教の経本は単に教義だけでなく、日用百科全書的なものであるらしい。それだけにいわゆる口頭で父から子、孫に伝えられるといった伝承の類は非常に乏しいようであった。チベット社会は有字文化の社会であり、いわゆる未開社会ではない。高文化社会である。そういうことから読み書きのできる人間は尊敬される。読み書きのできる人の最上位にいるのがラマ僧であり、村人の生活のあらゆる面にわたって大きな影響力を持っている。

話が横道にそれてしまったが、正月二日村人たちは三々五々、深い雪道を踏んで寺に年始に出かけていった。寺ではラマとその一家が、陽当たりのよい庭先にチャンと食事を用意して待っている。村人たちは持参したチャンとパルクルを差し出し、賀詞を述べてラマの祝福を受ける。そのあとは思い思いのところに座を占め、チャンを呑み、愉快に踊りを楽しむ。夜は夜で広間にあがって踊りあかすということになる。正月の一日を寺で十分楽しんだ村人たちは翌日の朝早く村に帰ってくる。

三日はたてまえからいくと、日の出とともにタルチョ(屋上に立てられている白い祈禱旗)を立て替え、村長の家の屋上にチャンを持って集まり、盛大に呑んで踊って過ごすというのが話に聞いたスケジュールであるが、すでに寺への年始が一日おくれていることでもあり、たてまえはたてまえとしてすべて都合の悪いことは融通をきかせるという術を心得ている村人たちのことであるから、日の出まえに帰ってくるといってもあてになるものではない。日の出とともに立てるというからには太陽があるうちに立て替えが終れば上できと思わねばなるまい。

案の定、村人たちが寺から帰ってきたのは昼すぎてからであった。皆呑みすぎたのか寝不足なのか、とろんとした顔をしている。

タルチョの立て替えが始まったのは二時すぎ、暮れるに早い谷間の村の陽は、すでにかげりはじめていた。

大きなフライパンのような鍋にシュクパ(ビャクシン)の生枝とシャンを焚き、主人が経をとなえてお祈りをする。老人も子供も家中総出である。人手の少ない家では親しい人が手伝いに来ている。年の初めの大事な行事であるから、酔っぱらっていたバカサタ君もさすがに厳粛な顔をしている。きちんとしたおばあさんのいるユンドゥン先生の家では、家族皆がこざっぱりした服装をしている。やはりこの村でも年寄りのいる家の方が行事の方法もくずれていないようである。

タルチョを立てる竿は、例年だと新しいシュクパの木に替えるというが、今年は雪のせいか古いものを使っている。ただ頂上にだけは香りも豊かな新しいシュクパの枝が結びつけられる。家によっては枝でなく、シュクパの木で彫った鎗や三叉の矛をつけているのもある。この行事の間、シャンは絶えることなく焚かれている。煙とともに立ち上がる芳香によって、家を守る神々に迷うことなく御降臨願うための家人の祈りがこめられて、いくすじもの煙が晴れた空にのぼってゆく。

正月に立てるタルチョの旗は、経文を押していない無地のものを使う。ただ昨年火事を出したテンバカの家とパルデンのところは厄よけの経文を書いている。この日のために早くから布をたくわえている。普通白無地の布が使われているが、用意のよい家では赤、青、緑などの色布をつけている。親たちが出稼ぎに出て帰ってこなかったニマポンチョの家では、去年のタルチョの端に申しわけ程度に新しい布を結びつけただけである。それぞれの家の性格を表したさまざまのタルチョが立てられた。そのころになるとシャンの香りに誘われたのか、それとも御馳走の匂いをかぎつけたのか、何十羽という鳥が集まってきた。タルチョが屋上に立てられると一同打ち揃って経を読み、チャンや穀物それにパルクルを空高くまいて神々に奉げる。そのあとは例によってチャンでお清めをして終り。

どうやらタルチョの立て替えは陽のあるうちにすんだ。神々もホッとなさったことであろう。

●2

日がとっぷりと暮れてしまった。御馳走を目当てに集まっていた鳥たちもいつしか去ってしまった。村の寄合いは明日のことになるのであろうと思っていたが、やはりスケジュールは消化するらしい。五時頃になるとぼつぼつ村人たちがチャンを手に集まってきた。私たちも村人並みにチャンを持って参加する。屋上の狭い、ふだんは麦藁が積まれている部屋がきれいに片づけられて板を並べて席がつくられている。皆が持ってきたチャンは真中に置かれてあり、若者連中がこまめに酌をしている。私たちはなんとなく村に入り、なんとなく家を借りて調査と称して遠慮なく村中を徘徊し、勝手にどこの家でも上がり込んで、御馳走になってはニコニコしてあそこは待遇が良いの悪いのと勝手なことを言い、正式に村入り(といってもここではそんな形式的なことはないのであるが)の挨拶をしていなかったので、この機会に挨拶をしようと、ノートと鉛筆を持って村長氏に恭々しく村のために使っていただきたいと呈上した。神妙な顔をして受け取った村長はお返しということで経本を一冊持ってきた。村人の代表としてユンドゥン先生がライカを私たちの首にかけてくれる。

村に住み込んで一カ月近くたって村入りの挨拶もないものだが、一応正式に村の主だった連中の集まっているところで挨拶らしきものをすませてホッとする。その間にもチャンは盛んにつがれて、早くもラマ家の息子などは酔いつぶれ、村長の膝を枕に高いびきをかいている。そのうちに若手のなかでも優秀な一人であるパルデン君が歌をはじめた。おもしろくなったと思っているとバカサタ助役氏がどなりだしてパルデン君と喧嘩になる。ますますおもしろい。成行きやいかにと見守っていたが、さすがに年は若くても村長、暴力沙汰になるまえに一喝して治めてしまった。後で何が原因だと聞いてみると何のことはない、助役氏が日本の旦那方がいるのにみっともないから止めろといったのに対して、パルデン君は正月だから日本の旦那方にポンモの歌を聞いてもらうのがなんで悪い、助役だといって威張るなこの野郎というのがことの起こりとか。いやはやこの柄の悪い日本の旦那方に何ともうれしい純な心の村の人々であることよ。

一通りチャンがまわり、喧嘩騒ぎも治まったところで主人たちは引き揚げ、後は若者たちの天下である。例によって手製のダムニャン(三味線に似た楽器)を持ち出して歌と踊りが始まる。今夜ばかりは娘たちも加わってにぎやかに踊り歌う。テープレコーダーを持ち出すといっそう張り切って続ける。踊りは夜中すぎまで続いた。

ポンモ村の正月行事は三日までで終ることになっているが、四日目(二月二日)もまだチャンが残っているとかで、男たちは家々を呑み歩いている。

正月用につくられた村中のチャンが呑みつくされ、チャンの壺を洗って納めたときに正月が終るのだという。

それでも五日目、二月三日には正月の間中畜舎につながれていた家畜を草場に出すようになり、男たちはまた陽なたでのんびりと無駄話をしながら糸を紡ぎ、娘たちは素足で雪道を歩くという日常生活がかえってきた。

●3

村人たちにとって楽しい正月が終り、一見何の変化も見られない退屈な生活がもどってきたとき、私たちと村人たちとの間に顕著な変化が現れていた。

若者たちが今まで以上に私たちの炉端にたむろすることが多くなり、老人たちも、そして正月まえまではどうしてもなじめなかった女や娘たちまで顔を出すようになった。

正月中、よい機会だとばかりに私たちが精を出して村中を呑み歩き、裃《かみしも》をとって村人と接したということも親近感を持たせることになったと思うが、それと同時に暮れのうちにドネイに出稼ぎにいっていた村長以下の人々が、ドネイの役人から私たちの素性をきいて安心感を持ったということが大きな理由になったようである。

村に住み込んで半月くらいの間はずいぶん敬遠されたものである。とくに女性がひどかった。話を聞きに行っても家に入れてもらえず、カメラを向けると逃げ出したり。気の強い村長の兄嫁などは石を投げつけたものである。

女たちがなかなかなじまなかったのは、女の習性として警戒心が強いということもあってであろうが、それ以外に村人一般が私たちを中国人ではないかと疑っていたことによるようである。

ヒマラヤのチベット人たちは中国人に対してかなり強い反感を持っている。それには中印(中国・インド)紛争などの国際情勢も大きいが、より直接的には彼らの日常生活がからんでいるのである。ヒマラヤ山地に住むチベット人たちにとっては農耕や牧畜とともに交易商業が大事な生業となっている。山羊、羊、ヤクなどの家畜の背に、麦、トウモロコシ、米などの穀物をつけてヒマラヤの険しい峠を越してチベット高原に行く。そこでチベット高原でとれる岩塩や羊毛などと交換し、それを持って今度は南のネパール人の村や遠くインド平原まで出かけ、また食料や日用品と交換するというものであるから、交易といってもそれほど規模の大きいものではないが、彼らにとっては生活を支える大事な仕事なのである。そしてチベット高原は彼らにとって同じ言葉、同じ宗教を持つ故郷であり、国境をへだてた異国ではなかった。ところが中共(中国)がチベットに入り、その支配下にチベット高原が置かれるようになってからは、様相が一変する。自由に往来できていたチベットへの出入りが制限され、商業活動や放牧作業に大きな制約が加えられることになった。

それと同時に中共侵入によるチベットの村々の悲惨なできごとの種々が、山を越え谷を渡って伝わってくる。ある村は中共の兵隊たちによって皆殺しにされたそうな、ある村の金持ちは財産を皆とりあげられたそうな、などなどである。そしてマーチン(中国人)は犬の肉を食べるそうではないか、嫌だネェ。そういう感情のなかに私たちはまきこまれたのである。

この村に来ている連中は日本人だといっているが、顔つきはマーチンとそっくりではないか、それにあいつらのなかには犬の皮をいつも腰にぶら下げて歩いているのがいる。あいつらもきっと犬の肉を食うに違いない。日本人ではないだろう、中国人にちがいない。チベットでも兵隊が入ってくるまえに、やはり彼らのような連中がきて、いろんなことを調べたり写真をとったりしたというではないか。うかつなことはしゃべれないぞということであったらしい。

ドネイに行った連中がそこでこの地方の長官であるコイララ氏に会う。コイララ氏は若手の優秀な役人で、現在タライ地方のラプチという所で、実習農場を経営している東京農大の島田輝夫氏と友人であり、そういうことから大変な親日家である。私たちもポンモに入るまえに挨拶に行き、援助を頼んでいた。コイララ氏が村の連中にどんなことを言ったのか直接聞いたのではないが、村人たちの話から察すると、おまえたちの村に今日本人が調査に行っている。日本人というのは大変立派な国民である。そしてポンモにいる日本人のやっていることはネパールにとっても役に立つ大事なことであるから、村人たちもできるだけ協力するようにということだったらしい。

正月中に呑み歩く先々で、今までは中国人ではないかと疑っていたので聞かれることにもいいかげんに答えていたが、日本人だということがよくわかったし、日本はネパールの友だちだということなので、これからは何でも本当のことを言うから、今までのことはどうか勘弁してくれなどと改まられて、面くらったものである。

村に住みついて一カ月近くたち、種々なことがわかりかけてきてはいたが、何か今一歩という感じがしていた私たちにとって、どんな理由にせよ、村人との間の壁がとれたということはありがたいことであった。

村人との親しみは日ごとに増し、若者たちはケロシンランプのともる、明るい炉辺に夜ごと集まってきて、夜半すぎまであけすけな話をするようになった。私たちの調査も後半にさしかかって急速に進んだ。

●4

キャラバンの途中、奥の方から出てきているチベット人に会うようになってから気づいていたことだが、一般にチベット人は他人に自分の名前を教えることを嫌がる。ポンモでもその傾向は強く、てこずらされたものである。調査はまず村人の顔を覚え、次に彼らの所属する家と名前を知ることから始まるのであるが、その段階で面くらうことが多かった。隊員が聞いてくる名前が同一人物であるはずなのに皆ちがうし、一回目と二回目ではまたちがう名前をいうことも平気であり、どれが本名やらさっぱりわからなかった。しばらくしてからわかったことだが、彼らはいくつかの名前を持っている。生まれた時に親がつけた名前、寺のラマ僧がつけてくれた名前、そのほか村人が一般に呼んでいる名前がそれらのものとちがっているということもあるし、若いものは学校に行くようになってネパール式の名前をつけている。それ以外にも、聞かれたからといっていいかげんに答えるので、混乱するのも当然なことであった。私たちが確かめたなかで最も多いのは七つというのがあった。この人はもともとからのポンモの人間ではない。生まれたのはチベットのラサから六カ月もかかる遠い地方の商家であったというが、子供の頃からラマが好きで、ラマの本が読めるようになりたいというのが念願であったという。村にいたのではその望みがかなえられそうにないし、どこか他国に行けば偉いラマにめぐり会うこともあろうと、一六歳になったときに六人の友人と村を出る。あちこちうろついているうちにコンダルケという所で偉いラマ僧に出会い、そこで修行することになる。そのときには友だちとも別れ別れになっていて二人で弟子入りした。三年ほどコンダルケで勉強していたが、いっしょだった友人も死んだので、その寺を出て一人で放浪をはじめ、遠くへ遠くへと歩いているうちにネパールにはいり、ポンモについた。ポンモに来てから先代のラマに師事していたが、そのうち村の娘といい仲になって子供ができ、結婚してここに住みつくようになったという。今はもう自分の村に帰るにはどういけばよいかもわからなくなってしまったし、もしわかったとしても中共領になっているので自由に行くこともできなくなり大変淋しいと話していた。現在生きている人でチベットやそのほかの地方からポンモに来て住みついたというのは七つの名のおじいさんだけであるが、二〜三代さかのぼるとよそから来たという家はリンブルチェをはじめ何軒もあって、比較的住民の移動が頻繁に行われたのではないかと想像される。入って来て現在続いている者については知ることができる。出ていった人も入って来たものと同じように多いと思われるが、

交易の旅の途中のキャンプ地

旅から帰ってきた

旅の途中のキャンプ地

骨笛を持ったタワ(助僧)

ヤクに荷をつけ，いざキャラバンに

旅の準備に縄をなう(下も同)

雪の日はヤクを放牧地から連れて帰る

連れ帰ったヤクに麦藁を与える

雪の日は仔ヤク寒かろ冷たかろ

放牧は娘・子供の仕事かな

確かめることができなかった。村から出ていったものの記憶は村人のなかから急速に薄れていっている。

七つ名のおじいさんの名前のうち四つまでがラマ僧につけてもらったものであり、そのほかに生まれたときに親がつけた名前、一七歳の時から呼ばれるようになった名前などがある。

どんな理由によるものかつきとめることはできなかったが、とにかく名前を確かめることには大変苦労させられた。それでも何となく確からしい名前がわかってきたが、結局最後までどれが本当の名前かわからないというのが二〜三人は残っている。途中から出稼ぎに出たりして接触の少なかった連中である。自分の名前を言わないくらいであるから、他人の名前になるとなおさらのことである。とくに親の名前は言わない。親が死んでいない場合などはよほど親しくならないと明かしてくれない。死んだ親の名前を人に教えることはディクパ・ヨギレ(地獄に行くという意味)であるから言えないという。

悪いことをするとすべてディクパ・ヨギレであり、何とディクパの多いことかと思うほどであるが、ディクパなことのうちでも最も重いのは生物を殺すことであり、とくに殺人が一番重い。次が家畜、山の樹木をきること、人によっては畑の雑草を掘り起こすことさえディクパであるという。次いで泥棒、姦通、離婚、畑荒し、などが一般にいわれる地獄行きの主なものであるが、細かく拾いあげてゆくと、あまり眠りすぎたり、辛すぎる食物を食べたり、娘のいやがる男と結婚させることなどもディクパなことになっている。これらの悪いことをした場合には、オム・マ・ニ・メ・エ・サ・レ・ドウ(経の文句で南無阿弥陀仏にあたる言葉)を唱えればその罪は消えるという。重い罪の場合は他人に見られたり、知られたりした場合にはシャザイといって罰金を払わなければならないが、人にわからなければオム・マ・ニ・メ・エ・サ・レ・ドウですんでしまうらしい。明治三〇年代に、仏教研究のためにネパールからチベットにはいり大変な苦心の末にその目的を果たして日本に帰った河口慧海という人がいる。彼は日本人で最初にチベットに入国した人で、帰国後『チベット旅行記』という大変おもしろい書物を書いているが、そのなかに、慧海がチーセという霊山に参詣したときに強盗の本場カム地方の人が自分の罪を懺悔しているのに出会った話がある。この人は見るからに凶悪な顔をした恐ろしげな男であったが、その懺悔の言葉を聞いて驚いた。

「諸々の仏さまよ、私はいままで何人もの人を殺し、物を盗り、人の女房を盗み、人と喧嘩をしました。私がいままで犯した大罪悪をここで懺悔します。それで私の罪は消えたものと思います。これから先、私が人を殺し、盗みや喧嘩をし、人の女房を盗る罪もついでに懺悔いたしておきます」。これから自分が犯すであろう罪まで懺悔するのであるからなんとも見事なことである。

ポンモではこれほど極端ではないが、人に見つからなければたいていのことがありがたい経の文句を唱えることで罪は消えると考えているようである。罪の意識は主観的なものであり、仏に懺悔すればそれで消える。第三者から見つけられた時にはラマか村長に罰金を納めればすむ、くよくよ思い悩むことはないではないかということである。

ポンモに一軒空屋がある。それほど古いものではないが天井が落ちている。これはどうも人為的に天井をこわしたような形跡が見られるところから、何か問題のある家であろうと考えていた。直接きいても答えてくれなかったが、ドクターが罪と罰の話などを遠まわしに聞いているうちにふと口がすべって泥棒であったということがわかった。村の中で物がなくなるということはほとんどない。私たちがいた間には、体温計や缶切りなどを子供がおもちゃに持っていくということはあったが、それ以外のもので盗まれたというものはない。どこに何を放り出しておいても盗まれることはなかった。ましてや村人同士の間で盗みなどは例のないことであるといわれていたが、一〇年程前にときどき物がなくなっていたという。それでも村内に手くせの悪いものがいるなどとは夢にも思わず深く詮索することもなかった。ところが、ネパール人の村に交易だか出稼ぎに行った男が、そこで羊を盗んだ。それが発見されてつかまり、村に連れてこられたことから、村の中でも泥棒をしていたことがわかり、村人の寄合いにかけて村を追放したという話である。村八分になった唯一の例である。

●5

チベット社会は有字文化の社会であり、読み書きできる人が尊敬されるということをまえに書いたが、彼らはどういう風にして教育を受けるのであろうか。

ポンモでは男の子は一〇歳ぐらいになると寺にあずけられ、リンブルチェのもとで修業する。男の子といってもすべてではないが、普通の子供ならだいたい寺に入るようである。そこで三年三月三日の間経を読み、写経をするという訓練を受ける。三年三月三日というのはたてまえで、実際はもっと長く勉強しなければならないらしい。普通の場合は一通り読み書きができるようになると村に帰るが、なかには僧侶になるための試験を受けて助僧(タワ)になるものもある。このタワになるのはなかなか難しいようで、優秀な子供で四年でその試験に受かったという。タワになるとラマ僧の助手として厄払いの時の仮面ダンス、鳥葬の際の死体の解体、その他すべての宗教儀式に関与するばかりでなく、村の重役として指導的な立場に立っているのである。タワは村に一二人いる。これは別に定員として決まっているわけではないようで、一〇人しかいない時もあったという。タワになると毎月順番でラマ僧に供物を持って行く。これはラマの食料および燈明料である。持って行くものは一〇テ(約一斗ぐらい)の麦かトウモロコシ、六テ(六升)の米、一・五ダルニ(一ダルニは二・二五キログラム)のバター、チベット茶一個、六テのツァンパ(麦こがし)などであり、タワにとってはかなりの負担になっている。それだけに村人からはラマにつぐ知識人として尊敬されていて、誇りも持っている。向学心に燃える若者たちはタワになり、なおその上のラマになることを望んで修業にいそしむ。村人たちの話によると男兄弟が三人いる場合には長男がヤクを連れて交易に出る。次男は修業してタワになり、三男が家にいて農業、牧畜をするというのが理想的なこととされている。現実にはこのようにいくことは少ないが、タワになっているのは次男が多いことは確かである。

最近になってネパール政府は国として教育に力を入れてきており、奥地にも学校をつくって学校教育を始めた。ポンモにも学校ができた。一九六六年からである。初めは隣村のリンモにあってポンモの子供たちも通っていたが、一九六七年七月からポンモにはポンモだけの学校ができて、ドネイでネパール語の教育を受けた寺の次男坊が先生となって、ネパール語による学習を始めた。学校といっても立派な建物があるわけではなく、村の集会場兼穀物倉庫になっている建物の屋上を使っているようである。いるようであるというのは、私たちが村にいた間、ついにそこでは一度も授業が行われなかったし、物置になっていたからである。この学校はいつ授業をやるのか、寺のいつもだらりと口をあけてよだれをたらしている次男坊先生にきいてみたがはっきりしなかった。休みが多いらしいというよりもときどきしか開かれないようである。冬は正月前後二カ月程が休みで、二月の半ばすぎから授業を始めると聞き、大いに期待していたが、そのうちに村人たちが春村に引っ越してしまい、村がからっぽになってしまった。私たちの滞在期間が終って帰る日も近づいた二月の末、次男坊先生が寺からおりてきた。何だときくと学校が始まるのだという。

どこでやるのだといえば、春村の一つで村の主な家々が移っているゲルーというところで、村長の家畜小屋が教室だという話であった。先生はその間村長の家に泊まるらしい。一応見ておく必要があるということで出かけてみたが、別に何の用意もない。ただ村長の家の入口のところの土間に麦藁が敷かれて仕切りらしいものがつくられていた。ここが先生の部屋にあてられるものらしく、先生自慢のトランジスターラジオが麦藁の上に大事そうに置かれてある。翌日も、その翌日ものんきものの次男坊先生は、私たちのところにつきっきりで陽気にさわいで、いっこうに学校を開きそうにない。

先生が遊んでいてはだめではないか早く行けというと、あなたたちが写真をとりにこないから今日は学校は休みだなどと気楽なことをいって動かない。三日目かにまたおりてきたので写真をとりに行くから早く学校に行けといってどなったら、しぶしぶながら昼頃帰っていった。荷造りなどで少し時間がかかり、二時頃カメラを持って上がっていくと、もう授業は終ったということで先生は陽なたで昼寝をしていた。ついに私たちはポンモ村における学校教育を見る機会をなくした。

生徒は、子供のいる家は一軒から一人ずつ出なければいけないことになっているという。何人も子供のいる家でも勉強できるのは一人だけである。だからモラムじいさんのところではタクラが生徒である。タクラはじいさんの長男で、三〇歳ぐらいになるが少し頭が弱いため、嫁のきてがない気のよい暴れん坊である。ユンドゥン先生のところでも二番目の弟が生徒である。彼はすでに妻子がいるが向学心にとんだ男で、私たちが話を聞きにいっても彼がいると逆に英語を教えてくれとねばられて弱ることが多かった。隊員やシェルパをつかまえては英語を習い、それをノートしては仕事をしながら暗記している姿がよく見られた。

村の若者たちのなかでは、彼のほかにパルデンやテンジンなどが私たちの知識を吸収することに熱心であり、とくにパルデンは頭が良くて二カ月弱の間に日本語の単語を五〇程覚えており、私たちが身体を掻いたりしているとすかさず「シラミ、カイカイ、カ」などといってからかうようになっていた。

向学心に富んだ若者たちが次代の村の指導者となる時、この貧しい谷間の村も大きく変わることであろう。

病気と葬送儀礼

●1

部屋の中は、異様な雰囲気に包まれていた。プラダンとその細君は、入口に近いところにふせっている父親にとりすがって、アジョーと悲痛な声をあげており、弟たちはションボリと部屋のすみにうずくまっている。モラムやタンキャルなどのタワ(助僧)たちは、病人の足もとで一心に経を続け、悪魔よけのトルマをつくって、経が一区切りついたところでは掛け声とともに麦を部屋中にまく。ネルパという病人につく悪魔を追い出すのであろう。どの顔も真剣で、そして悲痛な色をたたえている。ひとしきり経が終ったところで、フライパン様の容器にトルマを入れ、松明を先頭に大声とともに戸外に駆け出してゆく。ネルパを追い出し、村の外に追放したのである。

二月二日、村の長老として尊敬されていたプラダンの父親の容態が、急変したという知らせでかけつけた時のことである。彼は脳軟化症だとかで、私たちが村に着いた時はすでに病床についており、大ラマ先生の治療を受け、厄払いなども盛大に行っていたが、いっこうにはかばかしくなかったのだが、ドクターが毎日診療に通うようになってからは、かなり持ち直して、私たちの宿舎にまで遊びにくるようになっていた。しかし、正月の間にチャンを呑みすぎて、ぶり返してしまったのである。ドクターが駆けつけた時には、すでに瞳孔反応もなくなりかけて、時間の問題だろうという状態であった。その時にはまだ大ラマは来ていなかった。そして病人の妻君もまた、寺に嫁入りしている娘が出産するとかで、昨日から留守にしている。

ドクターの大活躍が始まった。ともかく、ラマが来、妻君が帰ってくるまで、この病人をもたせなければならない。ラマの医術がどんなものであるかは知らないが、村人にとってラマの存在は大きい。この村にはラマがいるから悪い病気も入ってこないし、悪い病気で死ぬ人もいないのだというのが、村人の信念である。そして村人はラマに診てもらい、死に水をとってもらうことをこのうえなく光栄に思っている。客観的に見た場合、日本のドクターのほうが、病気を治すことは上手である。そして薬も良いものを持っている。「凍傷にかかって、腐ってしまい、ラマからおまえの足は悪い足だからもう治らないのだといわれていた。ショナムの足でさえドクターは治してしまったではないか。そのうえ、あのドクターはバイサ(金)もとらない。偉いドクターだ。それにくらべてラマはチャンばかり呑んで、いばってばかりいるではないか……」と言ってはいても、死に臨んだ場合の身内や村人の心情はまた別である。その証拠には、ドクターを呼びにくるまえに、タワを呼んで役にも立たない経を読み、お払いをしているではないか。

この病人はもう誰が見ても長くはない。だが、できるだけのことをやらなければならない。それが医者だ、日本で医学を学んだものの良心というものだ。「どうせ助からないものなら、早く成仏させてしまいなよ、珍しい鳥葬を見るよい機会だよ」などと無責任な放言をして、囲炉裏端で大あぐらをかいている隊長や西山などは、良心を悪魔に売り渡してしまった奴らだ。奴らこそ早く地獄に行くべきだ、そんなことを考えたかどうかはともかくとして、強心剤を打ち、脈をとり、瞳をのぞくドクターの顔には冒しがたい威厳があった。タワも家の人々もなすすべもなくドクターの一挙一動を見守っているばかり。夜がしらじらと明けそめたころ、病人が苦しそうな声を出した。かすかながら瞳孔反応も出てきた。奇跡的に持ち直したのである。「木村さん、生きている、大丈夫だ」。一睡もせず見守っていたドクターのホッとした声、それから病人はラマとドクターの、日本とチベット両医学の協力による手当てを十分に受けて、二月四日大往生を遂げたのであった。

ラマと妻君が山奥の寺から駆けつけたのは、三日の午後であった。病人はドクターの努力によって生へのあがきを続けていた。

ラマは病人の脈をとり、胸に手をあてて、心音を確かめていたが、おもむろに薬袋から薬をとり出した。赤い粉末と経文らしきものが書かれた紙切れが入っていた。粉末を木椀に入れて水で溶かし、別の包から白い丸薬を出してそれもいっしょに溶かす。その後で経文を書いた紙を丸めてたっぷりと薬を溶かした溶液に浸し、病人の頭に数滴たらした後、その紙きれをこめかみにはりつけた。

こめかみにはその前にツァンパの粉をこねたものが塗りつけられていた。日本でも頭痛の時などによく梅干などをはりつけているのを見たことがあるが、ちょうどあれと同じような状態である。そのあと病人の頭を持ち上げ、上向かせて口をあけ、少しずつ少しずつ薬を飲ませていった。それは自信にみちた態度であった。投薬が終ると、息子のプラダン、病人の妻君、ドクター、木村君以外の人びとは部屋から出されてしまった。

ドクターと木村君もけはいを察して座を立とうとすると、残っていろということであった。ドクターの献身的な努力と医学が、ラマ先生の信用を得たのであろう。ラマ医学の秘儀ともいえる悪魔払いの儀式に、いっしょに立ち会わせてくれたというわけである。こんな機会はざらにあるものではない。彼らにできるだけ詳しく観察してもらおう。

手振り太鼓、鈴、それにミルカン(骨笛)がラマの膝の上に揃えられ、経本が広げられた。小さな煙出しの窓からさし込む弱い陽射しが、ほこりっぽい室内をぼんやりと見せる。病人は骸骨のように痩せおとろえた身体を、うす汚れたブランケットにくるまれて横たわっている。秘儀を行うにはまことにふさわしくないほこりっぽい、寒々とした部屋であり、貧しい病人のようすであるが、ラマは背をのばし威厳ある態度で静かに経を続け、鈴を振る。そしてミルカンを三〜四回高く低く吹きならす。なんとも不気味な音色である。地の底や人の心の奥深くに住む悪霊を呼び出すような笛の音が、静まりかえった部屋を抜け、村の中に消えてゆく。

次は右手に太鼓、左手に鈴を持って調子をとりながら経を読む。早く高い調子で、そしてゆっくり低い口調で、それはあたかもネルパたちを叱りつけるように、また説得するように聞こえる。それからまた骨笛が吹きならされ、経が読まれ、骨笛が不気味な音色をひびかせる。それが終ると投石器を取り出し、病人の胴のあたりをピシリピシリと七回うちたたく、瀕死の病人に対してずいぶん残酷なことをするなどと思ってはいけない。病人の身体に巣食っているネルパを追い出すのだから、ラマも一生懸命なのだ。さすがに息も荒くなっていたが、気を静めるように深呼吸をし、瞑想するように目を閉じていたが、機が熟したと見たのか、カッと眼を見開き、一声するどく、「ぺーッ」と声をあげた。これで終り。ネルパたちはヒマラヤの雪の中に追い込まれてしまったことであろう。

ほっと一息ついたラマには、早速チャンがつがれる。くつろいだラマがドクターに笑顔で話すには、「ドクターサーブが親身になって看病してくれ、その上貴重な薬を惜しげもなく使ってくれたおかげで、この病人は今日までもつことができた。本当に感謝している。私の看るところとても助かる見込はないが、私のチベット医術と貴方の持っている新しい日本の医学と協力して、できるだけのことをやりましょう」。

ラマは僧であり、医者であるばかりでなく、村における最高の知識人として、初めから私たちに対して表面は友好的な態度を見せていたが、どこかまだ警戒するようなところがあった。しかし、ここにいたってドクターにはまったく信頼感を持ったようである。その後の治療の過程では、すべてドクターに相談するという態度を最後まで崩さなかったし、葬式が終って寺に帰る時には、いつでも寺に来てくれ、何でも話をするからというほどになっていたのであるが、村での調査の都合でドクターに寺を訪問してもらうことができなかったのは、今になって大変残念なことをしたと思っている。

●2

この儀式が終ると、また村人たちが何人か上がってきた。ラマは妻君にチャンを温めるように命じ、プラダンに手伝わせて病人をだき起こして水を飲ませる。病人は首をがくがくさせ、口をあんぐり開けたままの姿勢である。それに木椀に入れた水を少しずつ注いでいく、喉をごぼごぼいわせながらも半分くらいは飲んでしまった。その次は温めていたチャンをまた同じ方法で飲ませる。瀕死の病人にまったく乱暴なやり方で、殺すつもりかとおもわず腰を浮かしかけたドクターも、飲ませ終って横たえた病人の呼吸がすっかり楽になったのを見て、安心すると同時に感心してしまったという。つまり喉につまっていた痰が水やチャンといっしょに落ちたのであるが、ともかく瀕死の病人にそういう具合に水を飲ませる技術はたいしたものだということであった。

妻君はブランケットを出してきて病人の足をていねいにくるんでいる。足が冷たくなるのは大変悪いことだから、暖かくするのである。そして、ときどきバターを溶かしてツァンパを練り、布につけてこめかみや、後頭部、胸などに押しつけている。これは身体の中に悪い風の出入りする場所があり、それを防ぐためだという。またそれを身体につけることによって、食事をするのと同じ効果があると彼らは考えている。

このようにポンモの村人たちの病気に対する治療法には呪術的な要素が強い。病気はネルパという悪霊がおこすものであるから、そのネルパを追い払うために経を続け、トルマをすてる。しかし、それだけで現在の彼らは病気が治るとは考えていない。ラマもお払いをするまえに草根木皮や動物の骨や内臓でつくった薬を飲ませるし、ドクターの知識を積極的に利用しようとする姿勢を持っているのである。ラマは自分で山中にこもって薬草を採り、薬を調合する。それらの知識がラマの大事な資格になっている。呪術的な方法と漢方薬的な薬の使用が渾然となって、ポンモの大ラマの医術はなりたっている。

二月四日、午後も遅くなってようやくドクターと木村が帰ってくる。昨夜はほとんど二人とも寝なかったらしい。ご苦労さまである。病人のようすは相変わらずであるという。ただ午後になってそれまで入口に近いところに東向きに寝ていた病人を、囲炉裏端のいつも主人が座る側の奥に北枕にして寝かせ替え、麦の入った袋を枕のかわりにあてがい、枕元に経本を置いたという。七時頃にドクターを呼びに来たのであがって見ると村人が大勢集まっている。部屋の中は真暗でなにも見えないがラマとタワが二〜三人読経をしている。例のお払いらしい。このお払いは一時間ぐらい続いた。

その晩、私たちの宿舎では遊びにやって来た若者から、村の親族組織や財産分割などの新しい事実を知らされた。皆興奮して次々と質問を続けた。ドクターは病人のことが気になるらしく、苛々としていたが、通訳のできるシェルパを私たちがはなさないので、病人のところに行くことができなかった。私たちはそれに気づかないほど熱中していた。一一時半、ようやく話が終って、ドクターが病人のところに行った時は、もう息絶えていたという。強心剤を打っても瞳孔反応なし。ドクターのようすを見てそれと気づいたらしい家人が、寝ていたラマを起こしてくる。ラマは黙って顔を見たり、手をとって見たりしていたが、首を振っていつもの奥の席につく。妻君が慟哭しながら、頭を死んだ主人の頭にすりつける。長男がライカ(白い布)でそっと顔をくるみ、毛布をかぶせた。知らせを聞いた村人が集まってくる。ラマは枕元に置いてあった経を読みはじめる。タワたちが低く誦和する。その間に二回、骨笛が吹きならされる。長く強く、不気味な死者を送る音色である。読経は一時間近く続いた。最後に瞑目したラマは「ペーッ」とひと声叫んで終る。

読経の途中から何人かの村人が入口のところの狭い部屋で松明をつくり、割り竹を用意するなどして葬式の用意をしている。隣りの長男の家では、女たちが集まって何か料理をつくっているらしい。

ラマは暦をとりよせて葬式の方法を研究する。死んだ時間、生まれ年などが基準になって、死体を運び出す時や処理の方法などが決められる。なかなか簡単には決まらない。ラマの姪と結婚することになっているタンキャルという若いタワが相談相手になっている。やっと決まった。それによると今日中に処理しなければ明日は日が悪いし、三日後でなければできない。今日中に運び出し、村はずれの川原で火葬にするという。本来なら鳥葬にするところであるが、彼は村の長老でもあり、日も悪いことから、ここでは最上級の葬法である火葬にするのだという。

葬式に従う人たちの役割が決められる。死体の処理をする役、死体をかつぐ人などが主な役であるが、これは故人との関係によって決まっている。若い連中は火葬にするための薪つくりをやっている。部屋の中では赤い僧服と帽子という、タワの正装をした二人のバタック(死体を処理する役名)がライカで覆面をして、死者の上にかがみこみ、なにやら始めた。そっとのぞいて見ると、腰にさしていたナイフを抜いて、右手の薬指を切りとっている。これは人にとって大変大事な指だという。ゴシゴシやっていたがなかなか切れないので最後にはポキリと折ってしまった。切りとられた薬指はライカに包まれ、ジュブと呼ばれる奥の間の箱の中に納められる。この箱は家の神が入っている箱だとかで、家にとって最も大事なものであるという。故人の薬指もこの箱に納められて、家の守り神になるのであろう。

死者はそのあと、紐で首をしばる。結び目に棒をさし込んでギリギリしめるから、首の骨が折れる不気味な音がする。同じようにして腰骨の上もしばる。このときには足首を持って死体をさかさに吊しあげ、何回も振る。身体の中に入っているネルパを封じ込めてしまうような仕事である。それから首をまげ、立膝にして、ちょうど屈葬するような格好にしてしばり、ふだん着ていた着物でくるむ。横ではさきほどから一人が一尺幅に二間くらいの長い白布に五〇センチくらいの間隔で割り竹をはさんで柄をつけたものをつくっている。この白布は死者の首に結ばれる。ラマがときどき小さな声で指図をする以外は誰もひと言も発しない。やがて死体が背負われ、ラマ以外の者がすべて白布につけた割り竹を捧げて家を出る。先頭は松明を持って行く。二番目はホラ貝を持ったタワ、それに続いて白布を捧げた人々、死者、松明と続く、隣りの部屋からは死者を送る女たちのアジョーアジョーという泣声が聞こえるが、誰も出てこない。ラマは一人残って静かに読経を始めた。

葬列はカチカチに凍った雪を踏んで畑の中を一直線に川原におりてゆく。ホラ貝の音が静まり返った村の中にひびき、カンニの頂きにさげられている鈴が、山風を受けて、時おり澄んだ音を出している。死者を呼ぶ天上界からの迎えの鈴のように、高く捧げられた白布は、魂が天上界にのぼるための道であるという。

川原についた死者は紐をとかれ手足を伸ばされて、井型に積みあげて用意されていた薪の上に横たえられ、火がつけられる。死者を背負って来たユンドゥン先生が、若者たちを指図して、次々と薪を積み重ねてゆく。タワたちは少し離れたところに、一列に並んで読経している。火葬の途中で家から油であげたロティとシャン(香)がとどけられる。焼き終ったら、人々は川で顔を洗いシャンをたいて身を清め、ロティを一枚ずつもらう。それは半分にわけて一片を川に流し、一片を食べる。それから引き揚げる。家ではこれらの人々のために、チャンと食事が用意されている。食事が終ると、簡単に経を唱えて終りである。

すべての行事が終ったのは五日の朝もかなりおそくなってから、朝日が雪山の頂きに顔をのぞかせる頃であった。

午後、川原におりてみた。灰にまじって大小無数の骨があたりに散乱したままになっていた。彼らは私たちのように、骨を拾い、墓をつくってまつるなどということはしない。死者の魂は火葬の煙とともにはるかなる天上界にのぼり、神になって人々を守っているのであるから。

●3

正月、それにつづく葬式。私たちにとっては、またとない観察のチャンスであったが、それだけに疲れてしまった。村人のすべてと顔見知りになり、親しくなっていたとはいうものの、人の死という異常なできごとに対して、私たちがどう行動すればよいのか。とにかくできるだけ詳しく見たい、知りたい。こういうできごとのなかに、村人の人間関係や世界観が集約的に現れるのだから、それだけにまた、村人の感情を害するようなことをしてはならない。行動は慎重のうえにも慎重にしなければならない。泊まり込みで看護を続けているドクターや木村が得ている信頼をこわさないように、宿舎では残った皆が何回も打ち合わせを重ね、どんな事態にも対応できるように手はずをきめて待機していた。幸いなことに心配したような事も起こらず、無事に終ったときには皆ぐったりしてしまった。五日はおもいおもいに休養をとることにした。村人の動きも今日は少ないようだ。

しかし、あまりのんびりしすぎるわけにもいかない。ぼつぼつ耳に入る噂によると、正月が終ったS村の家々が皆引っ越してしまうという。それが何日なのか誰にきいてもわからない。その日はプラダン(村長)が決めるのだとか、村の寄合いで決めるのだとか、さっぱり情報が一致しない。プラダンに聞いてもはっきりしたことは答えてくれない。どうもまだ決まっていないらしい。しかし引っ越しが近いことは事実だ。すでに人手の少ないシンドゥルじいさんのところや、ロクサタの奥さんなどは引っ越しの用意を始めたようだ。村人の動きに注意しろ。

ポンモでは村の大事な行事、たとえば村の引っ越しだとか、草刈りの日取り、麦刈り、麦播きなどは村中いっせいに行うことになっており、それは村の寄合いで決めるということになっているらしいが、どうもよくわからない。私たちの滞在期間が短かったというせいもあろうが、後で聞けば寄合いで決められたという引っ越しの日取りも、その寄合いがあったという日にはまったく気づかなかった。そういえば三〜四人の男たちが、陽溜まりで無駄話をしていたが、あれが寄合いだったのかという程度である。小さな村だから、ついそんなことですんでしまうのかもしれない。ともかく村は移る。一軒残らずだ。それもすぐらしい。対策をたてなければならない。シェルパを督励して家々をまわる。

ポンモは同じチベット人の村でも隣りのリンモと違って、いくらか高度が低いのと南面した段丘上にあるということから陽溜まりになっていて、雪解けが早く、根雪になって村が埋もれてしまうということがないので、冬の間も村の家々は、移動しなくても住めるのであるが、なにしろ狭い谷間のことであるから、村のまわりにある畑はわずかである。それでポンモ川の上流にあるゲルーという場所や、谷を二つほど越えたプニカ、ゴンパのある谷などの奥に畑を拓いている。

これらの畑のあるところは本村に比べると、冬の間は雪が深いから住むことはできないが、正月がすぎると雪も消えはじめ、三月になると畑の鍬起しが始まる。その前に堆肥を畑に出さなければならない。本村から運ぶことはとてもできない。それよりは畑の近くに引っ越して堆肥をつくり、鍬起しをして、種播きをすましてから村に帰り、村の周りの畑の仕事をするほうが合理的というものである。それに冬の間に村の近くにある放牧地の枯草は、家畜が食ってしまっているから、奥の放牧地に出さなければならない時期でもあるというのが、村を移る理由である。

私たちはこれをポンモの春村と呼ぶことにした。春村は三カ所あるわけであるが、各家が三カ所ともに畑を持っているわけではなくて、ゲルーに畑のある家、プニカにある家はそれぞれ決まっているので、畑のある場所に家を持っており、そこに引っ越すことになる。

さて、村が移ってしまうということになると私たちはどうするか。彼らについて三カ所に分散するか。それもちょっとできにくい。幸いなことに主な一〇世帯が移るのが、村から一時間ほど上がったところにあるゲルーだということであったから、そこに移ることも考えたが、とても私たちが居候するようなスペースはない。不自由だが本村に残って調査に通うことにし、必要なときには交代で泊まり込むことに決めた。

二月九日に引っ越すらしいというニュースが入ったのは七日のことであった。しかし八日になっても大部分の家では別に何の変わりもない営みをつづけており、変わったことといえばこの日プラダンの家で、法事が行われたくらいである。プラダンの家では午前中から女たちが用意をしている。用意といってもソバ粉を練って直径一五センチくらいの大きなロティと、小麦粉のロティをつくるくらいであるが、何となく忙しそうである。ソバ粉のロティは焼くのではなくて、大鍋に沸き立った湯の中に入れて、ゆでたものである。

ラマが寺からくだって来て、タワが集まって読経をする。正面の祭壇には仏画が五〜六本掛けられている。ひと通り読経が終ったところで、各戸から一人ずつが招かれる。村人は祭壇にしつらえられた炉に、チャンとツァンパを投げ込んで礼拝する。日本ならさしずめお焼香といったところである。それから席につくと、ロティとチャンが配られ、簡単な宴が行われる。これが第一回の法事であるが、この日まで死者の家族は男は帽子、女は首飾りや腕輪をつけてはいけないし、髪の毛を切ることもできないという。そして村の家からは、この日までにお悔みとしてツァンパとお茶を死者の家にとどける。なお第一回の法事後の一週間目、四週間目などにも行われるが、最も大きな法要は九カ月後に行われる。この時まで死者の家族は歌舞音曲の類を禁ぜられており、また、頭にバターをつけたり、家畜に鈴をつけることができない。九カ月後の法要でそれらの喪がとかれることになるのである。

バターは大事な食料であると同時に、宗教儀式などには欠かせない神聖なもののようで、旅立ちの時などにはバターをラマや目上の人から頭につけてもらう。それは災を防ぐ力を持っていると考えられている。喪中にはそれができないのである。

話が引っ越しのことからそれてしまったが、ともかく、私たちの常識から考えて、とても明日中に藻抜けの殻になってしまうとは思えないようすであったから、例によっていつの明日かわかったものではないとのんびりかまえて、若者たちを集めて夜おそくまで、わいわいと、ワイ談などをやっていた。若者たちは実におおらかであけっぴろげであったから、雑談の中から社会組織や、親族組織に関する重要なヒントを得ることがたびたびであった。初めのころはシェルパを通訳にしての話であったから、それほどでもなかったが、そのうちにお互いに片言ながら、ネパール語、チベット語、英語、日本語それに万国共通語の身振り、手振りを加えて簡単な事ならわかるようになってきた。そうなるとなかなか賑やかなことになった。彼らも若い、私たちも若い、若い者同士が集まれば話の行方は決まっている。

「サーブは日本に嫁さんがいるのか」「いない」「恋人はいるか」「いるいるたくさんいる」「おまえはどうだ」「いるよ」といった調子である。ポンモでは何度も書くように、交易が主な生業であるから、外に出ることが多い。北はトルボ地方のチベット人の村々から、南はジュムラ付近のネパール人の村々まで毎年出かける村は決まっている。青年たちは例外なく一二〜一三歳になると、父や兄たちに連れられて交易に出るようになる。そこで彼らはいろんなことを学ぶ。商売や旅の仕方はもちろんのこと、女性に関する知識もそういう時に仕入れるものが多い。交易といっても、行ってすぐ帰ってくるというものではなく、何日も、長い時には何カ月も泊まり込んで商売をするのであるから、村の娘たちと仲よくなることも多い。そしてほとんど毎年出かけて行くから、深い馴染みになるのが普通である。ポンモでは妻のことをケマンというが、これは正式に結婚した女性だけではなく、そういった馴染みになった女性もケマンである。私たちの炉端に集まる青年たちも、皆そういったケマンを持っていた。ハッタイは一八歳であるが、シャルダン村にケマンがいる。彼が一三歳、彼女が一〇歳の時からであるという。テンジンはリンモにいる。これはいずれもチベット人であるが、テシ(二三歳)のケマンはカイガオンの娘でネパーリである。そして現在妊娠六カ月、あと四カ月したら子供が生まれるんだと無邪気に喜んでいる。サーブたちが帰る時にはポーターとして荷物を持って行くからその時には会うことができる。ケマンのお袋がつくるロキシー（蒸溜酒）はとてもおいしいから、サーブたちにご馳走するんだと張り切っている。

彼らはそういうぐあいに馴染みがいるが、その娘と結婚することはほとんどない。ポンモ村の婚姻の範囲を見るとほとんど村内婚で、隣村のリンモから嫁に来ているのが三〜四人、外に出ているのもリンモだけで、それ以外の村とは婚姻関係はない。テシの場合は子供までできようという仲だから、正式に結婚するのかと聞くと、そういうことはできない、という答えが当然のように返ってきた。婚姻の問題はかなり複雑な説明を要するので、ここでは略さざるを得ないが、ともかく、テシが彼女と正式に結婚しようとするならば、村を出ていかなければいけないほどの規制が存在しているのである。そしてそれはポンモ村をなりたたせている親族原理に関わっている。

●4

若者たちとずいぶんおそくまで話しこんでしまった翌日、二月九日、村の雪はほとんど消えてしまっていた。真向かいにそそり立っている山頂の雪が強い風を受けて吹きとばされ、煙のようになびき、青く澄みきった空に消えてゆく。村の中がなんとなく騒がしい、バカサタの家のあたりまで行って見ると、家畜を庭先に出し、竹籠に家財道具をつめて荷造りをしている。やはり今日引っ越すらしい。モラムじいさんのところでも忙しそうにやっている。バカサタとモラムの両家は最も遠いプニカまで行くので、早く出発するらしい。それにしても簡単なものである。竹籠に鍋釜、食器から機織りの道具までつけて

機織り

臼場で穀物をつく

たて糸の調整

菜種油をしぼる

機織りは女の仕事

石臼

機織り

水桶は手作り

つくろいをする男，針は皮袋に入れて腰に下げている

仮面をつくる男

手斧で戸板を削る

山で荒割りした材を背負って帰る

いるが、それでも家族が一つずつ竹籠を背負っていけばすむのだから、何も前日からあわてて用意する必要はないわけだ。出てゆく人々が次々に挨拶にやってくる。皆、頭やこめかみのあたりに災いよけのバターをつけている。家畜の角や額にもつけている。プニカへの道はずいぶん険しいということだ。人はもちろん、大事な家畜が一頭でも足をすべらして落ちでもしたら大損害だ。気をつけて行きなされよ。

プラダンの兄嫁はモラムじいさんの娘である。早く出発するモラム一家を送りに出た娘とばあさんは頭をすりつけ、手をとりあって別れを惜しんでいる。涙を流していつまでも別れを惜しんでいた。わずかな荷物を持ってじつに気楽に移ってゆくように思えた人々も、心情はなにも私たちと変わらない、カンニのところまで出て、女たちは何回も何回も挨拶をかわしていた。一軒、また一軒と村を出てゆく。

昼すぎゲルーに上った。まだ四〜五人しか来ていない。ここは近いから皆ゆっくりしているのだろう。シンドゥルじいさんの孫のヒャクパがロクサタの家に掃除しに行くらしいので、ついて入ってみた。ガランとした部屋のすみに炉が切ってある。炉のまわりには板を敷いてあるが、あとは土間であることは本村の家と変わらない。炉の中やその周りは煙出しの穴から落ちた水が凍って、カチンカチンだ。ヒャクパが鍬を持って来て掘りかけたが、とても鍬の刃がたつようなしろものではない、ヒャクパもあきらめて帰ってしまった。しようがない、ロクサタのかみさんには何回もご馳走になっているのだから、ちょっくら手伝うべと西山と二人、斧を借りてきて氷をぶち割って掃除をした。ついでにそこらにころがっていた丸太を割って薪もつくってやるか、ロクサタのところは主人が出稼ぎに出て男手がいないのだから。薪を割って炉に火をおこしかけたところにかみさんがやってきた。えらく感謝してお茶をご馳走してくれるようすだったが、時間がかかるので一まわりしようと外に出る。

シンソワ親子が松丸太を二つ割りにしたものをかついで山から降りてきた。驚いたことに、これから屋根を葺くつもりらしい。ゲルーの入口のあたりに壊れてしまって、石積みだけを残した廃墟があった。家畜の追い込み場にでも使うのだろうと考えていたところであるが、そこが彼の家だった。シンソワというのはポンモでは物を作る人(大工)という意味で、彼もその一人なのだが、無類の怠け者らしく、本村における彼の家もこわれ放題にこわれているところから、若干の皮肉をこめて、シンソワという仇名をつけたのだが、これほどだとは思わなかった。屋根を葺くといっても簡単なもので、松丸太を二つ割りにしたものを石積みの壁の上に並べて、その上に土が洩らない程度に麦藁を敷いて、土をかけて少したたいて固めるという程度であるから、夕方までには何となしに屋根ができて、人が住めるような格好がついていた。

ともかく、驚かされることの多い引っ越し風景ではあったが、彼らにしてみれば、毎年くりかえしていることで、ごくあたりまえのことなのであろう。何となしに夕方までには納まるべきところに納まったようで、私たちもお茶とツァンパを薪割りのお礼にご馳走になり、暮れかけた道を村に帰った。

なんとも変なことになったものだ。村の住民たちがよそに移ってしまい、まったく関係のない私たちだけが村に残った。それにしても人のいない村は薄気味の悪い静けさである。村人たちによるとネルパが村の中をとびまわっていて、いろいろと人に災いをもたらすということであったが、私たちだけがとり残されてみると、彼らがそれを信じているのも笑えなくなってきた。とくに隊員の何人かが調査のために泊まり込んで帰らない時などは寂しさもひとしおで、炉端での話題もとどこおりがちであった。

付　グ・ドック観察記

一九六八年一月二八日、この日、ポンモ村ではすす払いをし、夜には家々でグ・ドックの行事が行われた。

ボン教徒の村であるポンモではチベット暦が使用されており、すべての行事はラマの占いによって行われる。一般の村人たちは暦を持っていないから、日を知ることができない。ラマが占いによって日を見、村人に知らせるのである。モラムじいさんの話によると、今日は二八日であるが、ラマが経を読み、占いをたてたところ、二九日はとても悪い日だというお告げであったから、一日切りすててしまい今日を二九日ということにしたのだという。それが決まったのは、つい一、二日まえのことであるから、出稼ぎにでている男たちはグ・ドックには間に合わないだろうし、当然正月も一日早くなるので、それにも間に合うかどうかと心配しているのだという。ともあれ、暮も押しつまった二九日、ヒマラヤ山中の僻村、ポンモでも新しい年を迎える準備に何かと気ぜわしい。病人のあるプラダンの家や、火事を出したパルデン・ラマの家などはすでにラマを呼んで厄払いの行事をすませているし、どの家でも正月用のチャン(酒)の仕込みも終っている。あとはすす払いをし、グ・ドックを行えば暮の行事は完了ということになる。

朝から雪。二〇センチ程積もって、なおしきりに降りつづいている。九時半、ヒャクパの家をのぞくと、ちょうど食事時。ばあさんが茶でツァンパをこねている。じいさんが外から帰ってきて、炉端に座り、シャン(香気の強い生葉)を一握り炉にくべる。良い香りが部屋中にただよう。ヒャクパが水汲みから帰ってくる。じいさんがチャンをいれた木椀をすすめる。ヒャクパは半分程のみ、あと茶を足して二、三杯飲み、その椀でツァンパをこねて食べる。例によって簡単な食事である。チャンを御馳走になりながら炉端に座りこんで話しかける私たちには見向きもせず、ばたばたと掃除をはじめる。すす払いは午前中にすませ、午後からグ・ドックの用意にかかるという。早々に腰をあげ、外にでる。雪がひどい。カンニの側では神崎君が八ミリをかまえて、すすを捨てにでる人を待っている。一〇時頃からボツボツ女たちがごみ捨てにでてくる。軒先にたたずんで雪空を見上げ、カメラの方を覗きみては首をふり、村の裏手にドコ(竹籠)をかついでゆく娘もいるが、大半は雪を踏んでカンニの方にやってくる。一年のうちにこれほどたまるかと思える程のすすをドコにいれてくる。いらなくなったものも捨てるらしいが、すすとゴミ以外にはほとんど何もない。つましい女たちはほかの人が捨てたゴミをあさって、何か使えそうなものはないかと探したりしているが何もないようだ。手ぶらで帰ってゆく。

午後、モラムじいさんの家にゆく。息子たちは二人とも出稼ぎに出て帰っていない。じいさん、ばあさんが炉端でトルマをつくっている。ツァンパを水でこね、角錐型や円錐型、動物の姿などに型どり、赤い色をつけ、バターをつける。かなり数多くのトルマをつくるが、これは正月に使うものもあるという。角錐型にした九個のトルマは今夜の行事のためのものだという。トルマを作り終ると、モラムじいさんは孫に手伝わせて屋上のゴンパ(仏間)に供えて、おつとめを始める。トルマを飾った祭壇の周りを孫がシャンを焚いた平鍋をぐるぐるまわして清め、じいさんは読経を始める。三時半頃から七時頃まで

山並を見はるかす峠の上で

引っ越しの家財道具を背負って

雪道は冷たかろうに

引っ越しの日，母と娘のしばしの別れ

引っ越しの準備できたかな

ポンモの村の子供たち(残り4点も同)

読経は続く。いったん帰り、早めに夕食をすませて、五時頃また出かける。ばあさんは炉にかけた大鍋でグ・ツックを煮ている。グ・ドックの夜食べる御馳走で肉、米、豆、エンドウ、小麦粉、大麦粉、馬鈴薯、大根、カブなど九種類のものをいれた粥である。そのうちにパルダンの兄嫁になっている長女が娘二人をつれてやってきた。粥を小鍋に一杯さげている。夫が出稼ぎからまだ帰ってこないので、実家でグ・ドックをやろうというのであろう。それにしても粥持参とはおもしろい。

七時すぎ、松明に火をつけて娘とばあさんが屋上にあがる。私たちも腰をあげかけたところにモラムじいさんがアルミの平盆に九個のトルマを乗せて降りてきて、松明を持った娘を従えて外に出る。後につづいて外に出ると、じいさんは村ゴンパ(寺)の手前から下の畑におりてゆく。松明の灯が雪に映えて幻想的な雰囲気をただよわせている。

モラムじいさんは経を唱えながら、トルマを東の方角に投げ、ついで西に、残りの七個はおおむね東にむかって投げる。七番目と九番目のトルマには投げる前にふっと息をふきかけた。トルマを投げ終ったら盆にいれていた大麦を畑に播き、手をたたき礼拝する。娘が松明をかかげて最初のトルマを探し、その方角をみて、じいさんに西の方を向いていると身振りでしめす。トルマの方角をみて占いをするのだという。西向きになっていると良い、東向きは悪いのだという。この間、モラムの家からは太鼓の音が絶えず聞こえる。振りかえって見ると、屋上にばあさんが松明をかかげてたたずんでいる。孫がたたいているのだろう。

家に帰ったモラムじいさんは、屋上にあがり、また読経を始めたようだが、今度はそれほど長くない。一〇分ほどで太鼓の音がやみ、孫といっしょにおりてくる。トルマを割ったものを乗せた盆を持っている。動物の形につくっていたトルマを割ったものらしい。皆に一切れずつ配る。私たちにもくれる。ばあさんが粥の炊け具合をみて、頃合いだとみたのだろう、シャモジで九回すくい炉の正面側にかける真似をし、一〇回目には呪文を唱えながら炉の火にかける。娘がツァンパをこね、人形《ひとがた》をつくりはじめた。人形は男、女、子供と三体つくるものだというが、男女二体で子供はつくらなかった。そのほかやはりツァンパで椀様のものをつくり、人形のそばにおく。人形つくりのあと、残ったツァンパを各々がとりわけて平たくのばし、それで身体中をなでまわすようなしぐさをし、包みこむように握りつぶして人形のそばに置く。身体中のけがれを包みこむということであろう。身体をツァンパで清めたら、いよいよ食事だ。皆の椀に粥がつがれたのをみて、じいさんが音頭をとって三声ばかり唱え言をいう。「さあ、御馳走ができたよ、腹いっぱい食べましょう」という意味の言葉だというが、正確には知り得ない。小さな孫たちは椀をかかえてじいさんの側にいったり、ばあさんの膝に乗ったり、楽しそうに食べている。日ごろは苦虫をかみつぶしたような顔をしているばあさんも、今夜ばかりはニコニコして私たちにまで愛想がよい。

腹いっぱい食べた家族の者たちは、椀や鍋に残った粥を人形に注ぎかけ、ツァンパでつくったお椀にいれる。モラムじいさんは炉端で数珠をくりながら経を読みはじめ、長女が首にライカ(白い布)をかけ、人形を入れた木箱を持って外に出る。下の娘が鎌と松明を、孫娘と孫が機織りの梭《ひ》を持って後に続く。門口を出たら小走りになってカンニの方に向う。ばあさんが石皿に火をいれて門口まで送り、娘たちが火走りさったあと、その火を隣の庭に向かって大声とともに投げ捨てた。これは家に残った悪霊たちが火に潜んでおり、空腹になると人にとびかかって悪さをするので、それを追い出すための呪いだという。

じいさんの読んでいる経は身体についている諸々の悪いもの、病気や悪い夢いっさいのものを持っていってくれ、そして新しい年は清らかな身体で迎えられるように、という祈願のお経だという。

家を出た娘たちは、雪の積もった道を大声をあげながら一気にカンニまで走っていく。松明の灯りが雪に照り映え、とび散る火の粉がまるで悪霊の乱舞のように見える。

カンニは村の出入口に建てられた塔である。ポンモのカンニは古びて、最上段に描かれた眼は消えて見えないが、村人たちの心象にはカンニの眼が常に見えており、外からくる悪いものをその大きなまなこでにらみすえ、防いでくれている。だが、村人たちにとっての村の内と外は、ときによって随分と異なるのである。生産の場である畑や放牧地はカンニの外にあり、正月すぎて雪の心配がなくなって移動する春村もカンニのはるか遠くにある。それらの場所をも自分たちの村領域として人々は認識しているのだが、グ・ドックや葬式などの行事の時にはカンニの内が村であり、カンニを出ると村の外ということになる。最初グ・ドックの話を聞いた時、村のはずれまで人形を送っていくのだといわれ、後を追うのが大変だと思っていたのだが、カンニは村の真ん中ほどにあるモラムの家からだと三〇メートルも離れていない。娘たちの足でも一分とかからない。一気にカンニを駆け抜けた娘たちは家内中の悪霊、悪夢、諸々の悪事を背負わせ、たっぷりグ・ツックを持たせた人形を大声とともに道端に放り出し、素早く振り向いて後足で雪をかけ、石を三重に積んだ。この石は天上界、地上界、地下界を司る神のシンボルとして積まれるもので、村の外に放り出された悪霊たちが、ふたたび舞い戻って災いをもたらすことのないように封じこめるのだという。

人形を送り出した後、家に残った人たちが門口に出て麦藁と古くなったドコを積んで燃やし、水とツァンパを持って待っている。娘たちは後を振り返らずに、無言で帰り、火の上を飛びこえ、待ちかまえたばあさんたちに水とツァンパを頭から振りかけられる。清めであろう。そのあと門口にも石を三重に積んで家に入り、一同揃って炉端に座ってバターを三点つけた椀でチャンをのみ、グ・ドックの行事は終った。

モラムの家から外にでると雪はまだ降りしきり、家々の門口で燃やすドコのかがりが、大声をあげて村の中を駆け抜ける人の列を浮きあがらせていた。

明日は大晦日。一年中にたまった悪いものは人形が背負って村の外に出てしまった。村の中も、家の中も清らかになったことだろう。

2——ポンモの村と人

●はじめに

西北ネパールのグレート・ヒマラヤの山中には、隠れ里のような小さな村がいくつも点在している。ポンモはそうした村のひとつである。

私たちは一九六八年一月五日から三月一日までポンモに滞在した。この村はドルポ地域の西南端に位置しており、住民はボン教を信仰するチベット人である。このあたりはチベット文化と、西ネパール中間山地帯の土着文化との接点になる地域であるが、この地域に関する研究報告は多くない。管見によると一九五六年春に西ネパールのチベット文化圏を踏査したダビッド・スネルグローブ、一九五八年の西北ネパール学術調査隊(川喜田二郎隊長)、そして一九六六年五月にユリコットから峠越えでポンモとリンモを踏査したネパールの地理学者ハルカ・グルンの報告などが目につく程度である。

一九八一年にこのあたり一帯は国立公園(Shey Phoksundo National Park)に指定されているが、現在は外国人の入域禁止区域になっており、再訪をはたせないでいる。

ポンモは、半日行程離れたところにある湖畔の村、リンモと並べてツォ・ポンモと呼ばれている。ツォは湖のチベット語であるが、このあたりではリンモの別称でもある。リンモ（Ringmo）とポンモ（Pongmo）は周辺の人々から兄弟村として意識されている。

私たちはツォ・ポンモに、トゥリ・ベリ川の支流シュリ・ガートを遡る道をたどって入った。ベリ川との合流点から支流に沿って三日、谷は二つに分かれる。東北から流れてくる本流の谷（ポンモの村人はリンモチュ＝リンモ川と呼んでいた）を遡ればやがて高い滝にあたるが、これはツォ（ネパール名でフォクスンド・タール）という湖から流れ落ちる滝である。この湖の畔にリンモの村とゴンパがある。リンモもまたボン教徒の村である。たいへん景色のよいところで、この村を訪れたスネルグローブは、湖畔に立って「阿弥陀如来のおられるという極楽浄土とは、まさにこのようなところであろうか」と賛嘆の声を発している。ツォから先にはドルポの奥地に向かう道が細々と続いている。

ポンモの村は、西北から流れ下る谷（ポンモチュ＝ポンモ川）を二時間ほど遡ったところにある。これより奥には村はない。ポンモの谷の奥には村の人々がカンソンニェと呼ぶ独立峯が雪煙をあげている。その麓をまわってユリコット、リミ方面への道が通じており、ハルカ・グルンはこの道を通ってポンモに入っている。この道はポンモ、ユリコット間の近道であるが、途中に五一一四メートルの峠があって冬季は雪に閉ざされるため、夏から秋の数カ月しか通れないという。

●周辺の村々

ポンモのようすを述べる前に、ポンモと関係の深い、周辺地域の村々について簡単に見ておこう。

［シャルダン、ナムド］ ドルポ地域の村のなかで、ポンモの人々が交易のために最も頻繁に往来するの

がシャルダンとナムドである。

ツォから北へ五三〇〇メートル近い峠を越えると、チベット高原の乾燥地帯に入る。純粋なチベット文化圏である。スネルグローブはこの峠を越えるとドルポであると記しているが、ポンモの人々は時にはツォ・ポンモまでドルポに含め、場合によってはシャルダン、ナムドをさしてドルポといったりもする。しかし一方でポンモの村人は、自分たちは一夫一婦制であり、一妻多夫はいけないことだと考えているが、ドルポ（シャルダン、ナムド）では一妻多夫を悪いこととは思っていない、などと違いを強調することもあった。

峠を越えていわゆるドルポに入ると、戸数一〇戸から二〇戸程度の小さな集落が点在している。一九六八年にはこの地域は入域禁止区域となっており、私たちは足を踏み入れていないのだが、スネルグローブの記述を見ると必ずしも密集村落を形成しているのではないようだ。この地域には古いボン教の寺院が多く、寺が中核となって集落が形成されたところもあるように推測される。ナムグンなどは寺と寺番の家があるだけのようだ。

シャルダンもナムドも、畑作農業は行われているがごく小規模なもので、生業の中心は牧畜と交易におかれている。この地域の人たちは、夏は家畜の背に穀物などをつけて国境を越え、チベット領のキャトック・ツォングラまで行く。そして冬はチベットから穀物との交換によって持ち帰った岩塩や羊毛などをヤクや羊の背に負わせて、リミやティブリコット、ときにジュムラまで運んで穀物などと交換するのである。

私たちは一九六七年一二月末、リミやティブリコットの村でドルポから来たという何人ものチベット人に出会った。ティブリコットではツァルカ村の人が薪割りや堆肥出しの仕事をしていた。彼らは交易を主な目的として来ているのだが、峠が雪で閉ざされてしまう冬の間は、村の家に宿を借りる。その間、連れてきたヤクはジャンガル(ジャングル)に放牧し、暇な時には日雇い仕事や機織りなどの賃稼ぎをして冬を過ごし、春になったらドルポに帰るのだという。日雇いの賃は一日三マナの麦、トウモロコシ、あるいは粉であるという。

夏も冬も交易と家畜の放牧をかねての移動であり、目的地の村ではかなり長期間滞在する。かつて、つまり一九五九年のチベット動乱が起きるまでは冬季の放牧もチベット領内で行っていたという。スネルグローブや川喜田二郎などの大先輩が歩いた時代と、私たちが歩いた時とは一〇年ほどの差しかないのだが、チベット動乱という大きな政治的社会的変動を間にはさんで、この山中の暮らしも大きく変わっているようである。

このような物々交換を中心にした交易はこの地域に限らず、ネパール北部国境一帯に広く行われている。チベット高原とネパール中間山地帯をむすぶ地域は、穀物と塩・羊毛などとの物々交換を基本とする中継貿易地である。塩のないネパール中間山地帯と、穀物の絶対量が不足するグレート・ヒマラヤの北面からチベット高原にかけての地方とは、生活の存亡をかけて、持ちつもたれつの関係を続けてきたのである。それは、現在も同様である。

[ラハガオン]　ツォ・ポンモから南に下って最も近いネパール語を話す村がラハガオンである。戸数二五戸、人口一五〇人ほど。チェットリ、バルキ、ロカというカースト混住村であるが、スネルグローブはこのほかにサルモ、ウケロ、ブダテキなどのカースト名をあげている。チェットリ以外は低カース

トであるという。ハルカ・グルンはマトワリ・チェットリの村と記している。高い尾根上に村があるらしく、グルンの記述では、このラハガオンと少し南のパロラガオンはどちらも夏村(夏の期間だけ行く場所)をもっているとなっているが、私たちはパロラガオンの名前はまったく聞いていないし、夏村の存在にも気付かなかった。ラハガオンとリンモ、ポンモの三村は同じ行政単位となっているというのだが、ポンモを巡る交易の舞台にラハガオンの村民はほとんど顔を出さない。ごくたまに小間物類をもって行商にまわってくる程度であるという。日常生活の上ではそれほど密接な交流はないようであった。

［ドネイ］　ドルポ・ジラの郡役所の所在地で、チェックポストもある。私たちが訪れた頃はオフィスなどの建築が盛んに行われているということで、ポンモの人たちが何人も出稼ぎに来ていた。現在は飛行場が近くにできており、乾季の間は定期便が運行されている。

［ティブリコット］　ベリコーラに合流する谷によってつくられた扇状地に立地した村である。扇状地の東端に取り残されたような丘があり、その頂上に、このあたりでは珍しく立派なヒンドゥー寺院が建てられている。マハーデーブァ神を祀るトリプレシュワリ・マンデルである。赤煉瓦の建物の中央部にそびえる四角錐の尖塔がひときわ目立って、対岸からの眺めはまるでおとぎの国の城を見るようであった。この丘にはかつてコート(砦)が構えられていたという。コートの遺構を利用してマンデル(寺)は建てられている。その丘の麓にサルキ、カミなどの集落があり、少し離れた南斜面にチェットリやバウンの三集落がある。カーストによる見事な住み分けのありようが印象的な村であった。スネルグローブはサルキ、カミなどの住んでいる部分がより古く、彼らのほうが先住民であろうといっている。ティブリコットの標高はおそらく二四〇〇メートルくらいであろう。水牛を飼っている家もあり、川沿いの低地には

水田が拓かれ、柳の枝が風にゆれ、オアシスの村といった景観であった。昔から東西南北の交易の中継地点として重要な位置にあったと思われる。先に記したようにドルポのツァルカ村から来たというチベッタンが何人か村の家に宿を借り、薪割りや堆肥出しの仕事をしていた。

集落には四つとも平屋根石積みの家屋が密集しているが、大きな家の窓枠や入口の木枠に彫られた彫刻が印象的であった。村長などに聞くと自分たちはヒンドゥー教だと答えるが、村のなかにはシャーマニズム的な土着の信仰と考えられているマスタの祠も祀られている。また、家の入口や屋根などにダウリヤと呼ばれる、素朴な木像を立てている家もたくさんあった。ダウリヤは一種の魔除けで、悪い病気や事故で亡くなった人が悪霊となって災いをもたらすので、その侵入を防ぐためのものであるという。ヒンドゥー教と土着の信仰との混淆が著しく、宗教上からも大変興味のある所だと思われる。

[パロラガオン] カスの村で、緩い斜面に密集村を形成している。この村もポンモの村民が交易の基地としている村であるが、私たちは村の少し下を通る街道から見上げて通り過ぎた。ドルポの最奥ともいうべきツァルカの住民が交易、越冬に出てくる終点がパーラである。

[リミ] ベリ川の深い谷をはるかに見下ろす陽当たりのよい南斜面の山腹に、約一五〇戸が三つに分かれて密集村を作っている。トウモロコシや小麦の収量はかなりあるようだった。私たちはここで一二月下旬の一週間をすごし、主に交易関係の聞き取り調査を行った。カスの村であるが、冬季にはドルポ(シャルダン、ナムド付近)のチベット人たちが大勢越冬に来ており、それぞれの馴染みの家で間借り生活を送っている。間借りといっても入口の狭い一区画を借りて自炊をしているわけで、屋内のちゃんとした部屋を使用しているのではない。こういう馴染みの関係をローバとかネーザンといい、何代もに渡っ

て続いているものもあるという。

リミの人たちはリンモ、ポンモやドルポからもたらされた岩塩や羊毛などを、ジュムラやさらに南のシャマコーラまで運んで穀物と交換することが多いのだが、ときにはドルポ（シャルダン）まで交易にでかけることもあるという。

［ユリコット、カイガオン］　ツォ・ポンモの人々にとってティブリコット、パーラ、リミなどは交易の中継基地としてかかわりの深い村であるが、カースト社会に組み込まれたカスの村であることから、一定の距離をおいた付き合いをしているようである。しかし、ユリコット、カイガオンの人々とは親しい付き合い、ある点では同列の付き合いをしているように見受けられた。ユリコット、カイガオンの村人の出自は確かめ得ていないのだが、チベット人との混血がかなり進んでおり、チベット色の濃い生活様式をもった人たちであった。ポンモの男たちのなかにはユリコットやカイガオンに馴染みの女性を持っている人が何人もいた。これらの馴染みをもケマン（妻）と言っていた。青年の一人はカイガオンのケマンが臨月に近い状態になっているといって、子供の生まれる日を指折り数えて楽しんでいた。生まれた子供は娘の親が育てることになるのだという。ポンモの男がこれらの村の女と結婚した場合には、ポンモから出なければならない。そのようにして村を出てユリコット、カイガオンで世帯を持っている人が何人かいるし、ユリコットからポンモに移住した家も一軒だけだがあった。

ジュムラからカイガオンまでの間には、ムニガオンやチョウリコットのように屋根の上にタルチョ（祈禱旗）を立てて、外から見ただけではカスともチベッタンとも区別のつけがたい村が点々とあった。また、チベット動乱以後に住み着いたというカンバ族の開拓村もいくつか見受けられた。残念ながらいまこれらの村々について語るべき知見をもちあわせていないのだが、このあたりはチベット文化がヒンドゥー文化と直接接触混淆する地帯であることは確かで、興味深い地域である。

●兄弟村リンモ

ツォ・ポンモは行政上はカルナリアンチャル・ドルポジッラに属しており、シュリ・ガードを南へ下ったところにあるカスの村、ラハガオンを含めた三村が一単位となって、プラダンは村長を選出していた。一九六八年当時のプラダンはポンモのショナム・ギャルボ(二六歳)であった。

トゥリ・ベリ川に北から注ぐシュリ・ガード(ティブリコットではロクタンコーラと呼んでいた)の谷は、トゥリ・ベリの谷に比べると一段と険しさは増しており、また、別世界のように樹木の繁茂する谷であった。ポンモチュと合流するまでの間に三カ所、リンモから来たというチベッタンが数家族ずつ小屋掛けをしていた。岩陰などに石垣で簡単な囲いをし、屋根も木の枝や草で葺いた。まったくのキャンプ住まいであったが、どこも風の当たらない陽溜まりの狭い平地が選ばれていた。小屋のまえには簡単な木枠を組んで棚をつけ、その上に塩の袋を積み上げているところもあった。湖畔の本村は冬は雪が深く、家畜に食わせる草にも事欠くので、毎年秋の取り入れが終ると交易と放牧を兼ねて南のリミやジュムラあたりまで下るのだが、その途中このようなキャンプ地で休みながら行くのだという。キャンプ地となっていたシュリ・ガードの谷で二七〇〇メートルくらいの標高である。こういうキャンプ地のありように、彼らの放牧を兼ねた交易活動の一端をうかがうことができる。

ツォの本村は湖面標高三六一六メートルの高地にある。戸数はハルカ・グルンによると一三戸、一七地帯、人口八七人となっている。ほかにゴンバを中心に一〇軒ほどの集落が少し離れてある。ゴンバはボン教の寺、村人はポンモと同じボン教徒である。

ツォ・ポンモと呼ばれているように、両村の間では嫁のやりとりがあり、姻戚関係のある家も多いのだが、私たちはリンモの詳しい調査はしていない。生業の形態はポンモと同じであるが、四〇〇メートルほどの高度差によるものであろうか、ポンモではできないチベット大麦がリンモでは栽培されているという。また一年のうちツォの本村に住むのは数カ月で、冬の期間は一家をあげて交易の旅に出るし、下流のいくつかある冬用のキャンプ地で過ごすことも多いのである。キャンプ地付近に畑はなく、放牧を主たる目的とするもののように見受けられた。恒久的な家屋をもつ出村(春村や夏村)にはポンモチュとの合流点から少し上流にマルワ(標高三三〇〇メートル)とポラムの二つがあり、ここにはわずかだが畑も拓かれていた。スネルグローブやグルンの報告では、ツォの人たちは、春は本村で過ごし、五月の種播きを終えるとマルワに移って、そこの植え付けをし、冬はポラムで過ごすとなっている。しかし私たちが訪れた一二月末、マルワには数家族が居たが、彼らは南に下る途中で、二、三日ここに滞在するだけだということであったし、ポラムは無人であった。

●ポンモ――その外観

ポンモに行くにはマルワの少し下流にある合流点から道を左手にとって、ポンモチュに沿って上る。傾斜の険しい谷の中腹につけられた踏み立て道をたどって約二時間、道は下りにかかる。いったん川原近くまで下り、岩鼻をまわると突然、道を塞ぐように立つ大きなカンニ(村の入口にある塔)が目に入る。

このカンニがポンモの村の入口である。カンニはかなり古び、荒れている。外側の模様は剥落ち、修理されたようすもない。そこからまた道は上りにかかる。見上げるとかなり上の方に集落が見える。ポンモ本村の集落である。道の両側には粗末な石垣が築かれており、その内側は畑に拓かれている。石垣に沿っていくつかチョルテン(仏塔)が立ち、マニ石の塚が築かれている。チョルテンには枯れ草が風にそよいでいた。今は剥落してしまっているが、以前はカンニの上部には目が描かれていたはずである。この目は村に入り込もうとするモノを監視し、悪霊や悪魔の侵入を防ぐ役目をもつ大事なものである。ポンモの人たちにとって、カンニの目は剝げ落ちて見えなくなっていても、あるものとして認識されているのである。私たちの仲間の一人が写生したカンニに、村の仏画師は、これは正しくないといって、目玉を描き足してくれた。

ここから二〇分くらい急坂をのぼると第二のカンニがある。こちらは通路部分の内部に描かれた壁画も外壁も、よく残されていた。目は消えて見えなくなっていたが、屋根のてっぺんに下げられている鈴は風をうけて澄んだ音を響かせていた。そのカンニをまわるともう村の中である。家々は比較的、固まって建てられている。カンニの基部は門になっており、通り抜けることができるのだが、村の人たちはけっしてこの門を潜って出入りはしない。外側を廻るのである。その廻り方には一定の決まりがあって、ポンモの人たちは必ず左まわりに廻って出入りする。またマニ塚に積まれているマニ石には、日本的な表現をすると六字の名号に当たる文句の彫られたものがほとんどであるが、それもラマ教の「オム・マニ・パドメ・フム」ではなくて、ボン教の「オム・マティ・ムエ・サレドゥ」である。それらのことから、この村の人たちがボン教徒であることがわかる。ラマ教徒はカンニは必ず右まわりに廻って入るし、マニ車も右廻しにするのである。

本村にある建物は一五棟。そのうち空家一軒、村ゴンパ一棟、集会所一棟があるから、住まいとして現在使用されているのは一二棟である。しかし、リンブルチェの持家となっている一棟は、ゴンパで暮らしているリンブルチェ、あるいはその家族が本村に下って来た時に使用する程度で、日常は空いているから、本村では一一棟に一八世帯が暮らしていることになる。ゴンパに住まいを持っているリンブルチェ一家と、出村であるプニカに年間を通して住んでいるリンブルチェの弟一家もポンモの成員と考えられているので、それらを含めるとポンモの全世帯数は二〇世帯になる(九五ページの表参照)。人口は一二八人、うち男五九人、女六九人で、一世帯平均六・四人。女が一〇人多い。かなり注意して出稼ぎや交易などで外に出ている成員も聞いたつもりであるから、家族員数には大きな違いはないと思うが、若干の洩れはあるかもしれない。小さな村であるが出たり入ったりが頻繁で、とくに冬の期間は長期間出ている人が結構多いのである。

ポンモ本村の標高は三二〇〇メートル。ツォよりもかなり低い。家の裏などの陽の当たらないところにはわずかに雪が残っているが、陽当たりのよい畑も、村の中もからからに乾ききっていた。ツォは冬の間は雪があるので村の人は外に出てしまうが、ポンモでは冬のあいだも人々は村で暮らしているのである。とは言うものの交易などで出入りすることが多く、全員が揃って村にいるということは、私たちの滞在中にはなかったし、おそらく一年を通じて村人全員の顔が揃う日はないといってもよいだろう。

私たちがカンニを廻って入り込んだのはポンモの中心になる集落で、私たちはここを本村と呼ぶことにした。ポンモにはこの集落のほか、三カ所に出村(春村)があり、村の家々は春になると一家を挙げて移ってしまうのであった。

春村のほかに夏の期間だけ行く場所(夏村)もあると聞いている。そこは家畜の放牧が主であるが、ジャガイモを作れる程度の小さな畑もあるらしい。場所は確認していない。

ポンモの生業は、ドルポのチベッタンの村々と同じく、畑作農業と牧畜、物々交換を主体とする交易である。農業といってもその規模はたいへん小さく、食料の三分の一が自給できるかどうかといった程度のものでしかない。作物は春播き小麦とダッタンソバが主である。村の畑を大きく二つに分けて、小麦とソバを一年おきに輪作する。小麦とソバ以外には、ごくわずか、家の近くの畑などにジャガイモ、油菜(菜種)、カブ・大根、豆類を栽培する程度である。かつては山を焼いてソバをつくる焼畑もかなり行われており、その痕跡が残っている。しかし、ラマ僧に「ジャンガルを伐り払って焼くことはそこに棲む鳥や獣を殺すことになるから、よくないことである」と止められたことから、焼畑はずっと少なくなっていたのだが、さらに数年前からネパール政府によって禁止され、罰金をとられるようになって、まったくやらなくなってしまった。焼畑ができなくなってから出稼ぎにでることが多くなったという。

私たちが滞在中、村の男たち七、八人がドネイの建築工事に働きに出ていた。

ポンモで飼育されている家畜は、ヤク(去勢牡)八〇頭、ディム(牝ヤク)一一五頭、パ(種ヤク)二頭、ゾウパ(ヤクと牛の交配種牡)六頭、ゾウモ(同牝)八頭、牛六頭、馬四頭、山羊五一頭、ほかに仔ヤク数頭、ニワトリである。これらの家畜のうち、ディム、ゾウパ、山羊(牝)は搾乳をして、バター、チーズなどの乳製品を作るのだが、冬期間は飼料となる草が枯れはててしまい、家畜は栄養不良の状態で、まったくといってよいほど搾乳はできないようであった。ヤク、ゾウパは畑の耕耘、荷物の運搬に主として使用されるのである。またヤクや山羊の毛は刈り取って織物の原料にもなる。ポンモの人たちの暮らしのなかで牧畜の占める位置はかなり高いものがあるに違いないのだが、私たちが滞在した時期が最もミルクその他の乳製品のとれない冬であったせいもあって、印象としてはヤクやゾウパ、山羊などを駄獣とした中継ぎ交易が大きな比重を持っているように感じられた。

この村の人たちが交易活動のために往来する行動領域は、一九六八年の時点では、北はトルボのシャルダン、ナムド、西はゴテチョール、ジュムラ付近まで、南はルーンまでの地域が主たる範囲であった。

●本村と春村

本村の集落はポンモチュ(ポンモ川)の東岸の比較的平らな段丘面にあり、畑は集落の上下に続く狭い段丘斜面に拓かれている。東はすぐに険しい、崖と呼んでもよいほどの、急斜面になっている。ここは山羊が常時放されているためであろうか、低い灌木のまばらに生えた叢林になっている。川を隔てた西岸はヒマラヤ大王松、シュクパ(ビャクシン、柏槙)などの針葉樹の林で、陽が射さないので、私たちが訪れた時期にはかなり深い根雪に覆われていた。

家々の間をぬって裏に抜けるとマニ石の塚があり、その先が段丘を横切る小さな沢になっている。この沢の水が村の生活用水で、水場が設けられている。飲料水は木桶で沢の水を汲んでくる。水場の傍の大きな岩に水神であるルー(龍神)が宿っていると考えられており、正月元旦の朝早く汲む金銀の水(若《おち》水《みず》)は、この岩にシャン(香)を焚き、祈りを捧げて汲む。

沢を渡り段丘面に上がった所に第三のカンニがある。村の裏口になるのであろう。道はさらにポンモチュに沿って遡り、道の両側には切れぎれであるが畑が続く。一時間くらい歩くと春村の一つであるゲルーに着く。ゲルーにある段丘は本村よりも広く、平らで陽当たりはよいが、本村に比べると風が強く、高度もあるから寒さが厳しい。雪も消えないで長く残っている。一九六八年は一月二八日がチベット暦の正月で、村人たちは本村で正月を祝い、二月九日に春村に引っ越したのであるが、このときゲルーの畑には雪がまだかなり残っていた。本村では雪が降っても、晴れて陽が射すとあっという間に消えてしまって跡も残らないのである。このあたりはわずかな高度差や気象条件の違いが大きな影響を及ぼす地域である。

ポンモの春村はゲルーのほかに、ゴンパとプニカにもある。

ゴンパとは寺のあるところという意味である。第一のカンニから少し下ってポンモチュを渡り、西の山を二時間ほど上った中腹の緩傾斜面に、このあたり一帯に高僧として知られているリンブルチェのゴンパとその一家の住居、村に一一人いるタワ(助僧)たちのゴンパなど一〇棟ばかりの建物がある。チョルテンなどもたくさん築かれており、タルチョ(祈禱旗)が何本もはためいている。ツォとは違うがここもまた一種の聖地となっている所である。しかしゴンパといっても建物の外観は他の住居とほとんど変わらないし、周囲には畑も拓かれている。ラマとその一家はここに年間を通して住んでいる。ゴンパには三軒が二月一〇日に引っ越した。

リンブルチェのゴンパは、一九八二年春、ここを訪れた氏家昭夫氏によると、本堂正面に三基の小塔を飾り、その左右に大きな座像の釈迦仏と蓮華生が祀られている。蓮華生はグルリンポチェ、釈迦仏はボン教の創始者であるトンバシェンラップに比定されるものであるという。そして読誦される経典のうち最も重要なものは、トンバシェンラップがアシャサンワの問いに答えてボン教の教えを説く「幸いをあつめる光明の宝経」であるという。氏家氏はポンモのボン教は図像的にも教義的にもラマ教の影響を強く受けたものになっていると記している。

もう一つの春村であるプニカは、ゴンパと谷をへだてた尾根筋の南面、やや傾斜の緩やかになった所である。ここにもリンブルチェの第一家が通年暮らしている。本村から二軒が同じ二月一〇日に引っ越したのだが、まだ一面の深い雪に覆われていた。

ポンモの人たちは、正月がすぎ陽射しが柔らかくなり始めると本村を空にして春村に移り、雪消えを待って畑に堆肥を出し、耕して播きつけの準備をしたのちいったん本村に帰り、本村の周囲にある畑の播きつけをすませ、また春村に上って小麦、ソバの播きつけをするのだという。春村にいる時には家畜はその周辺の山に放牧される。

季節的な放牧地まで含めるとポンモの村の範囲は三つの谷にわたる広大な面積となる。中間山地帯の村々に比べたらうらやましいほどの広さをもっているが、そのくらいの広さを必要とする厳しい自然環境なのである。

広大な村領域をもってはいても、村人が最も身近な日常生活の場として意識している本村の範囲は、思いのほか狭いものである。東が第二のカンニ、北が第三のカンニ、南がポンモチュに沿った崖縁に建てられた村のゴンパ、そして西が水場となる沢によって切られた段丘の端。端から端まで歩きまわっても一〇分もあれば十分という広さなのである。

いちばん狭い意味での村の中にある施設は、畜舎を兼ねた住居と作業場、寺、集会所、穀物調整用の共同臼場三カ所、それに水場が主なものである。集会所はパンチャヤートの施設として最近新しく建てられたものであるが、ほとんど使われないようで、私たちが宿舎として借り受け、自由に使わせてもらった。この集会所だけは外壁を白く上塗りしてあった。正月三日目に行われた村の宴会は集会所の三階だったから、まったく使用されないということではない。この三階は学校として使われるのだと聞いたが、私たちの滞在中には一度も開校されなかった。正月すぎて春村に移ってからは、村の大半の家、一三世帯が移ったゲルーの穴倉のような狭い畜舎を教室に使って授業がなされていた。

先生はドネイで何日かの講習を受けてきたというリンブルチェの甥っ子が、ゴンパから下りてきて教えていた。

畑の多くが低い石垣で囲まれ、家畜が勝手に入って作物を荒さないようにしてある。とくに第一のカンニと第二のカンニの間にある畑は、道の両側に石垣がずっと続き、畑を守っている。

本村は全体が川に沿って縦に長く南々東を向いており、一定のプランによって建物が配置されたのではなく、次々に造り足していったもののようである。傾斜が緩やかな段丘上にあるといっても、たいていの家が、正面からみると三階建てでも裏にまわってみると一階部分か一階の半分がなく、敷地の傾斜をそのままに家を作ってある。空屋になっている一棟は、村内での窃盗が発覚して村を追放になった家で、無人のまま放置されていたために半壊になり、天井も抜け落ちていた。村の中を歩いて見ると、火事を出して三階部分を焼き、焦げた材木を家の横や裏に放り出したままの家や、主人が大工だというのに半分壊れかかっていて手入れをしていない家がある。家と家の間の小路には大きな石ころや丸太ン棒がころがっている。材木が壁に立て掛けられていたり、家畜に与えた麦藁の食べ残しが散らばってもいる。人の住んでいる家もどこかしら目下修繕中といった感じで、村全体が雑然としているのだが、それだけに生活の臭いが濃く漂っており、なんとなしにほっとする感じをもたされるのであった。

第一のカンニから少し下の川原には水車小屋があった。これはユンドゥン家⑳、九五ページの表参照。以下同)のもので、仏画師で器用なユンドゥンさんが、ネパール人が水車を作っているのを見て、見よう見真似で作ったのだという。大量の粉を挽《ひ》く時には村の人たちも借りて使うが、使用頻度は高くない。日常はその日に食べる分だけを挽臼で挽くのである。挽臼はどの家も居室のある二階の踊り場の隅にすえてあり、朝暗いうちに挽く。水汲みと粉挽きが起きぬけの仕事である。このほかに穀物調整用の搗《つ》き臼が村の中に三カ所あり、共同で使用している。搗き臼といっても厚みのある平石に直径一〇センチくらいの丸い穴をあけただけのもので、搗く時には穀物が飛び出さないように厚手の布で周りを囲む。立て杵はそれぞれの家で用意しており、一人または二人で搗いていた。おもに米・粟の調整に使っていた。

屋内にも屋外にも便所としての施設はない。モラムじいさん⑭の一家が移ったプニカの家で二階の踊り場の隅を仕切って、便所を設けていたのが唯一の例であった。床に丸い穴をあけただけのもので、便が落ちる一階の地面には麦藁が少し敷かれていた。小便は屋上の端から飛ばしたり、女たちは家の裏や物陰ですます。大便は人のあまり行かないゴンパの裏手あたりと空屋の近辺が恰好の場所になっていたが、そのへんの物陰ですますことも多い。もっとも朝暗いうちにすますらしいので現場に行き会ったことはない。狭い場所で一〇〇人からの排泄物は少ない量ではないが、村の中で排泄されたものは豚と犬とニワトリによってほとんどが処分されてしまうようで、踏んづけたりしたこともなかった。

●住まいと暮らし

家は石積み、平屋根で、三階建てになっている。三階建てといっても総三階ではなく、前面三分の二くらいは屋上になっており、奥の三分一くらいが仏間と乾草置き場となっているだけである。乾草置き場はさしかけの板屋根を掛けただけで、麦藁が積まれている。この麦藁は雪の降る時に山から降ろしてきたヤクなどの飼料にするのである。仏間を持たない家もあるが、大半の家には仏間が設けられていた。仏間と乾草置き場そして薪の山で作業場となる屋上部分を二方または三方から囲んで風を防いでいる。風は谷の奥から吹き降ろしてくることが多く、ときおり狭い谷を風の渦が吹き抜けていく。

屋上にはどの家もタルチョが立てられているのがチベット人の家の特徴である。

南に向いた家の場合は入口の前を石垣で囲って家畜の追い込み場にしている。石垣には馬栓棒のある入り口がつけられている。この囲いは始終家畜を置いておくためではなく、キャラバンの出発準備の時、キャラバンから帰った時、また雪の積もった日にはヤクを放牧地から降ろしてくるのだが、そのような時にヤクを一晩留めておくのに使われる程度である。追い込み場はよい陽溜まりになる所であるから、普段は機織りなどの作業をする場所として屋上と同じ使われ方をしている。

先に述べたように、本村で住まいとして使用されている建物は一二棟で、世帯数は一九世帯であるから、当然一棟に複数世帯が入っているものがある。複数世帯が入っている棟の多くは兄弟、叔父・甥などの同じ親族に属する世帯が、囲炉裏を別にして生活しているものであるが、なかには親族関係の異なった家族が一棟に住んでいる場合もある。シンドゥルじいさん⑦とプラダン⑧、テンジン・タルキャ⑨の三家族が入っている棟がその例になる。テンジン・タルキャとプラダンは兄弟であるが、シンドゥルじいさんとの間には親族関係はない。テンジン・タルキャはプラダンの長兄で四年前に分家した。その時に住まいを二分し、畑、家畜なども二等分したという。ポンモでは概して長男―兄が結婚して子供ができると分家し、弟が親たちと一緒に住む例が多い。末子相続が一般的であるが、畑、家畜などの財産は平等に分け、親と暮らす方が多く取るということはない。プラダンとその兄の家は部屋部分はきっちり二つに分けているが、入口は一つであり、一階の家畜小屋と二階の踊り場は共有している。シンドゥルじいさんの家とは後に述べるようにキュパ(家筋)が異なっており、建物は、境の壁は一重で共用しているから外観しただけでは一棟としか見えないのだが、入口は別になっており、注意してみるとシンドゥル家とプラダン家とは外壁の石積みが微妙に違っていて、同時に建てたものを分割したものではないことがわかる。どちらかが後から継ぎ足したものであろう。ほかにはアンドュイ家⑯と⑰、⑱の三世帯が住んでいる建物がこれと同じ形式であった。

どの家も一階が家畜部屋、二階が居間になっている。狭い入口を入ってすぐの所に二階に上るくりぬき梯子が架けられている。梯子を登ったところが踊り場状の空間で、隅のほうに屋上に上る梯子が架かっており、水桶と粉挽臼が置かれている。その奥が居間である。踊り場と居間の境は壁で仕切っている家もあるが、多くは穀物箱を置いて仕切りにしている。居間の奥寄りに囲炉裏があり、鉄の五徳がすえられている。二階の床は荒く割った松を敷き詰め、その上に土を敷いてたたきしめた土間仕立てであるが、囲炉裏の周りだけは板が敷かれている。どの家も囲炉裏の正面奥の壁には棚が設けられており、食器類が置かれている。正面の席には人は座らず、旅に出ている人の陰膳などがすえられている。炉端の席順は決まっており、入口から向かって右がアワデサと呼ぶ男の座、左がアマデサという女の座で、奥から年の順に座ることになっている。

ポンモの世帯数

●世帯主	男	女	計	キュパ(家筋)
①テンバ・タルキャ	1	2	3	パルワ・コーラ
②ツェワン・アンドュイ	2	2	4	パルワ・コーラ
③ニマ・チェリン	4	4	8	ロカ
④ツェガ	1	5	6	タグラ・ラマ
⑤シェラップ・ラマ	7	6	13	キュンボ・ラマ
⑥ウェンゼン・ギャルツェン	5	4	9	キュンボ・ラマ
⑦シンドゥル・ギャルボ	2	1	3	ナグマ・コーラ
⑧プラダン・ギャルボ	4	2	6	パルワ・コーラ
⑨テンジン・タルキャ	3	1	4	パルワ・コーラ
⑩ショナム・チェリン	2	2	4	ナグマ・コーラ
⑪ツェルディン・ギャルツェン	4	4	8	パルワ・コーラ
⑫テシ・タルキャ	1	1	2	パルワ・コーラ
⑬ショナム・ギャルツェン	2	3	5	パルワ・コーラ
⑭ツェマン・モラム	4	4	8	タグラ・ラマ
⑮ショナム・ギャルボ	3	5	8	テトル・ラマ
⑯アンドュイ	3	3	6	テトル・ラマ
⑰ツェトン・ジャンピ	3	5	8	テトル・ラマ
⑱ツェリン	0	2	2	テトル・ラマ
⑲ニマ・ラマ	5	9	14	タグラ・ラマ
⑳ユンドゥン・ギャルツェン	3	4	7	キュンボ・ラマ
合計	59	69	128	

人の頭がやっと出るくらいの小さな窓が一つか、せいぜい二つくらいしか開けられていない部屋の中は、日中でも暗いし、寒いので、陽のあるうちはほとんどの人が屋外で暮らしている。冬季は畑仕事はないので、薪とりや山羊の放牧に行く娘や子供たち以外は、たいてい屋上や家畜の追い込み場などの陽溜まりに集まり、糸紡ぎ、機織り、裁縫、油絞りなどをしている。といっても冬の間は、一〇時ごろようやく陽が上り、二時半にはもう太陽は山の端にかかっているといった狭い谷合いの村であ

るから、外で働ける時間は短い。日向では裸でシラミとりをするほどの暖かさでも、陽が落ちれば急激に冷えて米搗きのような力仕事以外はやっていられなくなり、家に入ってしまうので、囲炉裏の周りで過ごす時間は長いことになる。囲炉裏の周りでする仕事は糸紡ぎが主であった。炉に燃やす薪は放牧に行く娘たちが毎日一背負い、ビャクシンの枯れ枝などを探してくるし、屋上には採り溜めた薪を積み上げてある。どれもよく枯れた枝で、とくにビャクシンはその葉を毎日の儀礼に香として焚くほどで、香りがよく煤《すす》の少ない良い薪である。枯れ枝を燃やしても、かすかな芳香がある。それでも煙の出口がまともにない構造だから、けむいことにはかわりなく、目を病んでいる人がとても多い。

寝る時も炉の周りに、着ているものを脱いで敷いたり掛けたりして、ごろ寝をする。家族の多い家では三階の仏間に寝る者もあるようだが、ほとんどの家では家族全員が囲炉裏のある部屋に寝ていた。私たちは春村に移ってから何軒かの家に泊めてもらったのだが、プラダンの家では炉の左側にプラダン夫婦が身をよせあって横になり、右側が老母と弟の寝場所。私たちは入口に近いところに寝場所を与えられたが、同行のシェルパは三階の乾草置き場であった。私たちは日本から来た客であるから同格に扱うが、シェルパはキュパが違うから同じ部屋で寝ることはできないというのである。また一番家族数が多い仏画師ユンドゥン家でも、一四人全員が囲炉裏の周りに折り重なるように寝ていた。寝る時も正面側には寝ない。最後におばあさんが炉のオキを灰に埋め、もえさしの火を消す。すると真っ暗闇となり、消え残った薪の火が赤い点となってかすかに見え、それが消える頃はみな寝しずまっていた。

糸紡ぎのよなべ仕事を片づけ、大人たちが寝支度を始めるのは、たいてい一〇時半か一一時である。明かりとしては、炉の火と細く割った肥松(脂《やに》の多い松)が一、二本を石皿の上で燃やすだけであるから、ノートも書けない。その暗い灯火の下で、皆おそくまで起きて仕事をしているのは予想外のことであった。夫婦は当然のことであるがどの家でもいっしょに寄り添って寝ていた。

居間の奥にジュブと呼ばれる小部屋がある。ジュブは食料や衣類・装身具、そのほか家に伝わる貴重品などをしまう日本の納戸にあたるような部屋であるが、ここには家の神が祀られており、外来者である私たちは、この部屋をのぞくことを許されなかった。家の神はジュブに置かれているヤンギャンという箱に納められており、一般にヤンギュウと呼ばれている。滞在中にプラダンの父が亡くなったのだが、その火葬に先立って行われた湯灌の際、死者の右手の薬指が切り落とされ、白布にくるまれてヤンギャンに納められた。こうすることによって、彼の霊もまた家の神の仲間入りをすることになるのであろう。

●キュパと婚姻関係

ポンモの人々は、家の神であるヤンギュウは祖先神だと考えており、キュパごとに異なった名称のヤンギュウが祀られているという。たとえばタグラ・ラマはトンチェ、キュンボ・ラマはナムギャル、テトル・ラマはマクペンというヤンギュウをそれぞれが祀っているという。そしてこれらの家の神は、毎年一回村の寺に持ち寄られて、三日間にわたる盛大な祭りが行われる。

キュパというのは、父系出自をたどる家筋のことである。村人によると、ポンモの二〇世帯は大きくラマ・キュパとバイジー・キュパの二つの家筋に分かれており、それぞれが外婚単位として機能しているというのだが、詳しく聞くと、ラマ筋は、タグラ・ラマ、テトル・ラマ、キュンボ・ラマの三筋に分かれており、バイジー筋もパルワ・コーラ、ナグマ・コーラ、ロカの三筋に分かれていて、全体では出自を異にする六系統のキュパがあると答えてくれる。このうちポンモの古くからの家筋とされているのは、テトル・ラマ、パルワ・コーラ、ナグマ・コーラの三筋で、タグラ・ラマ、キュンボ・ラマ、ロカの三筋は近年に移住してきた人を先祖とする新しいキュパである。

ロカはニマ・チェリン③家だけである。この家は二代前の人がユリコットから移ってきて住みついたと言われている。ロカというキュパはバイジーのなかにはないのだが、バイジーと同じ扱いをすることにしているのだという。改まってキュパの上下関係を聞けばラマ、バイジーは同格で、ロカは低いキュパであるというのだが、それは建前であって実質的には上下意識はなく同格に扱われている。婚姻関係を見ても、当主であるニマ・チェリンの妻はナグマ・コーラ筋からの嫁入りであり、その息子の嫁はテトル・ラマ筋⑯からの婚入、娘はタグラ・ラマ④に嫁いでいるという具合で、まったく同格に扱われていることがわかる。

キュンボ・ラマは、現在ラマ僧として近隣にまで知られているリンブルチェ⑤、世帯主は末弟のシェラップ・ラマ)の一族で、⑤、⑥、⑳の三家族であるが、この一族は先代のラマがチベットからきて住み着いた。先代が当時テトル・ラマ筋からでていたラマ僧と法力競べをして勝ったので、村の人たちがゴンパを建ててやり、住まわせるようにしたのだという。先代はポンモに落ち着いてからテトル・ラマ筋の女と結婚して一男をもうけ、のちパルワ・コーラ筋の女と結婚して三男三女を生んでいる。男子四人のうち、リンブルチェが僧職を継ぎ、二人は分家(⑥、⑳)、末子が家を継いでいる。ちなみにリンブルチェは未婚で末弟一家と同居している。息子三人の妻はリンモ二人、タラップ一人でいずれも村内ではないが、娘はプラダン家⑧、⑫、⑬のパルワ・コーラ筋に嫁いでいる。パルワ・コーラは先にも触れたように、ポンモでは最も古いキュパであり力を持っている。とくにプラダン家は代々村の重立として勢力のある家であるが、この家との関係がとくに深い。プラダンの母はリンブルチェの姉、妻はリンブルチェの姪である。またリンブルチェの甥にはプラダンの姉が嫁いでいる。リンブルチェ一族は二代の間に宗教と婚姻関係の両面を通じて村のなかで確固たる地位を占めるに至っている。

タグラ・ラマ筋は④、⑭、⑲の三軒であるが、モラムじいさん⑭が本家である。この一族も先々代がチベットから来て住みついたという。④は分家であるが、⑲の当主であるニマ・ラマは婿入りである。⑲はもともとパルワ・コーラであるが、娘ばかりで男子がいなかったので娘に婿をとったのである。そのことによってパルワ・コーラからタグラ・ラマにキュパが変わることになるのだという。これに似た例としては⑯がある。⑯はテトル・ラマであり、当主アンドゥイはモラムじいさんの弟で婿入りしたものであるからニマ・ラマ家と同様にキュパが変換するはずであるが、なぜか変わらずにテトル・ラマとして村のなかでは意識されている。その理由は明確にはわからないが、アンドゥイが再婚であること、子供が娘ひとりで婿取りになることが明らかであるなどのことが重なってのことであろうか。すべてが原則どおりにいかないところがおもしろい。

タグラ・ラマもまた姻戚関係によって村のなかでそれなりの地位を築いていったということができるようだ。

ポンモでは父系血縁集団であるキュパが村の結合原理として重要な意味を持っているのであるが、同時に婚姻関係が日常生活ではたいへん大きな意味をもっていることが、これらの例を通じてわかる。

ポンモの婚姻圏は先にも触れたように、村外ではリンモとのやりとりはあるが、それ以外はきわめて少ない。ちなみに私たちが調べ得た婚姻事例五五例のうち、村内婚が四三例と圧倒的に多く、村外婚は一二例であった。村外婚の内訳はリンモへの婚出四、リンモから婚入七例で、リンモ以外ではリンブルチェの弟、シェラップ・ラマの妻がタラップから嫁入りした一例だけである。ちなみにタラップはリンブルチェがラマとしての修行にいったところである。リンモ以外との婚姻が少ないのは、村人によると他の地方ではキュパがわからない、あるいは自分たちより低いキュパであるからという。先の五五例のうち、双方のキュパが明確にわかるものは三三例で、そのうちラマとバイジー間の婚姻が二四例、ラマとラマが八例、バイジーとバイジーが一例となっていて、原則としてラマとバイジーの間での交換婚が優先していることがわかる。ラマ間、バイジー間の結婚が数は少なくても見られるのは、同じラマ系であっても新しく入ってきたものはもとからの家筋と直接のつながりがないから可能になるのである。

ポンモの村人にとって最も望ましい結婚の相手は、父の姉妹の娘の娘であり、その次は父の姉妹の娘との結婚であると考えられている。父方交叉イトコ婚が望ましい形態だと考えられているのである。現実にも、そのタイプが比較的多いが、それに準ずるものとして母方交叉イトコ婚も否定されてはいない。先にあげたプラダン家とリンブルチェ家との二代にわたるやりとりは、父方交叉イトコ婚と母方交叉イトコ婚が同世代で行われている例になる。これはまた別の見方をすればシブ間同時交換婚でもある。

ともあれ狭く限定された範囲のなかでのやりとりであるから、かなり錯綜した婚姻関係になることは否めないし、比較的性関係がおおらかであるせいか、ニャルと呼ばれる私生児も小さい村のわりには多く見かけられた。そうしたことも一つの原因になってであろうか、耳や口の不自由なレンバと呼ばれる男女が何人も見られた。しかしそのようなニャルもレンバも村成員の一人としてそれなりの役割を持ち、差別されることもなく日々を送っているのである。

ポンモはグレート・ヒマラヤ山中の厳しい自然環境に取り囲まれた、小さいけれども、平和で穏やかな村であった。

●参考文献

田村善次郎「チベットの住居」『ネパールの人と文化』川喜田二郎編、古今書院、一九七〇年
小田晋「ネパールの心の世界」『ネパールの人と文化』(同右)
田村善次郎・田村真知子「ヒマラヤ山地の塩の道—ポンモ住民の交易活動を中心に—」『シンポジウム・ネパール：第二回ネパール研究学会』一九七三年
黒田信一郎「チベット親族組織覚書」『北方文化研究　第一〇号』(北海道大学文学部付属　北方文化研究施設)、一九七六年
氏家昭夫「ボン教調査報告—ポクスンド湖周辺における」『密教文化　第一一六号』高野山大学、一九七六年
スネルグローヴ『ヒマラヤ巡礼』吉永定雄訳、白水社、一九八一年(David Snellgrove "Himalayan pilgrimage" Bruno Cassire, 1961)
Harka Gurung, "Vignettes of Nepal", Kathmandu, 1980

3――ヒマラヤ山地の塩の道◉ポンモ住民の交易活動を中心に

●ポンモ概観

この報告は一九六七年一二月から一九六八年三月までの約四カ月間、西部ネパール民族文化調査隊として行った調査で得られた資料によっている。主調査地は最近かなりその名が知られるようになったポンモ村である。現在は国立公園になっているフォクスンド・タールとは、その東側の尾根をはさんで隔たり、カグマラ・レク（地図によってはカンジェロバ）のすぐ南にあるチベット人村である。話の中心はこの村におかれるが、調査隊がたどったルートもここでふれようとしているポンモ村民の交易活動の舞台に含まれている。

私たちのルートはスルケットーダイレクーチルカーナグマージュムラーガジャンコットームニガオンーマウラ峠ーチョウリコットーリミーカイガオンーバラングラ峠ーパーラーティブリコットールマー（ドネイ）ースリ・ガード（川の名）ーポンモー（リンモ）ーティブリコットーパーラーバラングラ峠ーイラールーンージャジャルコットーダンである。ドネイとリンモにはメンバーの一部が立ち寄っただけである。スルケットからジュムラーティブリコットーポンモのルートは、日本で最も普及していると思われるU

●ポンモとその周辺集落

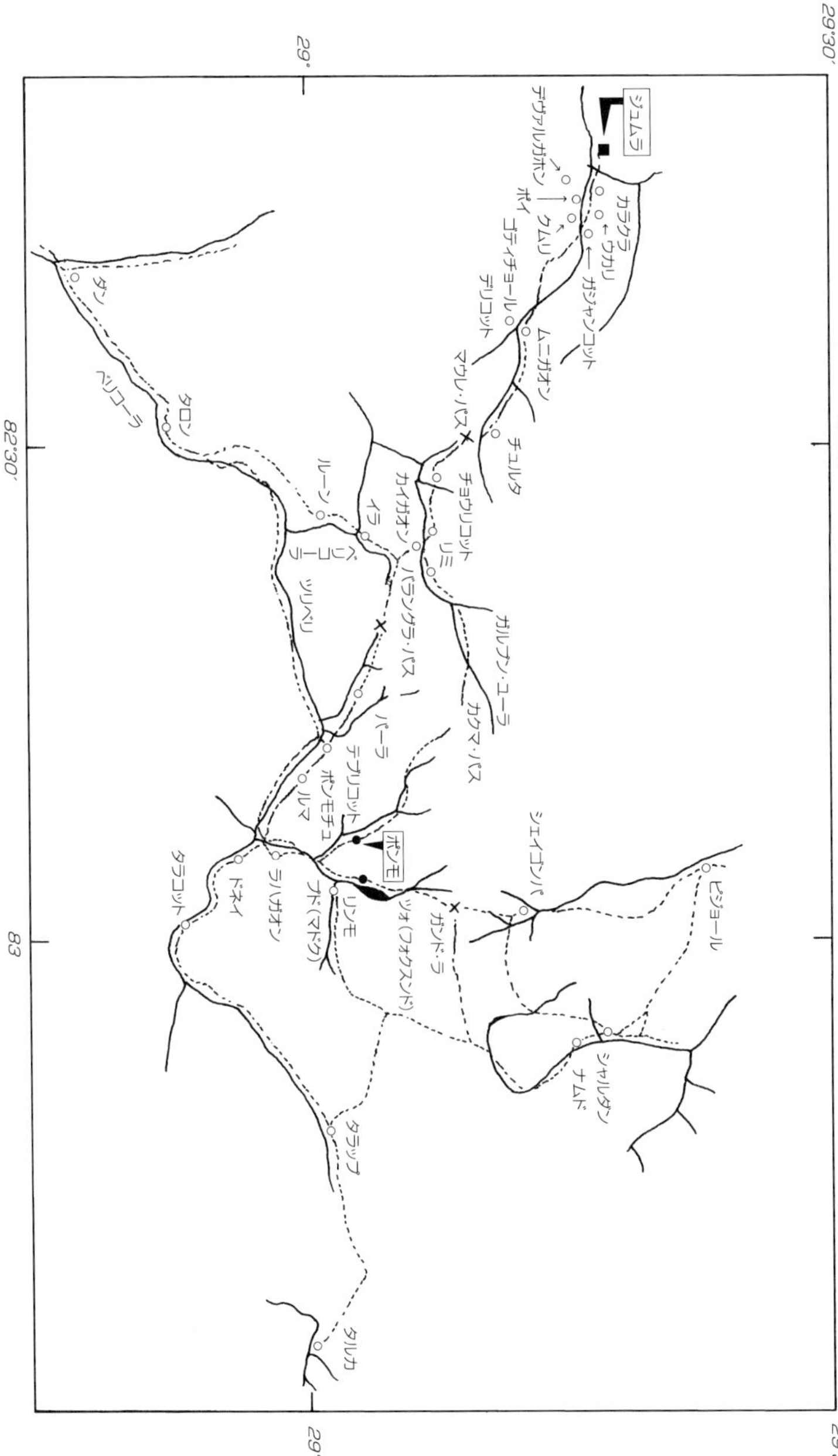
29°30′
29°
82°30′
83
ジュムラ
カラクラ
←ウカリ
←ガジャンコット
デヴァルガボン
ポイ
ケムリ
ゴディチョール
デリコット
ムニガオン
マウレ・パス
チュルタ
ダン
ペリコーラ
タロン
ルーン
イラ
カイガオン
チョウリコット
リミ
ペリコーラ
ツリベリ
パランガラ・パス
ガルブン・コーラ
カクマ・パス
パーラ
テブリコット
ポンモチュ
ルマ
ポンモ
シェイゴンパ
ピジョール
タラコット
ドネイ
ラハガオン
リンモ
プド(マドゲ)
ツォ(フォクスンド)
ガンド・ラ
シャルダン
ナムド
タラップ
タルカ

ＳＧＳ五〇万分の一の地図でも地名を追っていけるし、実際ともそれほどずれていないようであったが、帰路にとったルーンからダンまでは最も近い飛行場までの最短距離をとる間道づたいであったためか、この地図では地名を追うこともできない。

「ポンモ」という村の名を初めて聞いたのはカイガオンであった。カイガオンの村人はポンモについて、次のように話してくれた。「ティブリコットから五日行程行った所にリンモとポンモという村がある。リンモ・ポンモは兄弟村のようなもので、リンモはツォという湖の湖畔にあるが、今は雪に埋まって誰もいないだろう。ポンモはリンモから半日くらいはなれているが、リンモほど寒くないから冬でも村に人がいるはずである。カイガオンからはリンモ・ポンモが一番近いチベット人村である」。一時間近くかかって聞き出した村の長老の話は、かなり漠然としたものであったが、実際は彼らがポンモのことをもっとよく知っていたはずである。というのは、ポンモとカイガオンとは密接な交易関係によって結ばれ、さらに発展してカイガオンの女たちと恋をささやくポンモの若者たちさえ何人かいたのである。適当な調査地を求めて旅を続けていた私たちは、知らず知らず、ポンモ村にとって重要な交易路をたどり、結局、ポンモ村へ落ちつくことになったのである。

ポンモはトルボ（地図ではドルポ）地方の一番西のはずれにあり――むしろ、トルボには入らないのかもしれない――チベット文化圏最端の村でもある。ポンモからジュムラまでの間にはチャウリコットのようにタルチョのはためく村もいくつかあるけれど、それらの村はいずれもチベット人とカス族やグルン族など、他民族との混血村であったり、数年前住みついたカンバ族の村であったりして、チベット志向型の村ではなく、むしろヒンドゥー化志向の村々であった。ポンモから一番近いチベット人村はリンモであり、その他はリンモから東へ険しい峠を越えて最低三日はかかるナムド、あるいはベリ川上流のタラコット、タラップなど、トルボの村々である。チベット文化圏からみれば、ポンモはまさに辺境の村である。それだからであろうか、リンモの村人と較べてみてさえも、トルボのチベット人が持つ一種の荒々しさに欠ける、より柔和な印象をポンモの人々から受けるのである。しかし、この村には大きなゴンパがあり、僧正リンブルチェはかなり遠くの村々まで、その人ありと知られた僧侶であり、村民は敬けんなボン教徒であった。

総世帯数二〇戸、人口一二七、家畜はヤク、ゾウの数二一七(牡、牝合わせて)、山羊五一、馬四、そのほかニワトリ、猫がいる。農作物は春蒔小麦、ソバ、ジャガイモ、カブ、大根、菜種などで、年間必要量の三分の一をまかなう程度の収穫があり、三分の二はほかから移入せねばならない。

ポンモは自給できる村ではない。必要な食料の三分の一しか自分たちの畑から得ることができない。そんな所になぜ、人々が住みついたのであろうか。そういう疑問がおのずと出てくるのではあるが、それには今は触れずに、この貧しく小さな村の人々がどう生活しているかをみてみたい。この西北ネパールの一画でくりひろげられている人々の活動は、思いのほか雄大な、ダイナミックなものであった。

●ポンモの一年

ポンモは定着チベット人の村であるが、その生活を支えているのは春蒔き小麦、ソバを中心とする畑作農業と、ヤク、ゾウなどの大型家畜に主力をおく牧畜、そしてそれらの家畜を使った交易である。この三者のうち、どれが欠けても生活の基盤がくずれてしまう。とにかく村内では三分の一しか自給できない食料を補なうものは、牧畜と交易である。
ここである村人のこの一年間をおおまかにみてみよう。月はチベット暦で、西暦より約一カ月遅れとなる。

四月　春蒔き小麦、ジャガイモの蒔きつけ。
五月　ソバ播種。村人五人とヤクを連れてトルボへ行き岩塩、羊毛を持ち帰る。
六／七月　ジャガイモの収穫が始まる。ヤク一〇頭連れてタラップへ、岩塩、羊毛を入手し、七月初め帰村。
八月　シェ・ゴンパへ巡礼。往復一七日。カイガオンへ単独行。トウモロコシを持ち帰る。
九月　ヤク五頭連れてタラップへ。往復一三日。小麦の刈り入れ。
一〇月　ソバの収穫。村人七人とヤク四二頭でジュムラ行き。
一一月　帰村。ヤクを連れてリミ行き。
一二月　ヤクはリミにおいて帰村。
一月　正月後、春村へ引っ越し。その後リミ行き。
二月　ヤクを連れて帰村。
三月　ジュムラへ単独行。畑に堆肥入れが始まる。本村へ戻る。

なお、昨年は一二月から一月中旬にかけて村人六人とともにネパールガンジ(インド国境に位置する町)へ行き、布、鍋などを買ってきた。

こうしてみると、季節によって彼らの行動範囲が異なっていることがわかる。種蒔きを終えるとトルボ方面へ出かける季節となり、収穫が終ると西のリミ、ジュムラ方面、ときにはインド国境まで出かける季節である。それは雨季と乾季、夏と冬の違いでもあり、ここにあげた一年間のスケジュールは、特定の人だけのものではなく、ポンモ村全体の基本パターンであり、さらにはこの地域に共通してみられる型でもあった。トルボへの道は冬は雪で閉ざされ、ベリ川谷以南の夏の暑さはチベット人たちには苦手であるという自然条件もその背景にある。

●交易に行く村々

ポンモの人がトルボという時は、トルボのシャルダンとナムド、そしてときどきタラップを意味することが多い。というのは、ポンモの人々が交易に行くトルボの村はこの三村だけであり、それより北あるいは東へは行かないのである。シャルダン、ナムドへ行く道の一つは、ポンモ―プド（リンモの冬村）―テムザ（岩室）―ナワ（野天）―ナムド―ルンダック―シャルダンで、ナムドまでヤクを連れて五日行程である。また、ポンモ―リンモの本村―プンドワ―ティムジャ―パールン―チゥタン・ラ―シリントゥプ・ラ―ラウ―ナムドで、この道だと八日行程である。シャルダンからチベット領内のキャトック・ツォングラという村までは四日行程であるという。

ポンモの人々が、シャルダン、ナムドより奥の村々に、またチベットへも足をのばさないのは、昔からのしきたりであって、直接チベットとの交易にあたるのはシャルダン、ナムドをはじめとするトルボ奥地の村々―ドゥ・パンチャヤート（タラップ・パンチャヤート）に属する村々―で、これらの村人はだれでも自由にチベットへ出かけることができる。雨季にはタラップへも行くが、やはりそれより先の村へは行かない。タラップどまりなのである。

刈り入れが終って乾季に入ると、人々はポンモチュ(ポンモ川)を遡ってカンソンニェのふもとを通ってカクマ・パスを越えてベリ川谷のフリコット、カイガオン、リミへ行き、これらの村を基地としてジュムラやティブリコットへ行く。カクマ・パスを通る道は一一月をすぎると雪が深く通れなくなる。そうすると、ポンモチュを南へ下ってティブリコットをまわる道を行くのである。

リミもパーラも東西に走る谷の南面中腹にあって、かなり暖かい。私たちは往路リミで一週間滞在した。その時の感じでは、同じ谷でも対岸の谷底にあるカイガオンに較べてリミの気温はかなり高く、一日降り続いた雪も、翌日太陽が顔を出すと間もなく消えてしまったのに、数日後通ったカイガオンでは道端のそこここに雪が残り、畑は白いままであった。パーラでも同じことがいえる。こちら側では陽なたにいると裸で昼寝ができるぐらいの陽気であっても、対岸の北面の村々はまだらに雪が残り、畑を横切る道だけが黒く浮き出ていたりする。これらの村々、とくにリミへはポンモの人々は冬、ヤクを連れてきて数カ月滞在する。ポンモでは冬になるとヤクを飼うだけの草を得られないのである。リミに泊まっている間は、村の斜面の上の方がヤク放牧に適した森林になっているので、家畜はそこへ放牧する。ジュムラ付近へ行った時は、ゴテチョールというやはり放牧によい森林地帯に放しておくのである。ヤクの放牧には必ずしも一日中人間がついている必要はないのであって、数日ごとにようすを見に行けばよいから、人間の方はその間近くの村々をまわったりして、ゆっくり商売に専念できる。これに対して雨季のトルボ行きは短期間である。雨季はポンモでも十分な草が得られる。

●交易の実際

こういうサイクルで行われている交易は、大部分が物々交換である。貨幣も少しずつ浸透してきており、パンチャヤートの工事の賃金、自家用の穀物を急場しのぎに少量買う時、あるいはタバコやロキシー(蒸溜酒)代は金で払うといったように、部分的に貨幣が使われている。余談であるが、チャンは金で売買するものではないのに対し、ロキシーは村人同士でもカップ一杯一ルピー(Rs)である。チャンは宗教的な意味あいを持ったもので、ロキシーは純粋に娯楽の対象である。ポンモ村民の意識として、同じ物であっても五Rsで買った場合と五マナの粉で買った場合(一マナ=一Rs)では、金で支払った物の方がずっと価値が高くなる。私たちの民具収集に協力的であった村人も、金で買った物はなかなか手離そうとしなかったり、高値をいったりすることが多かった。

この地域で流通しているのはネパール・ルピーで、一ルピー紙幣が最も多く出まわり、一ルピー以下となると小額貨幣の絶対量が少なく用をなさない。実質上一ルピーが基本単位ともいえる。また、一〇ルピー以上の高額紙幣もあまり用をなさない。一ルピーにくずすのが大変困難なのである。店といえるものは、近くではパンチャヤート・オフィスのあるドネイと、次はジュムラまで行かねばない。ドネイでは一〇〇ルピー紙幣をくずすことができなかった。

交易物資のなかで一番重要であり、かつ量の多いものがチベット産の岩塩と羊毛、ベリ川本支流の谷やジュムラ盆地でとれる穀物である。穀物は麦、ソバ、トウモロコシ、米で、なかでも大麦が一番多いようだ。これらのほかにトルボから来るものとして、チベット産の大麦、木椀、装身具あるいはカリンポン製の真鍮カップや陶器のカップ、茶などというものもある。逆にポンモをはじめトルボの村々へ運ばれるものには、インド製の綿布や鍋、食器類などの日用品、トウガラシなどの香辛料やタバコなどがあり、こちらの方が種類が多い。

ポンモ村民の手で作られる物で、交易物資の対象となるのはわずかに羊毛の織物とチベット靴だけである。織物は敷物にも防寒具にもなる用途の広い厚手の布で、五色くらいの色糸を使った美しいものである。男女の腰帯、馬の鞍の下に敷く布も同じこの布で、機織りは女の仕事である。羊毛を自分たちの手で紡いで染め、座機《ばた》で織った布は金でしか売らない。一メートル×二メートルくらいの単純な縞模様のものが一枚四〇Rsぐらいである。模様が複雑になると五〇Rs、六〇Rsと値も上る。靴は男がつくるもので、羊毛の色糸で一針ずつかがっていく。これも何色か組み合せた美しい靴である。乾季のヒマラヤ山地の旅で、はじめて会ったチベット人がはいていた靴の色がなんと美しく、新鮮に思えたことか。チベット人は特別な色彩感覚をもっているのかもしれない。少なくとも、彼らの色の選び方や配色の仕方は、ヒンドゥー文化圏ではみられない豊かさがある。私たちは、スルケット以来、色欠乏症にかかっていた。それほど中部山地の人々の使う色は貧弱なのである。

では、実例をいくつかあげて、交易の実際のようすを当事者に語ってもらおう。なお、これから使用する月はことわりのない限り、チベット暦である。チベット暦は日本の旧暦にほぼ近く、約一カ月遅れとなる。一九六八年一月三〇日がチベット暦一月一日であった。また、計量の単位は次の通りである。これはカトマンズで使われているものとかなり異なる。

〔量〕

一パテ＝四マナ（一マナの粉が約一食分）
一テ＝約三マナ（チベット人が使う量単位）

〔重さ〕

一ダルニ＝約二・二五キログラム

マナ枡《ます》とダルニをはかる竿秤《さおばかり》は、一応ネパール政府の認印の入ったものがいきわたってはいるが、手製のマナ枡もあるし、官製であっても大きさにかなり差がある。現実にはマナ枡も竿秤も家によって大小さまざまであり、手製の枡でも十分通用する。私たちがポンモで粉を買う時にも、村中の枡を見てまわり、一番大きいのを出して来た家で買った。要するに取引きする者同士が「この枡で」と了解し合えばよいわけである。

①インフォーマント＝リミ村のイルラ・エリ（男、四四歳、チェトリ、農民）。一九六七年一二月二四日、リミ村にて。

イルラ・エリは入口のところにある小部屋をシャルダン村の一家（夫婦と子供二人の計四人）に貸している。彼らはモンシュリ（一一〜一二月）に岩塩をヤクに積んで村を出、プース（一二〜一月）にリミに着き、四カ月くらいリミですごす。イルラ・エリもゾウパや羊に大麦、トウモロコシをつけてシャルダンへ行くことがあるが、その時は今部屋を貸している男の家に泊まる。二人は単に家を提供し合うだけでなく、自分の家に村人を集めて、運んできた品物の売りさばきの交渉をしてやり、普通より一パテくらい多くとれるようにしてやる。二人の関係は個人的なものではなく、四世代も続いた（非常に古くからという意味）

家と家との関係で、たがいにローバ(兄弟分)である、という。もちろん家賃もとらない。

②イルラ・エリ。一九六七年一二月二四日。

リミからシャルダンまでは一〇日行程で、リミから行くときはゾウバや羊で大麦とトウモロコシを運び、岩塩と羊毛に交換してくる。イルラエリはいま、羊二〇〜三〇頭持っている。羊は一頭が八パテくらいの大麦、トウモロコシを運ぶ。大きなゾウパでは四〇パテ、塩なら三〇パテ、小さいゾウパは二〇パテくらいつけられる。交換レートはシャルダンで、

○豊作年で、一パテの大麦が二パテの岩塩

○不作年で、一パテの大麦が二〜三パテの岩塩になる。リミで換えると、

○二〜三パテの大麦が一パテの岩塩

となる。リミから出かけるのはサウン(七〜八月)で、帰りはバドウ(八〜九月)、往復四〇日くらい。羊毛は自家用で塩は商売用である。

③シャルダン村のテシ・トゥンディ(男・三八歳)。一九六七年一二月二六日、リミ村にて。

二五日まえ、四頭のヤクに二〇パテずつ塩を積んで父親、妻、息子、弟、妹の計六人連れでシャルダンを出、一六日かかってリミに着いた。父はずっと前からリミに来ていたが、自分が来るようになったのは八年まえからである。

●村と村の距離（単位=km,〔 〕は標高）

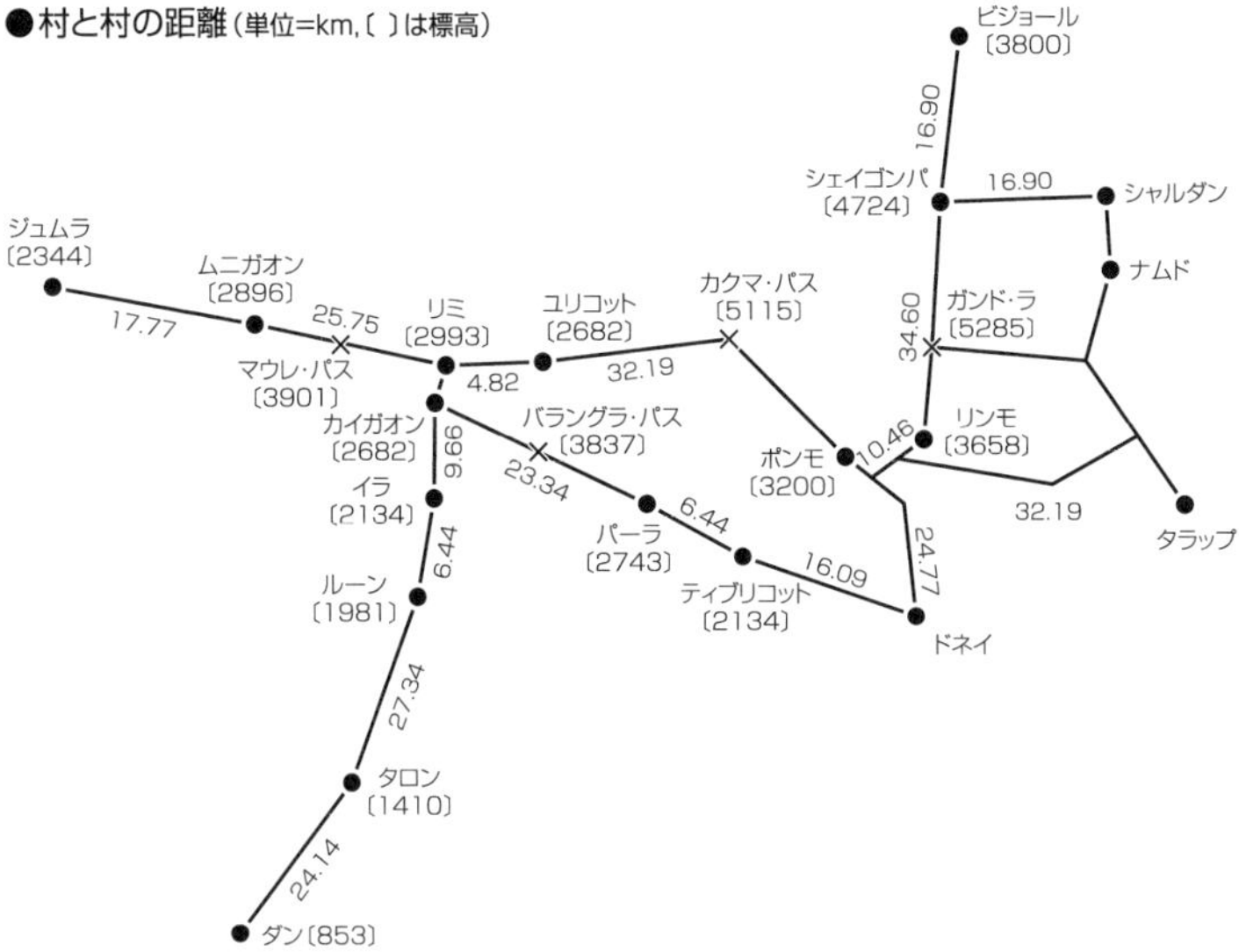

④シャルダン村のドルチ（男、二六歳）。一九六七年一二月二六日、リミ村にて（二時頃、ヤク五頭に荷を積んだチベット人二人が帰ってきたので話をきく）。

シャルダンから持ってきた塩をティブリコットに運んで、ツァンパとトウモロコシに換えてきた。交換してきた粉とトウモロコシはリミ滞在中およびシャルダンに帰ってからの食料にするほか、六月〜七月にチベットのキャトック・ツォングラまで運んで岩塩と交換する。リミに持ってきた塩や羊毛は金で売ることもあるが、大部分は交換する。ここでの交換レートは、

○一五〜二〇パテのトウモロコシあるいは大麦が一ダルニの羊毛

○二〜二・五パテのトウモロコシあるいは大麦が一パテの岩塩

である。リミで交換するときはローバが商談をまとめてくれるが、ティブリコットあるいはジュムラあたりまで運んで商売をすることもあり、そのときは

自分で商談をまとめる。ただジュムラまで行くことはめったにないし、行くようになったのは最近のことである。

リミにはずっと昔から来ているが、長期滞在するようになったのはチベットに中国が入って、チベットで自由な放牧ができなくなったためで、一二、三年まえからのことである。それまでは、リミには五〜一〇日泊まるぐらいで、リミより先へ行くこともなかった。リミに来るのはここに放牧に適した草のある森林があるからである。

シャルダンではソバがわずかにできる程度で、そのほかは何もとれない。なお、シャルダンからリミまでの途中の村にもローバがいるが、二日くらい泊まるだけで、商売もあまり多くはやらない。

⑤リミ村の村長(男)。一九六七年一二月二七日、リミ村にて(二二日私たちがリミに来る途中、ヤギを連れて出かける彼に会っているので、そのことについて聞く)。

二二日はヤギ一〇頭に塩をつけてルーンガオンへ、トウモロコシ、大麦、裸麦と交換しに行ったものである。カイガオン、イラを通って片道二日で二六日に帰った。リミでもトウモロコシがよくできるが、自家用程度で、交易に使うものはもっぱらこのようにして得る。ルーンでの交換レートは、

○二マナのトウモロコシあるいは大麦が一マナの塩

○三マナの裸麦が一マナの塩

である。持っていった塩は自分でシャルダンから運んできたものである。

ルーンのほか、サマコーラへも行く。サマコーラでは米がよくとれるので籾と換えてくる。米のとれ

る村はジャルコットやシャレンなどもっと近くにもあるが、インド産の塩が入っており、商売にならない。サマコーラでの交換レートは、

○三マナの籾あるいは大麦が一マナの塩

○四マナの裸麦が一マナの塩

である。サマコーラの人は自分たちでネパールカンジへ行き、布類を仕入れ、それをカチ(一〇〜一一月)にリミへ売りに来る。良い布三メートルで一ダルニの羊毛と交換する。リミの人が直接ネパールガンジへ行き、布、鍋、皿、石油などを買ってくることもある。

⑥リミ村の村長

シャルダンへ持っていく穀物の量は、多い年で二三〇パテ、少ない年で一〇〇パテくらいである。シャルダンでの交換レートは

○一〇パテのトウモロコシあるいは大麦が一五パテの塩

○一五パテの裸麦と一〇パテの塩

である。シャルダンではローバの家に泊まる。

⑦ポンモ村のチェワン・ギャルボ(二四歳、男)。ほかポンモの青年三人。一九六八年一月一〇日、ポンモ村にて(昼すぎ一五頭のヤクに荷をつけて四人帰ってきた。夜、帰り祝いの酒に酔って遊びにきたので話をきく)。

今日の荷はジュムラ付近のガジャンコット、クムリ、ポイ、デバルガオン、カラワラ、ウカリガオン

などで岩塩と交換した籾である。自家用で普段の食料、正月用、チャン用にする。交換レートは
○昨年、籾二パテが塩一パテ
○今年、籾三パテが塩二パテ
になった。商売するのに一二日かかったが、その間ヤクはゴテチョールに放しておいた。

交換に使った塩は六〜七月にシャルダンでソバ、トウモロコシ、大麦と交換してきたもので、シャルダンでのレートは、
○大麦あるいはトウモロコシ一〇パテが岩塩一〇パテ
○ソバ一二パテが岩塩一〇パテ
○大麦あるいはトウモロコシ一八パテが羊毛一ダルニ
○ソバ二三パテが羊毛一ダルニ
である。羊毛はリミやカイガオンで交換する方が安い。
○大麦あるいはトウモロコシ一二〜一三パテで羊毛一ダルニ
ポンモからシャルダンまではリンモを通る道で八日、直接チベットへ行くのはドゥ・パンチャヤート(タラップ・パンチャヤート)に属する村々の人々である。シャルダンの人がリミ、カイガオンへ商売にいく途中でポンモを通るが、ポンモではあまり商売はしない。ポンモでの交換レートは
○ソバ一〇パテが塩一〇パテ
で、シャルダンより二パテほど安くなる。

⑧ポンモ村のショナム・チェリン(二三歳、男)。ポンモ村にて。一九六八年一月一九日(一二月末、雪の積もったフリコット経由の山越道を強引に通って踵を凍傷にやられ、目下療養中)。

先月、隣家のチェワンと二人でリミへ行った。ショナムはチベット靴一足、チェワンは三〜四テの塩を持っていき、トウモロコシと換えた。靴の値は

○一二テのトウモロコシあるいは二〇Rsでチベット靴一足

である。チェワンは二テの塩を三テのトウモロコシと換えた。ショナムは二〇テのトウモロコシを持って帰ったが、一二テは持っていった靴代、残りの八テは昨年売った靴の未収分である。

現在、自分の家はヤクを持っていないので、親しくつき合っている家のヤクに運んでもらう。ヤクの使用料はいらない。トルボへはヤクを連れて六回、人間のみで二回行った。昨年六月、チェワンら三人でシャルダンとナムドへ手製のドコ(竹籠)を七個ずつ持っていった。トルボの人もドコを作るが、トルボにはよい竹がない。一個二・五〜三Rsで売れた。トルボで塩を金で買うと一テが一Rsである。往復七日かかった。

⑨ポンモ村のショナム・ツェリン。

二年前、七軒から一人ずつ計七名で三三頭のヤクを連れて、七月中旬ナムドへ行った。往復一〇日かかった。運んでいったのはトウモロコシと大麦で、塩、羊毛、茶に換えてきた。ヤク一頭につき一〇テ入りのペジャ(運搬用の袋)を振り分けて二袋つける。このときの交換レートは

○トウモロコシあるいは大麦一〇テが塩八テ

○トウモロコシあるいは大麦八テが羊毛一ダルニ
○トウモロコシあるいは大麦四テが茶一個（これはあまり質がよくないものであった）
ショナムは塩三〇テをヤクにつけ、茶二個と羊毛一ダルニをかついで帰った。

⑩ポンモ村のショナム・ツェリン。
商売にいく先々の村で泊まる友人の家は決まっており、そういう友人をネーザンという。ショナムはナムド、シャルダン、リミ、ティブリコット、パーラ、カイガオンにネーザンを持っている。シャルダン、リミ、ティブリコットのネーザン関係は父が作ったもので、ほかは自分で作った。なかでもパーラの友人はトブー（義兄弟）の関係にある。ネーザンの家に泊まる時は米やトウモロコシを一〜二テ土産に持っていく。泊まっている間の食料は自分持ちである。ネーザンは頼まれれば相手の商売を助けてやらねばならない。ネーザンとして当然行うべきことをやらないと、喧嘩になり、ネーザンの関係を破棄して、それ以後道で会っても挨拶もしなくなる。

⑪ポンモ村のヒャクパ（二九歳、男）。一九六八年一月七日、ポンモ村にて。
ゴテチョールにヤクを放牧する時は、一頭につき五〇パイサ、ムニガオンのパンチャヤートに払う。数には関係ない。

⑫ポンモ村のヘンドゥプ・ギャルツェン（二九歳、男）、ダワ・ギャルツェン（三五歳、男）、一九六八年

一月七日、ポンモ村にて。

これから二人でヤク二一頭連れてジュムラへ出かける。ヤクには一頭四〇マナの塩をつけていく。ポンモに帰ってくるのは三カ月後になる。冬のポンモは雪のためヤクに食わせるだけの牧草がないので、リミに滞在して放牧し、その間にジュムラ付近まで出かけるのである。ジュムラでは籾、トウモロコシ、大麦と交換する。籾は自家用である。ジュムラでの交換レートは

○三マナの大麦あるいはトウモロコシが二マナの塩

○一マナの籾が一マナの塩

である。ジュムラまでは、フリコット経由で一二日、ティブリコット経由で二〇日かかるが、前者は雨季に通る山越えルート、後者は乾季の川沿いのルートである。

⑬ポンモ村のダワ・ギャルツェン(三五歳、兄)、テンジン・ギャルツェン(二七歳、弟)、一九六八年二月六日、ポンモ村にて。

村の引っ越し(正月後、春村へ村ぐるみ移る)がすんだらリミ方面へ行く。一二月初めティブリコットに出て(事例⑫のジュムラ行きの件)、暮れの二九日に帰村したが、ヤクは雪が深くて峠を越すのが大変なので、リミにおいてある。ヤクは昨年一〇月連れていったもので、今、兄の一人が世話をしている。全部で二七頭いる。一〇月には村人七人で四二頭のヤクを連れて出た。暮れに帰ってきた一五頭(事例⑦)はその一部である。

正月後、リミ、フリコット方面に出るのは毎年のことで、そこからジュムラ方面へ出かけて、米、大

麦、トウモロコシなどと換える。途中のティブリコットでも二日か三日泊まって仕事をする。

リミからヤクを引き揚げてくるのは五月になるが、そのころ、村では種蒔きはすべて終っており、すぐトルボへ行く準備にとりかかる。畑仕事に男はあまり手を出さない。トルボへは二月か三月に行くこともあるが、その頃はトルボの人々はほとんどリミ、パーラあたりへ出ていて、村にはいない。以前は彼らはこの時期にチベットへ放牧に出ていた。

ヤクを連れてトルボへ行くのは五月から八月であるが、近ごろはあまりよい商いができないので、二回くらいしか行かない。前はもっと行った。トルボへ岩塩がスムーズに入らなくなったからで、まず十分下見をしてから商売にかかる。シェ・ゴンバへおまいりに行くのもこの時期で、昨年テンジンが行ってきた。往復一七日かかった。

昨年テンジンは六月にヤク一〇頭、九月に五頭連れてタラップへ行った。

⑭ポンモ村のニマ・ラマ(二二歳、男)、一九六八年一月二〇日、ポンモ村にて。

ネパールガンジには四〜五回行った。昨年は村人六人といっしょに一二月に出て一月末に帰村した。各人、二〇〇Rsくらいずつ現金で持って行き、布、鍋、食器などを買って帰った。ニマはこのほかラジオ二台、時計一個を買った。布は自分の家で使うほか、三〇〇〜四〇〇Rsをポンモの人に、四〇〇〜五〇〇Rsをトルボの人に売ったが、村内では金の回収がスムーズにいかないので困る。ラジオは四〇〇Rsで買ったナショナル製品をヤク一頭(六〇〇Rs相当)で、六〇〇Rsのシャープをヤク一頭と羊毛六〜七ダルニと塩三〇テで、一〇〇Rsの時計は二〇〇Rsで、トルボで向うの人に売った。布は一ヤール(ヒジから指先までを二回の長さ)が二〜五Rｓくらいのを買って倍の値段で売った。

ネパールガンジへ行くようになったのは七年くらいまえからで、それまでは向うの商人が布などを売りに来ていたが、値上りして買えなくなったので、自分たちで行くようになったのである。出かけるのは一〇〜二月の冬季、夏は暑くて病気になる。ポンモからは一九日行程で、帰りはポーターを雇うこともある。食事をこちら持ちなら通しで五〇Rｓ、むこう持ちなら一〇〇Rｓである。持っていく金は自分が商売でもうけた金であるが、村人から買い物を頼まれて金をあずかることもある。今年行かないのは、トルボとの交易用にリミでトウモロコシや大麦をよけいに買ったので、金がなくなったからである。

⑮ジュムラ近くのジュピタ村からポンモ村に来た布行商人(三人連れ、男)。一九六八年一月八日、ポンモ村にて。

毎年三〜四月にかけてネパールガンジへ行き、布地を仕入れ、雨季の前にここらの村へ運んでくる。代金は一〇カ月後にとる習慣になっており、今、その集金に来たところである。今度も布を持って来て少し売ったが、代金の支払いはやはり一〇カ月先になる。ポンモには一戸あたり一〇Rｓぐらいの貸しがあり、村全体で四〇〇Rｓぐらいにはなる。

⑯ポンモ村のチェワン・ギャルボ。一九六八年二月一五日、ポンモの春村にて。

チェワン家は五人家族(大人ばかり)で一カ月の穀物消費量は家族全員がそろっている月で六〇テくらい、少ない時で二〇テくらいである(男は商売で出ていることが多く、とくに冬など誰かが欠けていることの方が多い)。自分の畑でとれるのはソバ、小麦あわせて二〇〇テ、ジャガイモ三〇〇テ、カブと大根が三〜四カゴで、穀物の不足分は四〇〇テくらい。これはすべて交換の利潤でおぎなう。

年間必要な現金は三〇〇Rｓくらいで、現金収入は年をとったヤクをトルボの人に売ったり、靴や織物を売ったりして得る。また、ドネイのパンチャヤートの賃仕事もよい稼ぎになる(建築工事、橋の工事などで日当五Rｓ)。

前はヤク一二頭を持っていたが、チベットから塩などが十分に入らなくなり、おもしろい商売もできなくなったので、ヤクの数もへらし、今では二頭しかいない。畑は大きな畑三枚、小さな畑六枚持っている(村平均一戸あたり大三・二五枚、小九・二五枚、平均家族員数六人である)。

⑰パーラ村で会ったトルボのツァルカ村の人(男、三〇歳くらい)。一九六七年一二月三一日。

交易と放牧をかねて一カ月くらいまえからパーラ村に滞在している。以前は冬のヤクの放牧にはチベットへ行っていたのだが、それができなくなってこちらへ来るようになった。それまでは商売だけに来ていた。

⑱リミおよびティブリコットでの観察。一九六七年一二月二五日、リミ、一九六七年一二月三一日、一九六八年三月五日、ティブリコットにて。

リミではシャルダン村から来ている一五〜六歳くらいの女の子とその弟が、あるチェトリの家の家畜囲いの中から、糞でどろどろになったワラをかき出し、ドコに入れて畑に運んでいた。その家の奥さんがあれこれ石垣の上から指図している。あとできくと、畑の堆肥入れなどをして金をもらうのだとのこと。

ティブリコットでは帰路、ツァルカ村の男女数人が、堆肥おき場からドコで畑へ堆肥を運んでいた。往路ここの村長宅に泊まった時も、夕方チベット人が数人来て、おかみさんから米、トウガラシと金を二Rsくらいもらっていた。

以上のような実例から、トルボ―ポンモ―ベリ川谷を結ぶ交易のようすが理解できたものと思う。

●交換レートと需給量

ここで各地の交換レートを簡単にまとめてみよう。大麦とトウモロコシは同価値で、籾はそれより高く、ソバはやや安い。そして裸麦はソバよりやや安くなる。まず、次頁にあげた事例の中で一番数が多く出ている大麦あるいはトウモロコシと岩塩との交換比率についてみてみると、表のようになる。「リミ→」などはリミから行っての交換を意味する。

次に羊毛、籾、ソバなどについても同じように表をつくってみた。ただし、これらの物品については大麦、トウモロコシと塩との交換ほどは多くの事例を集めることができなかった。

このほかにもチーズとか首飾りやブローチと穀物との交換など、いろいろな例があるが、繁雑になるのではぶく。穀物と塩の交換のうち、最も多いのが大麦とトウモロコシであるが、表をみてもわかるように、同じ所での交換であっても、そのレートは必ずしも一定ではない。たとえば、トルボでは麦一に対する塩は一〜三までのひらきがある。リミでは塩一に対し麦一・五〜三までのばらつきがある。このばらつきは交換の時期、品物の質、作柄、そして当時者の商売能力によって左右されるものではないかと考えられる。トルボならトルボ、リミならリミでの、ある時期の交換レートは、一応相場として決まってはいるものの、売り手、買い手の掛引きの上手下手が大きく物を言うことは十分予想される。それは、私たちもポンモの村人やトルボの人々を相手にして十分体験させられたことであるし、ポンモの娘たちが結婚相手としての第一条件に「商売上手なこと」をあげる所以でもある。

ポンモにタクラという気の良い青年がいる。三〇歳にもなってまだ独身である。村の娘たちにいわせると、「タクラは人がよすぎて商売が下手だから、あんなのといっしょになるとこっちが苦労するわ」

〔大麦・トウモロコシ対岩塩〕			
	大麦 トウモロコシ	：	塩
トルボ(シャルダン・ナムド)			
事例②(リミ→)	1	：	2
	1	：	2〜3
事例⑥(リミ→)	1	：	1.5
事例⑦(ポンモ→)	1	：	1
事例⑨(ポンモ→)	1	：	0.8
リミ			
事例②	2〜3	：	1
事例④(トルボ→)	2〜2.5	：	1
事例⑧(ポンモ→)	1.5	：	1
ジュムラ附近			
事例⑫(ポンモ→)	1.5	：	1
〔籾対塩〕	籾	：	塩
サマコーラ			
事例⑤(リミ→)	3	：	1
ジュムラ附近			
事例⑦(ポンモ→)	2	：	1
	3	：	2
事例⑫(ポンモ→)	1	：	1
〔ソバ対塩〕	ソバ	：	塩
トルボ(シャルダン)			
事例⑦(ポンモ→)	1.2	：	1
ポンモ			
事例⑦(シャルダン→)	1	：	1
〔大麦・トウモロコシ対羊毛〕			
	大麦 トウモロコシ	：	羊毛
トルボ			
事例⑦(ポンモ→)	18	：	1
	(ソバ 23	：	1)
リミ			
事例④(シャルダン→)	15〜20	：	1
事例⑦(ポンモ→)	12〜13	：	1

ということである。

一地点でのレートにひらきがあるとはいっても、トルボとリミを較べてはっきりいえることは、穀物と塩の価値が逆転するということである。中間地点であるポンモの比率がでていないのが残念であるが、ポンモではあまり交換が行われない、ということも事実のようである。ただ、ソバについてはポンモで換えるとトルボより二パテ程安くなる(事例⑦)ことから、麦なども一対一に近くなると考えられる。

事例⑯の年間不足分の穀物が四〇〇テということから、ここで非常に単純な計算をしてみた。トルボでの大麦・トウモロコシと塩の比を一対二とし、リミでのそれを二対一とした場合、四〇〇テもうけるためには、一〇〇テの大麦・トウモロコシをトルボへ運び、二〇〇テの塩と換え、それをリミへ移すと四〇〇テの麦・トウモロコシになる。翌年の資本分も加えると最初に一二五テの大麦かトウモロコシをトルボへ運べばよい。ヤク一頭に二〇テ積むとして、トルボ行きには一三頭、リミ行きには帰り荷が五〇〇テであるから、余裕なしで二五頭のヤクが必要ということになる。しかし、実際には、何度かに分けて行われるから、チェワン・ギャルボ家のように二頭しかいなくともなんとかなるし、ショナム・ツェリンがいっているように(事例⑧)、たがいに融通し合う習慣が確立しているから、不足分のヤク調達はそれほどむずかしいことではない。ポンモ全体では、八〇頭のヤク(うち若ヤク二、仔ヤク一)がいるが、家ごとの所有頭数にはかなり差がある。

この計算は単純に食べるだけの量を、いささか乱暴なやり方で出したものであるが、このほか食料以外に使う穀物、たとえば、祭礼や葬式、ゴンパへのつけとどけ、衣料の分などを合わせると、不足分はたぶんこの二倍か三倍にはなるだろう。シャルダンやナムドの場合は、ポンモよりもっと食料事情は悪いはずで、必要量のほとんどをほかから移入せねばならないのではあるまいか。

塩の需要がどのくらいあるかについては、はっきりした資料を得ることができなかった。第一、塩だけでなく穀物にしても、一年間どのくらい消費するか、不足分がどのくらいで、一年間に扱う穀物や塩がどのくらいの総量になるかなど、帳面をつけているわけでもなく、聞いてもはっきりした答は出てこない。彼ら自身どこまでそのへんの数量を把握しているのだろうかと、疑問に思うぐらいであるから、先ほどの年間不足分四〇〇テうんぬんも、いたってあいまいな話である。そういうわけで、彼らが動かしている塩や穀物の全体量がどのくらいかは、今のところ不明としか言いようがない。

●交易圏の重なり合いとネーザン・ローバ

①～⑱までの事例によって示された、トルボ—ここではシャルダンとナムドの両村—、ポンモ、そしてリミの人々が出かける交易の範囲は次のようになる。トルボの人々は直接チベットへ出かけるのに対し、ポンモ、リミの人々は習慣としてチベットまでは行かないことになっている。トルボ側から交易に出てくるのは本来パーラ村までであって、ジュムラまで足を伸すようになったのはそう古いことではないらしい。交易の中心はリミよりもパーラであり、リミに長期滞在するようになったのはヤクの放牧という新しい要素が加わったからである。

ポンモの人々は、リミ、フリコット、カイガオンとジュムラに近いゴテチョールを基地にして、付近の村々をまわる。そして、ゴテチョールと、リミ村の斜面の上の方の森林を冬季のヤクの放牧場としてきた。終着点はジュムラ周辺の村—ジュムラのバザールまではないらしい—と、カイガオンからベリ川を南へ下ったルーンである。

私たちは帰途、ジャジャルコットまで、という約束でポンモの人たちをポーターに雇った。村人一五人と私たち七人、はじめは両方とも勇んで村を発ったのであるが、イラに近づく頃から彼らのようすがおかしくなった。カトマンズまでいっしょに行くなどと強気を言っていた若い者も、ルーンまで来ると「帰る」と言い出した。契約違反だとおどしてもすかしても、いやだの一点張りで、とうとう皆帰ってしまった。理由はこうであった。第一にルーンが彼らが日ごろ交易に来ている最終地点であり、これから先の道に不案内であること。ジャジャルコットまでちゃんとたどり着けるかどうか、自信がなくなった。そして第二に、ルーンで予定していた粉が手に入らなかったからである。荷をかついでいるのだから、食料は道々補給しながら行かねばならないのに、ルーンでさえも全員の一食分に足るだけも買えなかった。ましてこの先は不案内な、しかもヒンドゥー圏である。二〇〇〇Rsぐらい懐にしてネパールガンジへ買い物というなら話は別だが、今回は帰った方が無難である、ということになったらしい。確かにもっともな理由ではあるが、私たちはずい分と困ったものである。

さて、リミの人々の行動範囲はこのルーンを越して、もう少し南まで広がっている。サマコーラまで籾の交換にいくことはわかっているが、そこが終着点かどうかは確かめていない。しかし、そのあたりまでとしてよいように思う。

以上が習慣として守られてきたトルボ、ポンモ、リミ各村のそれぞれの交易テリトリーである。これに付け加えるなら、リンモもポンモと同様の活動範囲を守っていると考えられることと、事例⑰が示すように、トルボのツァルカ村あたりからも交易に来ているが、その終着点はパーラで、パーラおよびティブリコット周辺で商売をする。そして、シャルダン、ナムドと同じように、チベットでの冬季の放牧場を失い、パーラ付近にかわりの放牧地を求めねばならなくなった。

このようにしてみると、彼らの交易活動は、それぞれの村の活動範囲がはっきりと習慣として決められ、たがいのテリトリーが重なり合いながらも少しずつ、ずれていることがわかる。このずれによって、物々交換による中継貿易が成り立ちうるのである。たがいのテリトリーの輪が鎖のようにチベットからトルボ、そしてミッドランドからテライへとつながり、さらに東西にも広がっているのであろう。このことがなければ、ポンモなどは人の住む村として成り立ち得ないはずである。

ポンモには、確かに畑を開くにはよい斜面があるが、畑を開いて農業をするためだけで住みついたのではなく、トルボとベリ川谷との交易のための前進基地、あるいは中継基地として仮村みたいなものができ、それが定着村へと発展したのではないか、と私たちは考えている。

もう一つ、ここで注目せねばならないのは、この交易がチベット文化圏とカースト制の確立しているヒンドゥー文化圏とにまたがって行われている、ということである。カースト制の上からいえば、牛の類を食うチベット人はアウト・カーストに属する不浄の人間であり、戸口より内へ入れるべきものではない。リミの村民はチェトリである。そのチェトリが、ほとんどの家でもトルボやポンモの人々に冬の間部屋を貸し、自分たちがトルボへ行った時には間貸人の家を宿としている。それはローバ、あるいはネーザンという、特別な相互扶助を前提とした関係である。この関係は一代限りのものではなく、代々受け継がれていく、家と家との関係である。よその村へ行って商売をする際、間をとりもってくれる者がいるかいないかが、商売の結果に大きくひびくことは明らかである。

ここでカーストのおきてがまったく否定されてしまっているかというと、決してそうではない。部屋の貸し借りをするといっても、実際は軒先を貸すといった方が適当かもしれない。入口に一番近い、ふだんはガラクタを放り込んでおくような所を借りて住むのであるし、リミの人々がトルボへ行った時も家の人たちといっしょに炉を囲んで寝るのではなく、屋上のワラ置場のような所を借りて寝るのであろう。

事例①のイルラエリも「部屋を貸してはいるが、間借人が勝手に奥の部屋に出入りするのを許しているわけではないし、彼らが料理したものは不浄であるから決して食べない。我々が料理したものは我々の方がカーストが上なのだから、彼らにもふるまってやる」と言っている。

カイガオンはカス系の人々とチベット系との混血村である。文化的にもヒンドゥーとチベット―ラマ教―とが混ざり合っている。ポンモの人の多くがカイガオンにネーザンをもっており、なかにはケマンをもっている若者もいる。ケマンとは妻、女、情婦を意味する言葉である。カイガオンあたりの女がポンモへ正式に嫁入りすることは今のところまったくないが、カイガオンやフリコットの女と愛しあい、ポンモから出ていった男は何人かいる。また、ポンモに妻がおりながら、交易に行く先々の村にケマンをおいている男も少なくないのである。リミのように、ヒンドゥー系住民のみで構成されている村では、チベット人との間に性的な関係が生じるところまで発展するような付き合いについては聞くことがなかったものの、皆無とは言えないであろう。

いずれにしても、ローバあるいはネーザンが交易圏のずれとともに、この地域の交易を支える大きな要素であることには間違いない。

●これからのポンモ

村の集会所を借りて暮らしていた私たちは、毎夜、炉の煙にいぶされながら、村人と語りあい、これからのポンモがどうなるかを話しあった。

一番大きな問題はやはり塩にある。チベットから入る岩塩の減少と、インド産の塩の増加である。今のところ、私たちのたどったルートでは、マハバーラタの真ん中あたりに両者の接点があるらしい。しかし、今後、インド産の塩が北上する勢いは強まっていくであろうし、値段もインド産の方が安いようである。チベットの岩塩が目玉商品としての地位を失った時、それに代るものは今のところ何もない。インド産の綿布の普及は羊毛の需要を減らしていくであろう。さらに貨幣経済の浸透ということもある。すでに、ポンモの人々はドネイのパンチャヤートの賃仕事など、出稼ぎに出ねばならなくなっているし、トルボの人々のように、リミやティブリコットで畑の堆肥入れなど、カーストの低い者がする仕事をして、日当稼ぎをする必要にせまられてくるのである。トルボの西北に広がるムグ地方ではすでに過疎化現象が起っているらしい。ムグ地域では、チベットとの交易がうまくいかなくなったことにより、伝統的な交易体制がもうずい分くずれてしまって、住民はジュムラあたりへ出稼ぎに来なければならなくなったようである。

ポンモは、おそらく、そう遅くない時期に、村ができて以来の危機に直面せねばならないだろう。トルボの村々には、その危機はもっと早く来るであろう。

◉第2章——ライ族の村と人

1――アイセルカルカ滞在記

●豚を飼う村

　昨夜は遅くなって着いたので、ラミダンダの空港で雇った荷持ち《ポーター》の四人もいっしょに泊まった。朝五時、ようやく東の空が白みかけたばかりだというのに、彼らはもう目覚めて、ボソボソ話をしている。今日も飛行機が来る予定の日だから、稼ぎのために朝のうちに引き返すつもりらしい。

　常雄《ひさお》はまだぐっすり睡っている。*1 そっとシュラフから抜けだし、庭におりる。ひやりとした風が頭をすっきりさせる。崖っぷちの危なっかしい石を踏んで、畑へおりてゆく。空には雲ひとつない。今日もよい天気になりそうだ。畑の隅にかがみこむと、さっそく気配をかぎつけた豚が顔をだす。フッフッと鼻をならして馳け寄り、二、三メートルまで近づくと、半円を描きながらそろりそろりと寄ってくる。大きくふくらんだ腹が地面につきそうになっている黒い豚だ。もう間もなく仔《こ》が生まれるらしい。土くれを拾って投げつけると少しは後にさがるが、逃げ去りはしない。それどころか、次第に距離を縮め、油断していると……。また一頭、少し小ぶりの奴が反対側から顔をだした。

　とても、ゆっくり朝の勤めを果たすような状態ではない。早くすませて退散するにかぎる。立ちあがったとたんにガツガツと食べ始める。まるでソバでもすすりこむ調子で、あっという間に紙だけになっていた。

一九八〇年一月二八日、チャムリン・ライ族の村、アイセルカルカでの初日は、豚の朝食の観察から始まった。

豚に追いたてられるようにして、早々に用をすませ、崖の上に立って村を見まわす。ほかに人影はまだ見えないが、村はもう目覚めている。家々から細い煙がたちのぼっており、家のまわりや畑の中には、餌をあさりに出てきた豚がうろついている。今は乾季で畑にはほとんど作物がない。一二月に予備調査でこのあたりを歩いた時には、穂を刈りとったコード(シコクビエ)の茎が立っている畑がいくらかあったが、今はそれすら残っていない。何もなくなった畑に、水牛、牛、山羊などが放されて、わずかに残った茎や草を食べている。豚もまたその仲間になって、より貪欲に畑の中をほじくり返しているのである。

畑に作物のないこの頃、水牛や牛などは日中は畑や村のまわりの山に放し、夜は畑の中に簡単な小屋がけするか、杭を打ってつなぎ、朝と夕方に木の葉、草、マカイ(トウモロコシ)やコードの茎などを与える。豚は小屋に入れても戸閉まりをするということをしないので、早朝から餌をあさりに出てくるのである。四、五日で慣れてしまったが、初めの何日かは家のまわりを駈けまわる豚の足音と鳴き声で目を覚ましたものであった。

ヒンドゥー教徒であるバフン(ブラーマン)やチェトリ(クシャトリア)は、豚は不浄な動物であると嫌っているのだが、ライ族やリンブー族にとって豚はとても大事な家畜で、家ごとに飼っている。アイセルカ

家の外壁に赤土を塗る

豚肉の分配，血も平等に分ける

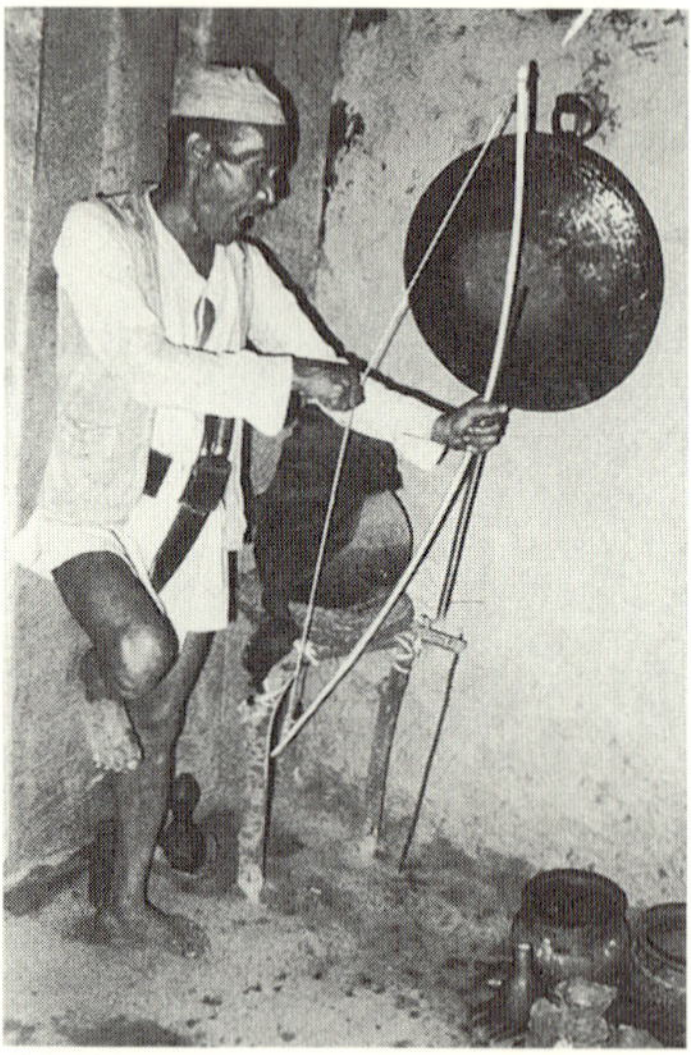

鹿を射とめた弓

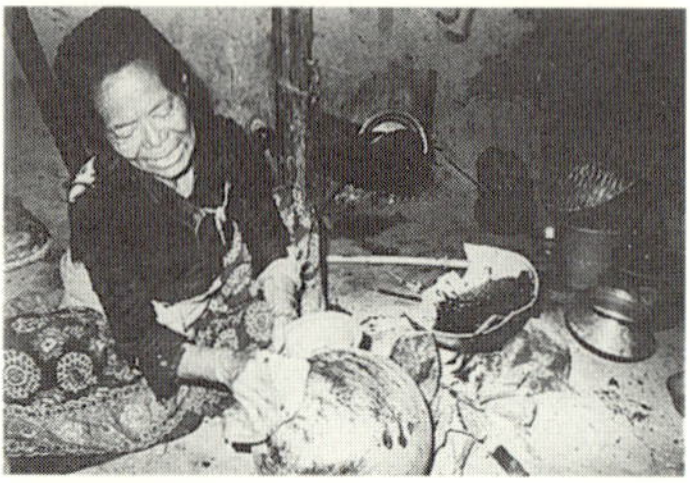

素焼きの壺に松ヤニを塗る

ピットラの祭りに備えて

折り重なるように連なる山々

乾季は農閑期。陽溜まりでのんびり過ごす

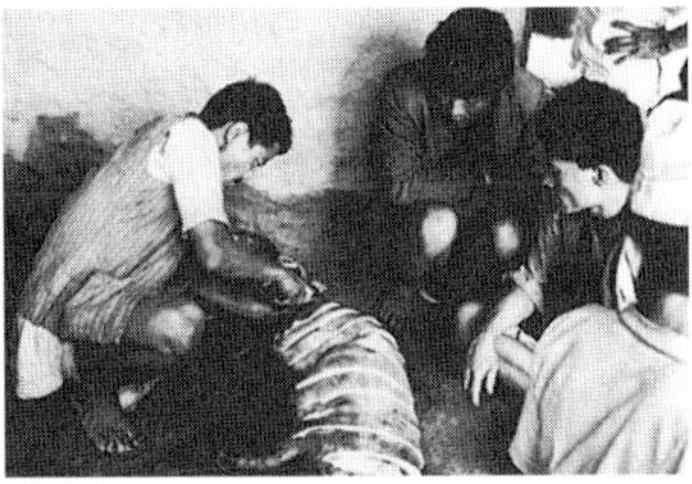

豚の解体，目分量だがほとんど狂わない

棚に並んだ酒壺，この中の一つがマチャクマ

バターを作る

ドコ（背負い籠）を編む

ルカでも、山羊を飼っていない家は多いし、乳を搾るための水牛、畑で使役する牛を飼っていない家は何軒もあるが、豚を飼っていない家はないといってよいほどである。

村の人たちはよく肉を食べる。現在、牛はまったく食べなくなっているが、昔は食べていたのではないかと思われる。というのは、古い徴税台帳[*2]をみると、牛肉税が各戸に六パイサずつついている。彼らによると、これはもっと奥の方に住んでいたライ族が牛肉を食べる習俗を持っていたため、ネパールの王様が税を取りたてるようになった時、一律にライ族は牛を食べるということにして、税=罰金として課すようになったのだ、俺たちチャムリン・ライは牛を食べていなかった、というのだが、はたしてどうであろうか。

そして、彼らは山羊もほとんど食べない。現在ではヒンドゥー教がかなり入っており、病気の呪《まじな》いなどの時、ブラーマンを頼んでプジャ[*3]をすることも多い。その場合には山羊を殺してその血を捧げ、プラサード(直会《なおらい》)にはその肉を食べることもあるが、家の中では料理せず、戸外か玄関脇のテラスに炉を作って調理をし、そこで食べる。その場合でも一家の主人や主婦は食べられない。これは彼らの家の神、ピットラが嫌うからであるという。

彼らが日常食べるのは、水牛、豚、ニワトリで、なかでも最も好むのが豚肉である。私が村で最も親しい友人として往き来していたカラマンパやニタンパたちに言わせると、一週間に一回は肉を食べないと、どうも身体の調子が悪いのだそうである。それくらいであるから、尾根筋を北へ二時間ほど離れたアルカウレという村で週に一回開かれるハート(定期市)[*4]に肉を買いに行くことも多いし、自分たちで豚を屠《ほふ》ることもある。私たちが滞在していた一月末から五月末までの期間でみると、だいたい、半月に一回以上の割で村の豚が食べるために殺されていた。誰かがスポンサーになって持主と交渉する。ヒンドゥー教の聖地のある隣村のハレシ[5]のメラ(縁日)やハートなどの時には、二〇ダルニ[6](約五〇キロ)もある大きな豚を殺すが、ふだんの時には生後半年ほどの、一〇ダルニ前後の豚がねらわれる。それくらいの若豚が最もおいしいのである。何日に誰それの豚を殺すということが伝わると、欲しい人が集まってくる。ときには、人が集まったのはいいが肝心の豚が見つからず、村中を一時間以上も探しまわったりすることもある。

つかまった豚は、前後の肢を持ってひっくり返され、親指ほどの太さで長さ二〇センチばかりの、先を鋭くとがらせた棒で心臓をひとつきされて昇天する。豚がきいっという声をあげる間もないほどの手際のよさである。その後はタテガミや背中の太く荒い毛を抜く。この毛は揃えてとっておき、毛を買いにくる商人に売る。刷毛《はけ》などの原料になるのである。残った毛は焚火《たきび》でていねいに焼き、表皮をきれいにこそぎ落として水で洗い、こわれた筵《むしろ》などの上で解体する。

解体の順序は、下腹部の皮を三、四センチくらいの幅で切りとり、尿道をていねいに除いて、胃袋と腸を傷つけないように取りだす。胃袋と腸は自分たちでは食べないで、村のカミ(鍛冶屋)にやる。内臓を取り出すと頭部を切り離し、足先を切りとる。最初にとった腹の皮と頭、それに足先はスポンサーの取り分になる。それ以外の部分は皮も骨もついたまま、等分に切り分けられる。一〇ダルニの豚なら、まず肉の部分を十等分し、内臓も種別に十等分される。こういう配分は目分量で行い、後で一応竿《さお》ばかりで計量するのだがほとんど狂いがない。一ダルニ単位で山盛りにしたものを欲しい人が買うのだが、人数が多いと、半ダルニ欲しくても四分の一ダルニしか手に入らないことになる。[7]血は別に鍋などにとっておき、肉の量に応じて配分する。持主の家で屠殺した時には、その豚の母豚がいる時にはしないが、母豚がいない場合には解体配分の時に、耳、鼻、腹肉、脂肉、心臓、肝臓などを一切れずつ切りとって、犂《すき》の二またになった枝の先をとがらせたものに刺して、家の神に捧げてお祈りをしたあと、炉の火であぶって、集まっているすべての人で分けて食べる。これを省略すると良くないことがおこると信じられている。

アイセルカルカの人たちは、現在、狩はまったく行っていないし、日常の生活行為のなかに狩猟文化の伝統を感ずることはほとんどないのだが、この儀礼や屠殺、分配の方法や解体の手際のよさをみていると、彼らもかつてはすぐれた狩人であったに違いないと思えるのである。

豚を好むのは人間だけではない。村人たちの信ずる神もまたこれを好む。本当は神が好むから、人もまたそれを好むのだといった方がいいのかもしれない。

乾季の真最中から雨季の初めにかけてのこの時期、農閑期であったせいもあるのだろうが、プジャの時期といっていいほど、大小さまざまな儀礼や儀式が行われた。それに参加し、観察することが多かったのであるが、ほとんど例外なく動物が供えられ、その首が切られ血が捧げられる。ヒンドゥー教系のプジャの場合には山羊や鳩であったが、チャムリン・ライ族の伝統的な神を祀る場合には、豚かそうでなければニワトリが犠牲とされていた。そして、その祀りが大事なものであるほど豚を捧げるのであり、ニワトリを捧げるのは簡略化したものではないかと思われる。

私たちはそういうことを探して、村の中をうろつきまわっていたようなものだから、多い日には四軒のプジャをハシゴすることがあり、そのたびにプラサードの席に連なって肉を御馳走になり、大変快適に健康を保つことができたのであった。

ごく初めの頃、プジャを見学に行って、食事になる直前に帰ったことがあった。私たちのようなよそ者が直会《なおらい》の席に座ってよいかどうか分からなかったせいもあって、遠慮したのである。ところが、その翌日、何人もの村人から、お前たちはなぜプラサードを食べないで帰ったのだと、非難めいた口調できかれた。返答に困ったすえ、小さな子供二人を家に置いて、親だけが食事をして帰ってはかわいそうだからだと答えたら、次からは子供たちも連れてくるようにと言われ、それ以後は親子ともども招待を受けることが多くなった。

●ヒマラヤの見える村

私たちが住んだアイセルカルカ村は、所番地式にいえば、ネパール王国デキテール・ジラ、ハレシ・パンチャヤート、アイセルカルカということになるのだが、地図の上では、東ネパールのヒマラヤ山脈に源を発して南に下り、マハーバーラタ山脈を縦に切って流れるドゥードゥ・コシと、中部ネパールのヒマラヤの水を集めて流れ下り、マハーバーラタ山脈を南北に分けて東流するスン・コシの合流点から、少し北東に登った小さな尾根の南に向いた傾斜面にある村の一つだ、ということになる。首都のカトマンズからは、週に一便のプロペラ機で一時間足らずのラミダンダへ飛び、そこから南へゆっくり歩いて一日の行程である。

村の人たちの住居は陽当たりのよい南向き斜面にあるが、村の領域ということになると尾根の反対側も含まれ、さらに、その北側の小さな谷をはさんで対岸の山の一部も含まれる。住居のある南向き斜面は、かなり下まで畑が拓かれており、その下にわずかな水田が続き、あとは急な崖となって小さな谷に落ちこんでいる。尾根の水場の上に立って見ると、一直線に転げ落ちて下の谷についてしまいそうな傾斜で、よくもこんな斜面をこれほどまで拓いたものだと感心するくらいに拓きつくされている。こうした状態は何もここだけのことではなく、このあたり一帯がそうである。

北に面した斜面とその対岸もかなり畑として拓かれているが、いくぶん木の立ったところがあって、薪取り、草苅り、用材林として利用されている。村人たちの用語ではジャンガルというのだが、私たちが想像するジャングルではなく、藪であり、松がまばらに生えた林でしかないのである。しかし、それほど遠くない昔には、このあたりにも名実ともにジャンガルと呼ぶにふさわしい森林がたくさんあったに違いない。というのは、このわずかに残った藪としかいいようのないジャンガルにも鹿が住み、山猫がいて、夜になると家の周りをうろつき、鶏小屋を襲ったりするのである。私たちの大家であり、村の親としてよく面倒をみてくれたカレンマの話によると、彼女が嫁にきた五〇年ほど前には、この村の戸数は一〇戸に足りないほどであったという。それが現在では七三戸になっているのだから、いかに急激に拓かれていったかが分かろう。

戸数も少なく、ジャンガルがまだ豊富に残っていた頃には獣も多かったろうが、水もまた豊かであったに違いない。

私たちは一九七九年の一二月末、この村を通った。一〇月から一一月にかけての第一回の予備調査で行けなかったスン・コシの南岸、ウダヤプール・ジラに属する村々をまわっての帰りであった。日本を発つまえの計画では、ウダヤプール・ジラにあるライ族の村を調査しようということであったから、かなり丹念にまわったのだが、どうにもピンとくる村が見つからない。いささか重い気持ちをだいてスン・コシを渡り、その夜は川原で野宿した。流木の太いのを何本も集めて大火を焚き、久しぶりに晴々とした気持ちでシュラフにもぐりこんだのを覚えている。

その翌々日、この村の上を通ってデキテールに通じている尾根道にとりつき、村の上にある水場で休んだ。石を四角に積みあげたダーラ・チョウタラ[*8](水場の休み場)は、水が竹樋からあふれるほど流れており、そのきれいに澄んだ水を受けて、村の娘が一人洗濯をしていた。チョウタラに腰をおろして眺めると、ちょうど真北にヒマラヤがのぞまれ、エヴェレストが雪の連山の奥に小さく見えた。私はヒマラヤにとくに興味があるわけではないし、まして登りたいなどと考えたことは一度もないのだが、この雄大な雪山の連なりを見ると、何か郷愁めいた感情に襲われるのはどうしてだろう。私だけではない。常雄もヒマラヤが見えるところにくると、とたんに元気になるようだ。

ヒマラヤを眺めて一息いれた後、米を買うために先に下った真知子たちの後を追って村に入った。村の中は静かであった。今まで歩いたスン・コシ南岸のライ族の村では、私たちのような外国人が入ってくると、大人・子供がわっと集まってきて、閉口することがたびたびあったのだが、ここではそれがない。人がいないわけではなく、庭先や家の中では誰かが仕事をしている。村の一番上手の家の庭先、陽溜まりになったところに老人が座りこんで、和紙に似た手漉《す》きのネパール紙にむかってペンを走らせている。のぞき見ると、ヒンドゥー教のマンダラ様の図が描かれている。子供が首に下げているブッティ(お守り)らしい。二歳くらいの子供を抱いた青年が、あの老人はダミ(呪術師)で、この娘のために描いてくれているのだと、問わず語りに話してくれた。真知子たちは奥の方に行ったというのだが、どの家に入りこんだのか分からないまま、勝手に村をひとまわりして、再び水場へ上った。

ひとまわりといっても、村のごく一部分をざっと見ただけだし、話もたくさん聞いたわけではないが、その夜の泊まりにつく頃までに、私の気持ちはこの村を調査地にすることにだいたい決まっていた。家々が標高二五〇〇メートルほどの傾斜地に散在しているのが難点といえるが、それなりのまとまりはあるようだし、戸数も八〇戸ほどで手頃だ。住民の全部がチャムリン・ライ族だというのは条件通り。それに、会った何人かの人が落ち着いた感じで、物見高くないのがいい、などの理由をつけるのであるが、本当は水場の水の豊富さと、そこから見るエヴェレスト山群の美しさに魅せられて、あとはどうでもよかったのかもしれないと思ったりもする。

村に住んでからは、よく一人で水場に上っていった。そして雪山を眺めた。ヒマラヤが澄みきって見える時には、何か清々しい気持ちになって下ってくるのであった。四月になって雲が多くかかるようになると、次第に水場への足は遠のいていった。

三月の初め、真知子が子供たちの健康診断のためにカトマンズへ出かけ、二週間ほど留守にした。その間、私は一日に二度も三度も水場に上り、山を見るのではなく、峠の方をむいて背を丸めて座っていたという。村の人たちの噂である。真偽のほどは保証の限りではない。

●ハワ・パニ・ラムロ

アイセルカルカで四カ月ほど暮らして、だいたい初めに予想した通り、良い村であったと思っているのだが、ひとつだけ予想に反したことがあった。それは水である。先に書いたように、一二月末に通った時には水路いっぱいにきれいな水が流れており、飲料水にこと欠くことはないと思えたのだが、一月末に行ってみるとその水が半分以下になっていた。その後も次第に水が少なくなって、四月にはいると、上の水場には水のないことが多くなったのである。たまに流れていることがあっても、濁っていたり、ゴミが多くてとても使えない体《てい》のもので、村の人たちは北向き斜面をずっと下った谷間の湧水まで汲みに行くか、さもなければ、村の下の方にある湧水を利用するかで、水汲みにそれまでの三倍くらいの時間がかかることになった。

湧水といっても、この時期になると湧く量は多くないから、溜《たま》ったものを利用することになり、水質はずっと悪くなる。私たちはカトマンズで簡単な漉《ろ》過《か》器を買って持参していたから、それで漉《こ》して使い、できるだけ生水は飲まないようにしていたのだが、村の人たちは当然のことながら生水を飲む。

日本にも「三尺流れりゃ金の水」などという言葉があり、水はきれいなものだという感覚がまだ多分に残っているところがあるが、アイセルカルカの人たちの水に対する感覚を見ていると、水でさえあれば何でもよいと考えているのではないかとさえ思える。水が濁っていて、しばらく待てば澄んでくるのが分かっていても、その濁ったものを水壺に受けて帰って行くし、ときには浅い水溜りの中に水壺をつっこんで汲みあげる。少々泥が入ろうが、腐った葉が混っていようがおかまいなしなのである。こういう例はいささか極端にすぎるもので、すべての人がこんな無茶をするわけではないが、その結果、次のようなことがおこる。

ギレンパというのは、最初に村を訪れた時に、ダミのカレンパ老人に子供のお守りを作ってもらっていた青年であるが、その彼の二歳になる娘はどうも身体が弱く、病気がちであった。彼の家は我が家と近く、毎日のように往き来していたから、子供の具合が悪い時には薬を届けていた。ある時、夜泣きをするし、食欲がなくてと母親がこぼしていたので、ようす見がてら救命丸を持参したら、ギレンパ君いわく、これは虫のせいでお前たちの薬では駄目なんだ、俺が良い薬を知っているから、と断られた。その翌日だったか、彼がやってきて、娘に薬を飲ませるから注射器のスポイトを貸してくれ、と言う。カボスのような酸っぱいミカンの汁をしぼって、煙草を水につけてとった液に混ぜ、それを濃く煮つめたものを娘の鼻にいれるのだという。おっそろしいことをすると思ったが、スポイトを届けてやり、家に帰ってノートの整理をしていた。三〇分もたったであろうか、彼が嬉しそうな声をあげてとんできた。手の平に一・五センチほどの細い虫を持っている。よく見ると吸盤のところだけが異様に大きくなった蛭《ひる》である。これが鼻と喉《のど》の境のあたりについていたのだという。水といっしょに汲んできた細いのが水を飲む時に入るのだということはちゃんと知っており、その症状から薬の作り方まで知っているのだから、珍しいことではないに違いない。事実、そのあとニタンマから、彼女も若い時に蛭が入って苦しんだという話を聞いた。

こういうことを書くと、いかにこの村の人たちの衛生観念がないか、あるいは遅れているかということになりそうだが、私は村でこういうことに接している時には、衛生思想がどうのこうのとは少しも念頭になかった。私がその時に考えていたのは、この人たちにとって水はなぜ美しいのか、松の木がぱらぱらと生えている藪でしかないのに、なぜジャンガルなのか、ということであった。

彼らから、よくハワ・パニ・ラムロという言葉を聞かされた。ハワは風、パニは水、ラムロは良いとか美しいというネパール語であるから、日本語に直せば山紫水明とでもいうことになるのだろう。

日本は大変進んだすばらしい国だと聞いている。時計もラジオも自動車も日本のが一番良いそうだ。日本では農業もすべて機械でやるという。しかし、ネパールほど山紫水明ではないだろう。どうかね、ジャパニ・ダイ(日本の兄貴)。カトマンズはネパールの都で自動車も走っている。街はびっくりするほど大きくて、何でも売っている。しかし、ハワやパニはナ・ラムロ(良くない)。やはりアイセルカルカが一番山紫水明である、といった使い方をするのである。ところが、水はきれいでも豊富でもない。また谷あいから吹き上がる風は、白っぽく乾いた赤土のほこりを含んで目もあけられないような日が多い。ハワもパニもまったくラムロとはいいかねる。良いのは冬もそれほど寒くなく、夏も暑すぎることのない気候くらいのものではないか。

四月から五月の初めにかけて、雨季の近づいたことを報らせるように、夕立雲のような雲が多くなり、西の山地から彼らの表現でいえばガラン、グルンと雷鳴が聞こえだす。トウモロコシを蒔く時期になったのである。水田の水がかりのよいところでは田植えも行われる。その頃の夜、庭先に出て南の方を眺めると、スン・コシの南岸に黒々とそびえるマハーバーラタの山中に火が燃えているのが見える。一晩で消えてしまうのもあるが、三晩も四晩も続いて燃え、次第に火線が伸び広がってゆくところもある。一二月に歩いたことのあるあたりで、焼畑をしていたところではない。私たちが歩いたマハーバーラタの山地では、切替畑かと思われるような荒れた畑地はかなり目についたが、いわゆる焼畑はなかったはずである。何のための山焼きであろうかとカレンパ老人に聞くと、いとも無造作に、畑の畦《あぜ》の草を焼くためにつけた火が山にはいったのじゃよ、と答えてくれた。そう言われてみると、歩いている途中で何カ所も火がはいって、下草の燃えた山を見たものだ。

四月二八日、キッチンボーイのバクタの実家の村へ遊びに行っての帰り、アルカウレのあたりで西南の空がえらく煙っているのに気づいた。どうもアイセルカルカのあたりらしいと足を速めて帰ると、案の定、燃えているのは村のジャンガルであった。北向き斜面の谷の藪はほぼ全滅といっていいほど燃えてしまい、松林に火がはいって盛んに燃えているところで、一時は民家に燃え移りそうな勢いであった。幸い風向きが変わって人畜に被害はなかったが、薪をとる場所も、牛の飼料にする枝や草もなめつくされてしまった。またこの谷にはボホリなど、食用油をとる実のなる木がたくさん育っていた。この村では菜種やフィリンゲという胡麻のような実からも油を搾るが、それだけではとうてい足りないので、山にある何種類かの木の実からも搾る。この木は伐ってはいけないというきまりを作って、育生していたのである。その群生地もほとんど焼けてしまった。この火もやはり誰かが畦草に火をつけ、それが山にとんだのであるという。

現在、この山地の人たちにとって、山を焼かねばならない積極的な理由はまったく考えられないし、山を焼くために火をつけているのではない。焼かない方がいいぐらいのことは考えているはずである。しかし、焼けてしまっても、それほど心が傷まないのである。それはなぜか。彼らの意識の世界では、まだジャンガルは無限にあり、冷たく美しい水はどこにでも豊富にあるからではないのか。彼らの何代か前の先祖たちが、この地に居を定め、ジャンガルを伐り開き、開拓を始めた時と同様に。現実はまったく拓きつくされて、ハワ・パニの状態は変わってしまっているというのに。

私はアイセルカルカの友人たちに、濾過器を使いなさいとか、水は一度沸かさなければ駄目ですよとか、水道の効用を説くことも必要だが、それ以上に、貴方たちのハワ・パニはラムロでなくなっているのですよ、ということを認識してもらうことが大事だと思っている。しかし、それは大変難しいことのようだ。なぜなら、そう考えている私が、あるいは私たちが、日本のハワ・パニが依然としてラムロだと思い続けているらしいからである。

●鍵をかけるな

アイセルカルカは、東ネパールの中部山地を中心に、古くから住んでいるといわれるキランティと呼ばれる人々のなかのライ族、そのライ族のなかのチャムリン・ライ族が拓いた村のひとつである。この村がいつごろ、誰によって拓かれたのかは分からないが、このあたりではかなり早くに拓かれた村のひとつではないかと考えられる。それは、この村の開拓者の子孫ではないかと推測しているプロメチャ氏族のうち、上の二軒、下の二軒がこの一帯のかなり広い範囲にわたる村々の徴税吏[*9]を務めているからである。現在では政府の末端組織としての仕事でしかないが、伝統的に世襲されており、昔からの勢力範囲をそのまま徴税圏としてうけついできたものと考えられる。見せてはもらえなかったが、徴税役の一軒であるニタンパの家には、ラルモハール文書[*10]が伝えられているという。この文書はネパール王がこの地方のライ[*11](首長)に与えたお墨付きのようなものらしい。

現在、村の戸数は七三戸。先に触れたように尾根筋を通る街道から下の斜面に、家々はかなり散在しているのであるが、村の中にはいってみるといくつかのまとまりを持っていることが分かる。そのまとまりをトールと呼んでいる。[*12]

私たちが住むことになったのはライトールである。ちなみにライトールの一三戸には私たち一家を含

●トール分布図

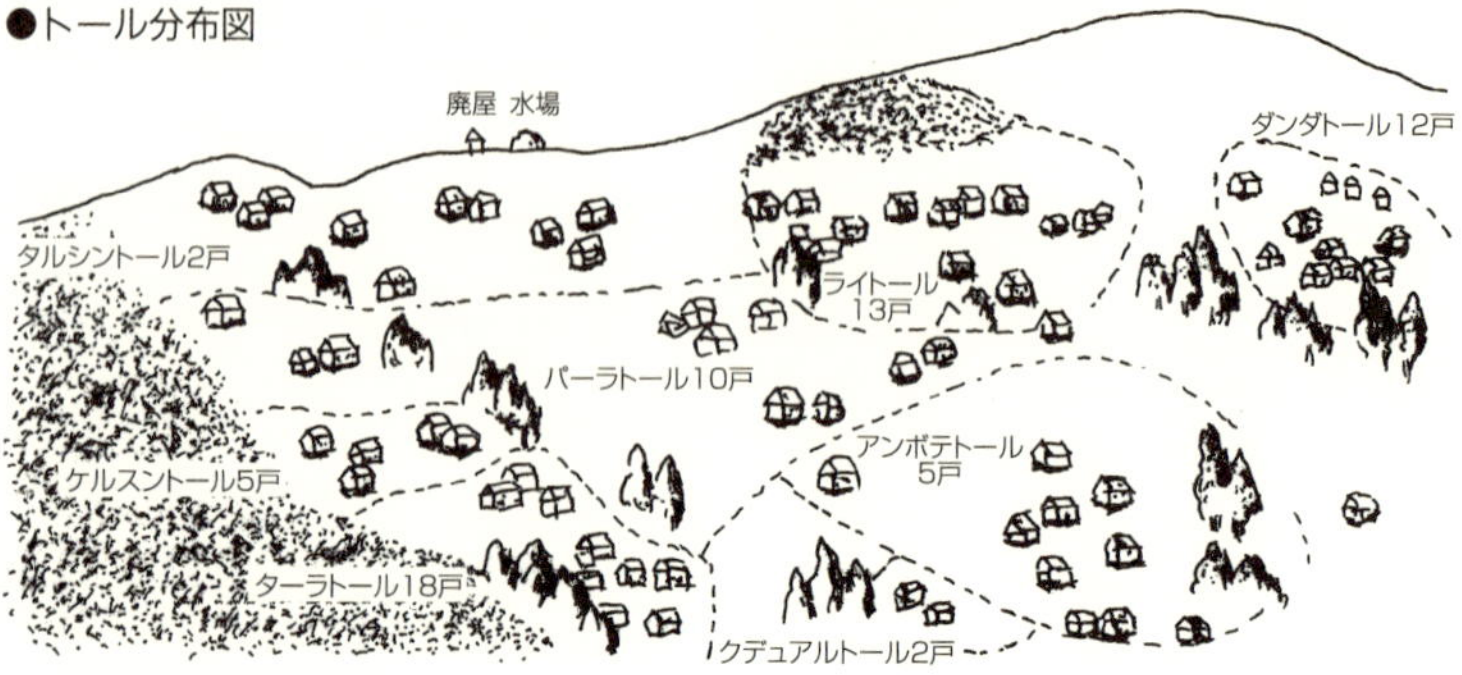

めている。ライトールは斜面の一番上の方にあり、ターラトールは斜面の中腹より少し上ったところにあって、かなり離れているが、この二つのトールにもっとも早くに人が住んだと思われる。というのは、先ほど徴税役の四戸をはじめ、村で重要な位置を占めているプロメチャ一族の主な家がこの二つのトールに集中しているからである。

　トールは日常的な付合いの最も深い近隣集団である。とはいっても、日本の隣組や部落のように組長や会計がいて、寄合いをして何かを決めるといった組織があるわけではないし、トールとしての行事や仕事があるということも見かけなかった。それでも、近隣集団としてまとまっているという感じは強く持った。

　日中、私たちは村の中を歩いていてほとんど家にいない。子守り役としてカトマンズから同行したタマン族の娘、サラスワティがハートに買いだしに行く時、不用心だからと鍵をかけようとした。それを見たギレンパがとんできて、ここは皆ダジュ・バイ(兄弟)ばかりで、物がなくなることはないし、よそ者がきた時には誰かが見ているから鍵をかける必要はない。お前たちもここに住むのなら、鍵なんてかけるな、と注意してくれた。カトマンズでは、留守にする時には必ず鍵をかけろ、と大家のおばあちゃんにやかましく言われていたし、彼女たちがまた部屋ごとに鍵をかけていたのに慣れていたサラスワティは、とまどって不安気な顔をしていた。私は、彼がそう言うのだからいいだろう、とそれ以来どんな時にも鍵をかけないことにした。そして、彼の言ったとおり、物がなくなることは一度もなかった。

ダジュ・バイというネパール語は兄弟という意味であるが、ここではもっと広い意味に使っている。本当の兄弟でなくても、親しい年長者にはダジュとかダイと呼びかける。見知らぬ人に対しても、ある親しみをこめてダジュと呼びかけることも多い。日本で「アンチャン、どこから来たね」とか「おニイさん、寄ってらっしゃい」という使い方と同義である。それともうひとつ、父系の親族集団をさす用語としても使われる。ギレンパが使ったダジュ・バイは親族集団としての意味で使ったようだ。あるいはそれと同じくらい気心の知れた人たちばかりだから、というほどの軽い使い方だったのかもしれない。私たち一家も、何日もしないうちにライトールの住人として、彼らのダジュ・バイに準ずるものとして扱われるようになった。

親しくなったシタンパが、お前たちはラムロ・マンチェ(よい奴)だから、俺たちはダジュ・バイと同じに扱ってやることにした。だからよその奴らがお前たちに文句をつけたり、何か悪さをしかけたら俺たちが皆で助けてやるから心配するな。けれど、この村の者とお前が喧嘩するようなことがあると、ダジュ・バイが敵にまわってお前たちは村に住めなくなるから気をつけろよ、と真面目な顔をして忠告してくれた。その時は少し恫喝《どうかつ》されたような気持ちになったが、日がたつにつれて、彼が偽りのない気持ちで忠告してくれたことがわかってきた。

私が何かのことで隣村などへ出かけることを知ると、村の誰かがきっと同行する。お前のネパール語は俺たちにはわかるがよその者にはわからん。それなのにお前は何でも知りたがり、どこにでも首を突っこんで写真をとりたがる。俺たちはいいが、よそに行ったら何をされるやら心配で目が離せるか、というわけである。

ダジュ・バイという言葉は大変便利に使われており、それだけに厳密でないことが多い。ギレンパが、ここはダジュ・バイの集まりだからと言った言葉から、家と家との具体的なつながりがおぼろげながらでも分かってくるまでには、かなりの日数が必要であった。この村の父系親族集団は、先に氏族とか一族とかいう使い方をしたが、パチャという言葉で表現されている。つまり、パチャというのは共通の祖先を持つと認識されている子孫のうち、男の系譜をたどって結びあわされたグループなのである。この村には最大のプロメチャ(五五戸)のほかに、ケルスンチャ(五戸)、ブリカンチャ(二戸)、セラルンチャ(一戸)と四つのパチャがあり、そのほかにマンパンゲ・ライ族の家が五戸、鍛冶屋であるカミが二戸ある。村人の冗談でいえばジャパニチャが一戸加わることになるが、この数の差でもわかるように、プロメチャが圧倒的に強い勢力を持っている。そして、そのプロメチャは斜面の上のライトールを中心とするものと、下のタ一ラトールを中心とするものとの二つのグループに分かれている。

上・下のプロメチャは九代くらい前に分かれたが、もとは同じであるといわれている。具体的にはどういう原因があるのか最後までわからなかったが、二つのグループ間に何か微妙な対立感情があるように私には感じられた。私たちの住居には昼夜の別なく村人たちが出入りし、集会場のようになっていたのだが、その常連は初めから決まっていて、上のプロメチャの人たちと、何らかの関係でそれにつながる人たちであった。下のプロメチャに属する人たちは、病人がでて薬が必要になるということでもないとやってこない。それでいて私たちを敬遠しているのかというと、そうでもない。私たちが訪れると喜んで迎えてくれるし、道で出会ったりすると、何日はどこでプジャをするから待っているよと声をかけたり、子供を迎えによこしてくれたりする家が何軒もあったのである。しかし、親しみを持ちながらも何か遠慮がちなのである。それは、私たちに対してというよりは、私たちが草鞋《わらじ》をぬいだ上のプロメチャとの関係でそうなっているように感じられたのである。

パチャは外婚単位になっている。つまり同じパチャ内での結婚はできないのである。しかし、同じパチャでも七代以上離れた関係になると結婚できる。それがさらに二四代以上になると再び結婚できない関係になるという。結婚に関しては相当ややこしい規制があるのだが、七代くらいならともかく、二四代にもなると具体的に記憶されているかどうか大変あやしい。上と下のプロメチャはもう結婚していい関係になっているだろうとの認識は皆持っていたが、現在両者の間での結婚は一例もなかった。

上のプロメチャに属する家は二四戸あり、六代まえまでさかのぼると先祖は一人になる。ライトールの家々が近隣集団として強いまとまりを持っているように見えたのは、近隣であると同時にすべて同じパチャに所属しているという、縦のつながりで結ばれる仲間でもあったからである。そして、二代まえとか三代まえに村に入ってきたといわれるプロメチャ以外の人たちが、村の中である安定した位置を占めているのは、プロメチャの人たちと婚姻関係で結ばれているからである。彼らはパチャとしてのつながりはなくとも、結婚を媒介としてダジュ・バイと呼びあうプロメチャの何人かがいることを認められた。

村外の人たちとの結婚について聞くと、同じキランティ族と考えられているライ、リンブー、ヤッカ、スンワール族の範囲であれば結婚できるという。それ以外のグループ、すなわちチェトリ、バフン、マガール、グルン、タマン、シェルパ族などとは正式な結婚はできない。おたがいに好きあっていっしょになり、同じ村に住むのは構わないが、それは正式の結婚とは認められないし、ライ族のダルマ、つまり宗教行事には参加できないのだという。

村の中に一人だけネワール族の女といっしょに暮らしている男がいた。もう子供もできており、彼女も外見は村人と同じように振舞っているが、食事、とくに行事の場合の食事はいっさい作らせないし、家の中でも奥の部屋の炉から奥には入らせないという。ただし子供は男の系統になるので、チャムリン・ライ族になるのだという。

結婚に関連してほかのグループとの間に食事のタブーがあり、その面から説明してくれる人もいた。つまり、結婚できるグループというのはともに食事ができる人たちで、それはキランティ族だけであり、ほかの人たちとはいっしょに食事はできない。もっとも、すべての食事をともにしないというのではなくて、コードのディロと黒豆のダルスープに限られている。この二種の料理は、ライ族が自分たちより上のカーストだと考えているバフンやチェトリの作ったものであっても食べない。ニタンパがチェトリの結婚式に招待されて、嫁迎えに同行したのだが、そこで黒豆のダルスープが出された。これを食べるわけにはいかず、しかたなく近くにある知合いのバフンの家で別の料理を作ってもらったと、えらく腹をたてていたことがあった。

最も厳しいのはカミ、サルキ(靴屋)、ドマイ(仕立屋、楽師)の三職人カースト*13に対してである。ここでは食事はもちろん、水も飲んではいけないという。また、キランティ族とこの三カーストとの間にできた子供をチタルといって、低いカーストに位置づけているが、チタルの水も飲めない。

ニタンパは私たちの最も親しい友人で、村の中では進歩的な考え方や行動をする一人であったが、その彼が私にむかって、お前たちはカミやドマイのところで食事をしないだろうな、もしそんなことをしたら、おまえたちがいくらいい奴でもダジュ・バイとして付合うわけにはいかないよ、と何度も念をおすのであった。村の次代のリーダーとして誰もが認め、周辺のバンフやチェトリの間にもかなり大きな勢力を持っているようにみえるニタンパですら、そういうカースト意識にとらわれているのかと、暗い気持ちになるのであった。

●村の神々

ライ族はもともとヒンドゥー教徒ではない。現在はかなりヒンドゥー教の影響をうけて、自分たちをバフン、チェットリに次ぐ第三位のカーストに位置づけたり、ヒンドゥー教の行事のいくつかを採りいれてもいるが、とても純粋なヒンドゥー教徒だとは考えられない。

ヒンドゥー教最大の祭りとされるダサイン[*14]は、この村でも大きな行事として祝うというし、ライトールの上の尾根にはマイ・ターンというデヴィ神を祀った祠があり、バイサーク[*15]の満月には家ごとにマイ・ターンに詣でてプジャをするし、村人が全員集まって村祭りとしてのプジャも行われた。このプジャでは山羊か鳩を捧げるが、司祭としてバフンを呼ぶわけではない。一月のすえにはソスタミのプジャも行われていた。バフンやチェットリ、あるいはカトマンズ盆地で見たヒンドゥー教化したネワール族の村でのソスタミ・プジャは、家ごとにその家の主人が、夕食後ソスタミ経典を家族に読みきかせるというものであった。ところが、この村では女たち二人ずつが組になってする。それも二組だけが行っていたにすぎず、ソスタミの祭壇も庭先に作られており、家の中にはなかった。始めたのも新しく、一組は二年目、もう一組は今年になってからだという。

病気の呪いやお祓いにバフンを呼ぶことも多かったが、それが主ではない。私たちが病気になると、主治医は別にいるのに各種の薬を飲んでみるのと同じようなものだ。子供が生まれて二、三歳になると、バフンに頼んで星占いをしてもらい、名前[*16]をつけてもらう人も多いが、その名前を覚えている人は一人だっていない。要するに、さまざまなところにヒンドゥー教の影響は見られるけれど、ソスタミの祭壇が象徴的に示すように、家の中、心の中までは完全に入りこんでいないといえるようだ。

それでも、ニタンパやギレンパのような若い世代に、おまえたちのダルマ(宗教)は何だと聞くと、ヒンドゥー教だよと答える。うっかりしてカレンパ老人などの長老にその質問をしていないが、彼らならそんなにあっさりヒンドゥー教だとは言わなかったのではなかろうか。ニタンパたちでも、宗教とは何だという問いではなく、神様は何だと聞けば、ためらいもなく、それはピットラだと答えるのである。

ピットラというのは家の神で、祖霊のことのようである。良い死をとげた人は、その霊がピットラとなって子孫を守ってくれるが、崖や木から落ちたり、殺されたり、難産で死ぬとかいった、不幸な死の場合にはピットラにはなれず、怨霊となってたたりをすると信じられている。とくに三歳くらいまでの幼児が死んだ場合には、あとの子供にたたりをするという。

ライ族はたくさんのタル(部族)に分かれているが、それぞれが家の神を持っており、家の中に祀っている。東ネパールのライ族居住地域をマージ・キラントというが、その範囲をかなり広く歩いた感じで

●家の平面図

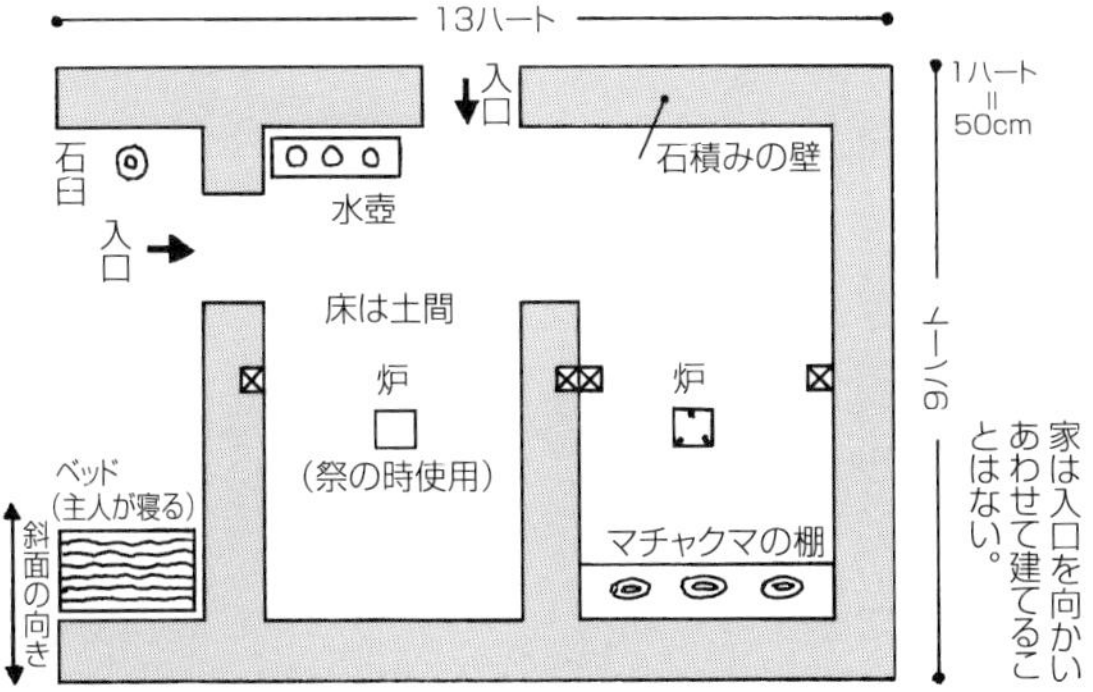

は、住居の外観にはほとんど差がなくなっており、外から見ただけではどのタルのライ族かという判別は困難であった。しかし、家の中に入ってみると、部屋の住まい方に微妙な差があり、見分けることは難しくないようだ。それは、家の神つまりピットラの祀り方の差によって生ずるもののようである。たとえば、パンダレの近くにあるバンタワ・ライ族の家は、一階の部屋を三つに仕切っており、一番奥の小さな部屋にマチャクマという素焼きの壺が置かれている。これもピットラであるが、二階に一室を作り、そこに穀物をいれる籠が収められている。その籠のうち、真ん中のものにコードがいれてあり、これが最も大事なピットラであるという。また、ブイパのツルンゲ・ライ族の村でもピットラは素焼きの壺であったが、これは二階の部屋に置かれていた。

　私たちの村人のピットラもまた素焼きの壺で、マチャクマと呼ばれている。このマチャクマは、普通ワッシム（地酒）を仕込む壺とまったく同じ形のものであるが、それを取扱う人々の気持ちには雲泥の差があるといってよい。村の家は入口から入った一階の部屋が中仕切りの壁で二つに分けられ、奥の部分に日常の炊事などに使う炉が切られている。その炉の奥の壁つきに七〇センチほどの高さの棚がつられ、煤《すす》とほこりで真黒になった素焼きの酒壺が三、四個のっている（一三五ページ、右段の上から二番目の写真参照）。そのうちの一個か、家によっては二個がマチャクマである。マチャクマが二個以上ある場合は、たいてい嫁いできた女性が実家のピットラを分霊して持参したものであることが多い。実家から伝えてきたものがチャムリン・ライ族のものであれば、同じ棚に祀り、行事も同じ時に行うが、ほかのタルのものであれば祀る場所も、祭りの方法も違う。家によっては三つも四つも異なるピットラを祀ることとすらある。

マチャクマはピットラの依りますもので、大変神聖なものである。村人たちはマチャクマの中に常時ピットラがいると考えているわけではなく、祭りの時にやってくるものだと思っているらしいのだが、だからといってふだんは粗末にしてよいというものではない。常に汚《けが》れないの状態にしておかなければいけない。そのためには、チャムリン・ライ族以外の人に触れさせてはいけない。もし間違ってでもほかのジャート（カースト・部族）の者が触ったら、壺はこわれ、その家には何かとても不幸なことがおこり、触った人は狂死するのだという。だから、奥の部屋のマチャクマを置いているところには、絶対に人をいれない。

炉もまたマチャクマに次いで神聖な場所で、他のジャートの者が近づくことを喜ばないし、炉の火をいじることはタブーである。煙草の火を借りる場合でも、家の人に頼んで燃えさしか熾《おき》をとってもらい、返すときにも同様にするのが普通である。一般に炉ぶちの下手の線から奥に入ってはいけないことになっている。私たちもよそ者だからこの禁止事項に触れるのだが、大家のカレンパなど何軒かの家では、おまえたちなら構わんだろうといってくれるようになった。

カレンパ夫婦は長男が生きていれば私と同年輩だということもあって、息子が帰ってきたようだと可愛がってくれた。カレンパは飄《ひょう》々として、人生を超越しきったような味のある老人である。彼はことさら口にだしてどうこう言うことはなかったが、カレンマは女同士ということもあってか、真知子を嫁と同じように扱ってくれたようである。真知子も何かというと相談にかけつけていたから、すっかり気にいられ、息子や嫁には話せない心配事も打ち明けるほどになっていた。

ピットラの祭りは、私たちの暦だと四月中旬から五月中旬ごろにあたるバイサーク月と、八月中旬から九月中旬のバドゥ月の、年二回行われる。最も大事な祭りで、満月の日を中心にしてその前後の日に、家ごとにナッツン(ビジュワともいうライ族の伝統的な宗教者)を呼んで行い、その時には近いダジュ・バイが参列する。この村のナッツンはカレンパとチハレンパの二人で、私たちがいたバイサーク月のこの時期には、二人とも一日に三、四軒をまわらねばならず、若いチハレンパはともかく、カレンパ老人はいささかバテ気味であった。

バイサーク月の祭りをウイルンといい、バドゥ月のものをチョワというが、祭りの時期や内容などから、それぞれ予祝祭、収穫祭としての性格があるようである。ウイルンの時には伝統的な歌と踊りを家々で行っていたというが、最近はまったくやらなくなった。チョワの時には、ナッツンがその家の祖先の名をすべて呼んで祀り、サムカという炉の神の祭りも同時に行うが、ウイルンの時にはサムカは省略してもよいし、祖先の名をすべて呼ばなくてもよいという。

ピットラに捧げるワッシムはコードのワッシムでなければならない。ピットラの祭りに限らず、行事の時のワッシムは必ずマチャクマを使って作ったものである。ふだんに飲むものは発酵した穀粒を土鍋に取り、水を注いで手でもみ、逆円錐形の竹籠で漉《こ》したものであるが、行事用のものはマチャクマに直接水を注いで漉す。そのためマチャクマの底には小さな穴があけてあり、仕込むまえに穴の内側に目を細く編んだ小さな竹籠を伏せておく。使用する時に底の栓を抜くと、漉されたワッシムが流れでるというしかけである。また、供物には必ず豚を捧げると言っていたが、ウイルンの時にはほとんどの家がニワトリで代用していた。チョワの時には必ず豚だよとのことだが、実見していないので何とも言えない。

四月末から五月の初めにかけて、何軒ものウイルンを見た。極端に省略する家もあったが、主要な部分はナッツンの唱えるムンズンにあわせて、家の主人が弓矢を持って狩に行き、獲物をしとめて帰ってくるという所作をすることであった。ムンズンとはチャムリン・ライ族に伝わる神話だということで、チャムリン語で唱えられる。各種あるようで、ウイルンの時に唱えられるのはムンズン・バトといい、狩の道筋をたどっているのだという。弓矢を持った主人が、ムンズンにあわせて初めは南をむいて足踏みをする。これはムンズンに出てくるバト(道)がマデッシュ(タライ地方)にむいていたのであり、コシ(大河)を渡ってマデッシュに行き、そこでミルガ(鹿)をしとめ、そして引き返してくる。今度は北をむいて足踏みを始める。これはヒマール(雪山)に行っていることを示している。そこでまた狩をし、ミルガを射て帰ってくるのである。カレンパ老人がムンズンを唱えるのをよく見ていると、唱えながら皿にはいったワッシムをスプーンなどですくって、炉、床、壁などにふりかけているが、ときどきスプーンを床についたり、ゆっくりふりまわしたりする。道中のできごとを示しているようだ。また、舟をこぐようなしぐさをする時には、丸木舟で途中の河を渡るところだという。

この村の人たちは、キランティ族はコシからやってきたと信じている。この場合のコシは、インドのベナレス付近のガンジス川のことだという。だからムンズン・バトはベナレスまで行くし、ヒマールの方ではドゥードゥ・コシの源流地帯まで行けというのである。このムンズン・バトがどこまで真実を伝えているのか、今の私には何とも判定の下しようもないが、神話、伝説として伝えられている古いキランティ族の領域を伝えているものではないかと思われる。

●ちみもうりょうの世界

不幸な死をとげた人はピットラになれず、さまざまな悪さをすると言った。とくに幼くして死んだ子供の場合は、親たちの愛惜の思いは強く、後まで残るようである。

上半身にうす汚れたシャツを着けただけで、土間や庭先をはいずりまわる赤ん坊たちは、大人の目を盗んで何でも口にいれる。少し冷えた夜だなと思うと、きっと何人かが子供の薬をくれといってくる。パンツかズボンをはかせて、腹を冷やさないようにするだけでも子供の病気は少なくなる、と口を酸っぱくして言っても、誰も耳を貸さない。救命丸を一、二回やるとたいてい治ってしまう程度のものが多いけれども、ダミ(ナッツン)が唯一の医者であるこの村では、生命力の弱い子供は育たない。どの親たちも二人や三人の子供をなくした経験を持っている。

ギレンパはまだ二八歳だけれど、三人の子供をなくしている。彼の兄、カラマンパも三人。村のダミの一人であるチハレンパには二人の子供がいるが、これまでに二人をなくした。子供を死なせるのはとても辛く、耐えられないことである。あれほどの思いはもうしたくない。カトマンズには避妊薬があるそうだが、手に入れてきてくれないか、と子供たちの健康診断にカトマンズに帰る真知子に、夫婦が交互に、真剣な顔で頼みにきていた。そうした親の思いはのちに生まれた子を可愛がり、甘えさせることにもなるのだろうし、幼い子が弱ければ、幸うすくして死んでしまった子の霊が呼ぶのではと思わせることにもなる。

病気になればダミを呼んでお祓いをし、その原因を占ってもらう。簡単な病気であれば庭先でも炉端でもやる。しかしそれが何回も続くと本格的にキム・ルン・セイマ(家祓い)やプジャをすることになる。私たちの滞在期間の大半が乾季で農閑期だったせいもあろうが、ほとんど毎晩のようにどこかでダミの打つ太鼓の音がドロドロと聞こえていた。村人たちはいつでも同じだという。

お祓いにはカレンパ老人とチハレンパの二人が呼ばれることが多く、ときにはチェトリやカミのダミを呼ぶこともある。村の人たちは一律にダミと呼んでいるが、チャムリンのダミはビジュワとかナッツンとかいい、カミのダミはバイラギ、チェトリのはジャンクリという。この三種ともシャーマンであり、神がかりになるのは同じである。ただ、道具立ても神がかりになる時の状態も少しずつ違う。ナッツンとバイラギはよほど気をつけていても、神がかりになった時とそうでない時の区別がわからないし、神のお告げはひと区切りついたところで普通の言葉で家の人に伝える。それに比べてジャンクリの場合は神がかりになった時の状態が激しく、まわりの人の質問にも身体をふるわせながらとぎれとぎれに答える。

ダミの占いで病気の原因を知ると、その処方が講じられなければならない。処方といっても薬ではない。若いチハレンパは薬草などを何種か持っており、それを分けてやることもあったようだが、主たる処方はお祓い、お清め、供養のためのプジャである。

占いやお告げでわかる病気の原因は、たとえば山や道で死霊に声をかけられた、御馳走を食べている時に誰かの邪悪な目で見られた、ジャンガルの悪霊(パガレという山羊くらいの大きさの猿だという)に魂をつれだされた、チェトリの男と結ばれて村を追われ、非業の死をとげたライ族の女の霊がついた、行き倒れになった人を祀っている場所があるが、そこの霊が悪さをする、浮かばれない幼子の霊があとの子にたたる、などであった。このようにして見つけられた原因によって、プジャのやり方はそれぞれ決まっている。幼子の霊の場合は、ジャンガルの中の岩にその霊が依っているので、ダミのご託宣によって男たちが夜中にジャンガルを探しまわり、その岩を探しだして、岩かげに祭場を作って祀らなければならない。それが女の子の場合にはデヴィとして、男の子であればシカリとして祀るのである。村のまわりの岩かげに何十カ所となく、デヴィやシカリを祀ったところがある。年に一回、バイサーク月の満月の日に行われるマイターン・プジャには、それぞれの家で自分の家にゆかりのデヴィやシカリの供養をし、その後で村の祠のマイターンに集まってくる。マイターンに祀られているのもデヴィ神であるという。デヴィ神はヒンドゥー教の神だと聞いて、それ以上確かめていないが、あるいは非業の死をとげた女の霊を祀ったものではなかったかと思われるのである。

　ウイルンとチョワがピットラとなった祖霊を祭り、子孫繁栄と五穀豊穣を祈る日であるなら、マイターン・プジャは非業の死をとげた霊たちを弔う日ではないのだろうか。

●コードとマカイ

　ウイルンが行われ、マイターンのプジャがすんで五月にはいると、畑仕事が本格的に始まった。いつもの年だとウイルンのまえにマカイ(トウモロコシ)の蒔付けが終っているというのだが、今年はバイサーク月になっても雨がほとんど降らず、水気がない。北向き斜面の一部と南側では、村のずっと下の畑の一部分に蒔かれたマカイが、わずかに芽を出しているだけ。私たちは緑に包まれた村の姿を一目でも見てから発ちたいと思っていたが、どうもはかない望みに終りそうだ。ましてや村の誰かれとなく約束してくれた、マカイのもぎたてを御馳走になることなど夢のまた夢である。

乾季も末の畑にはまったく何もない。一月末から二月の中頃までは、何軒かの屋敷まわりにサーグ(青菜類)がいくらかあったが、それも食べつくし、ニガウリの根茎も掘りつくし、家のまわりや畑の畦に生えているイラクサの葉もなくなった。大切にとっておいたカボチャもなくなると、まったくおかずがなくなってしまう。例年だとソバやサーグがわずかだが蒔かれ、その若葉が食べられるようになるのだが、乾燥に強いマカイすら蒔けない状態だからとボヤキながら、カレンマ婆さんはマカイをポプコーンにしてかじっている。ポプコーンだとそれだけで食べられるが、ほかのものだと何かおかずがいるからである。

もう一カ月も雨を待っているのに、ガラン、グルンと雷が鳴って、雨雲が西空に広がっても、雨はこの村だけ避けていってしまう。降雨は局地的にかなりの差があるようだ。アルカウレあたりのマカイは、四月半ばにはもう一〇センチほどに伸びていたし、東へ半日ほどのブイパでもかなり大きくなっていた。

この一帯ではマカイとコード(シコクビエ)が主作物である。というより、畑にはマカイとコードしか作らないと言った方がいいだろう。ソバや麦類ができないわけではないが、村の下の水田にほんの少し蒔いている程度である。麦の生育には乾燥しすぎているのが大きな原因になっているのだろう。

マカイは三月頃から蒔き始め、遅くても五月には終る。乾季の間に一度犂《すき》をかけて耕しておいた畑に、牛や水牛に踏ませた堆肥を入れてもう一度犂《す》きおこす。牛が犂いてゆくあとから女や子供が五〇センチくらいの間隔で種を落としてゆく。鍬《くわ》で土をかけることはしない。隣の畝を犂く時にかかる土で十分で、播種が終った後、小さな鍬で大きい土くれを叩いてならす程度である。

マカイの種を蒔く直前、つまり犂きおこす前に豆、カボチャ、菜種などの種をうすくばらまく。カボチャなら一枚の畑に一〇粒くらい、豆や菜種だと三、四つかみほど。馬鈴薯はばらまくわけにはいかないから、適当な大きさに切った種芋《いも》の切り口に炉の灰をつけ、何畝かマカイと交互に落としてゆく。すべての畑でやるわけではないが、自家で食べる分はそれで十分である。甘藷の栽培はそれほど古くからではないというが、これも種芋からとった芽をマカイの畝間に挿してあるのをよく見かける。マカイが芽を出すと同じ頃、ほかのものも芽を出して成育する。

コードは直播きらしい畑もよそではいくらか見たが、たいていは移植する。五、六月に苗床を作り、マカイの早いものは収穫できるくらいになっている七月頃、そのマカイの畝間にコードを移植するのである。そしてコードの収穫は一〇月の末頃から始まる。アイセルカルカでは田畑の面積をいうのにハリという単位を使っていた。これは二頭牽きの牛で一日に、実際に仕事をするのは半日だが、犂きおこせる面積であるという。一ハリの畑から収穫できるコードの量は二、三ムリである。

コードは脱穀して、乾したものを竹籠などにいれて保存しておく。食べる時に立臼か足踏み臼で皮をとり、石臼で粉にしてディロにして食べる。ディロは沸騰した湯の中に少しずつ粉をいれ、かきまぜながら粉を足して、つまみきれる程度の堅さまで練ったもので、これにダル(豆)のスープなどをつけて食べる。ダルスープは塩味で、トウガラシのきいた、口がひんまがりそうに辛いものを、フーフー言いながら食べる。粉を水で練って丸くのばして鉄板で焼くロティにしても食べるが、これはソバ粉かマカイの粉を使うことが多い。

コードが主食のひとつであるに違いないのだが、ライ族にはコードで作ったワッシムが欠かせないものになっており、年間に一〇ムリくらいのコードはワッシムにして消費するというから、畑の少ない家では収穫したコードの大半が酒になって腹に納まってしまうわけだ。彼らは朝おきるとワッシムを一、二杯飲んで仕事に出かけ、昼頃家に帰ってタルカリ（副食）のついた食事をし、三時頃にはカジャ（お茶、おやつ）にワッシムを飲み、夕方仕事を終えて七時頃に食事というリズムであるから、ワッシムも食事のひとつといってもよいのだが、私たちの感覚でいう食事は昼夜の二食である。その主食として消費される穀物はマカイが最も多い。マカイは粒のまま煎《い》ってポプコーンにするとか、粉にしてロティにすることも多いが、石臼で荒く挽《ひ》き割って御飯のように炊いたものが最も好まれる。これはバートというが、バートは本来は米飯のことである。

米は水田がほとんどないこともあって、日常食べることはない。結婚式や祭りの日など、晴《はれ》の日の食事である。米飯はディロやマカイバートとは比べものにならないほどおいしいものであり、少々焦げていても、芯があっても味に変わりはない。とくに晴の日ともなると、もうひとつの好物の肉があるので文句のつけようがない。それが豚肉ならなおさらである。結婚式など大勢が集まる時には、畑に大鍋をいくつも据えて湯を沸かし、ぶつ切りにした肉を放りこみ、塩味をつけただけの汁だくさんのものだが、それでもおいしい。家で食べる時には鋳物鍋に油をひいて肉をいため、少量の水で煮こんだものになるから、少しは肉料理らしくなるが、塩以外の調味料はトウガラシだけで、ほかにはほとんど使用しない。

日本で暮らしている今、あれと同じ肉料理を出されたら、おいしいと思って食べられるかどうか心もとないが、アイセルカルカの畑の中で手づかみでほうばった豚肉の味は、なかなか結構なものであった。

●息子と村の子供たち

六歳と何カ月かになったばかりの常雄にとって、この村の日々はどうだったのだろう。九月中旬にネパールに着いて、一月末にアイセルカルカに入るまでの間に、ネパールの人たちの暮らしにも慣れ、ネパール語もかなり話せるようになっていた。第二回の予備調査の帰り、飛行機の席がとれないことを理由に、常雄と子守りのサラスワティだけを先に帰して、親たちは一〇日ばかり遅れて帰った。その間、彼は日本語のまったくわからない人たちと過ごしたのだが、その間に彼のネパール語は驚くべき進歩をとげ、日常の用を足すにはほとんど不自由しないほどになっていた。

私などよりはるかに正確にネパール語を使うので、その点では心配はしていなかったが、アイセルカルカの人たちの訛《なまり》に慣れるまでは、かなり苦労したようである。大人なら類推してわかることでも、子供にはそれができない。だから逆に正確に覚えることにもなるのだろうが、通じあわないことが多かったようで、何度もカンシャクをおこした。はては、僕はちゃんと話しているのに、あいつら僕の言うことをちっとも聞いてくれないのだよと、半ベソをかいて訴えてきていた。しかし、そう言いながらもまたとび出していって、泥まみれになって畑の中を駆けまわっていた。言葉がわかろうがわかるまいが、子供は子供の世界に入ってゆく。常雄にしてみれば、親たちは朝出かけると、昼食にちょっと帰ってくるだけで、夕方まで帰ってこない日が多いのだから、仲間を作る以外にしようがなかったのだろう。それでも結構楽しくやっていたようだ。しかし、親たちもキッチンボーイのバクタも留守だという時には、常雄なりに気を使って家のまわりをあまり離れなかったようだ。

こんなことがあった。真知子が帰ってくると、大家のカンチ(末っ子の嫁)がひどい見幕で、ヒサは悪い子だから叩かなければいけないと、怒鳴りこんできたという。理由を聞いてみると、カンチが私たちの借りている家に用があって何回か出入りしたのだが、常雄がそのたびに鍵をかけて入れないようにし、何度言ってもきかなくて困ったのだそうだ。実は借りている家は私たちの専用ではなくて、二階や屋根裏には大家のカレンパ家の穀物や衣類も置いてあって、一日に何回となく出入りしなければ用が足せない。私たちは居候《いそうろう》という状態だったのである。それで、真知子が常雄をきつく叱ったらしい。私が帰った時も常雄は泣いていた。泣いてばかりで理由を言わないのでわからないが、私には彼がいたずらでやったのではなく、自分たちの家に、親たちの留守に他の人が勝手はいるのを警戒して鍵をかけたのだと思っている。

それはともかく、これは村の中に大きな波紋をよんだできごとだった。常雄が叱られて泣いているのを見た人が次々にやってきて、おまえたちはなぜ子供を叱るのだ、子供は叱ってはいけない、と言う。ニタンパなどは、おまえたちがそんなに叱るなら、ヒサは俺がもらってゆくと連れて帰ったりした。あげくは、子供はいたずらをするのがあたりまえで、いたずらをしたからといって怒鳴りこんだりするカンチが悪いんだ、ということになって、気の毒なことに彼女はその夜家族の皆から怒られていた。

そんなことがあってから、村の人たちの子供に対する態度を見ていると、なるほど叱らない。叱らないというより、甘やかし放題に甘やかしているという感じなのである。真知子は、甘やかしているのは五、六歳までで、自分の力でこの山地を駆けまわれるようになると、小さなドコ(背負籠)を作ってやり、ククリ(山刀)を持たせて薪取りや草刈りに行かせるし、子守りや水汲みも、家畜の放牧にも出すではないか、土地にあったしつけをしているのだと言う。しかし、私にはもうひとつピンとこないところがあった。

私が少しは納得できたような気になったのは、カレンパのカンチャ(末っ子)とともに彼の姉の嫁ぎ先の村に一晩泊まりで出かけた時であった。村の中では末っ子の甘えん坊で、わがままでどうしようもない奴だと思っていた彼が、一歩外へ出るとこれが同一人物かと思うほどきちんとして礼儀正しいのである。気のおけないダジュ・バイばかりの村にいる時と、気心の知れない世間に出た時との態度の使いわけを心得ているのに感心させられた。

そうした訓練は村で親やダジュ・バイから受けるというよりは、年頃になって旅をすることによって身につけたものらしい。若い者はよく旅に出る。一人で行くこともあれば、気心のあった仲間と行くこともある。私たちが村に入った時も、カンチャの兄であるサインラ[*17](三男坊)が旅に出ていた。一カ月以上かけて、インドからシッキムあたりまでまわってきたという。宿屋に泊まることもあったが、たいていは行く先々で友だちができ、その家で世話になっての無銭旅行に近い旅らしいが、これは彼に限ったことではない。同じようなことを皆やっている。そうしたことを通じて、村の中では学べない世間を見る眼、他人との付合い方などを身につけてゆくもののようだ。一昔前はグルカ兵としてインド軍やイギリス軍にはいる人も多く、それも稼ぎをもたらすだけではなく、世間を見るよい機会だったようだ。

現在では男の子の大半が初等教育を受けており、二〇歳代の若者たちの中には、ブイパなどにある中学校を卒業した者が何人もいる。初めのころは彼らが英語だと思いこんでおり、強いて分類すれば英語以外ではないが、それが英語だと気がつくまでかなり時間がかかるという、妙な言葉で話しかけられて往生したものである。

ともあれ、初等教育は国語であるネパール語で行われており、ネパール語の読み書きは、一九五〇年の王政復古とそれにともなう学校教育の普及によって、ライ族やシェルパ族などの間にも急速に広まった。それと裏腹の関係で各民族の固有言語は忘れられていきつつある。要するにネパール化が急速に進行しているのであり、それはヒンドゥー化と言い換えていい部分がたくさんある。

一般にライ族は精悍で短気、誇り高く正直だといわれている。まえにも触れたように家に鍵をかけることはしなかったし、荷物などを放りっぱなしにしておくことが多かったから、私たちの留守中でも裁縫道具や文房具などは、近所の人たちが勝手に入りこんで使うことは稀《まれ》ではなかったが、持ち去られることはほとんどなかった。一度ハサミを持っていった青年がいたが、彼らしいというので次にきた時に聞くと、素直にそれを認めてすぐに返しにきた。彼らの間では嘘をつくことは大変いけないことなのである。どちらかというと、竹を割ったような気性の男が好まれる。それだけに、気心がわかるととても付合いやすいのだが、怒りだすと手がつけられないという面もある。

昔は酒を飲んでよく喧嘩をしたものだそうで、頭や手足に切傷のある人が多い。これは四〇歳代の男に多く、たいていは若い頃に友だちと喧嘩して切られたのだという。ククリは常に持っているから、喧嘩になればそれを抜いて渡り合うことになる。切られたら切りかえし、親兄弟が殺されたら親族が復讐するのが義務になっていたという。現在でも結婚式などの酒の席で喧嘩が始まることも少なくないが、刃物三昧に及ぶことはほとんどない。昔のように常にククリをたばさんで歩くことがなくなったし、喧嘩になると近くの者がすぐひき分ける。そして、その後は話し合いで善悪を決めるということになる。喧嘩の当事者同士がすることもあるが、ダジュ・バイのうち弁説の達者な人が出て話し合うことが多い。

この話し合いがまた延々と続いて退屈なことおびただしい。結局は言い負かされた方が悪かったということになり、アラッカ(蒸溜した地酒)を一瓶《びん》か二瓶買い、賠償金を一〇ルピーか二〇ルピー取られてケリがつく。これを見ていると、ヒンドゥーの社会で腕を振りあげ、口角泡をとばして延々と大激論している姿のミニチュア版のようであり、私にはそれが学校教育の普及に比例して多くなったのではないかと感じられた。

それと関連して、村でも口の達者な、言い負かしっこの上手な人間が重用される傾向が出てきている。畑仕事や山の仕事にはそれほど熱心ではなくむしろ怠け者に属するが、学校教育を受けていて、新しい知識を持っており、かなり強引な理屈をつけてでも自分の主張を通すことのできるタイプの男が、村のまとめ役として引き出されるようになっている。

そういう意味では、現在ライ族の社会は大きな変革期にはいっていると言えそうだ。

常雄のことから筆がそれてしまった。日がたつにつれて言葉も通ずるようになり、あまりカンシャクもおこさなくなっていった。そして遊び仲間の中でもそれなりの地位を得ていくように見えた。小さなドコをカレンパじいちゃんに作ってもらい、短い紐をかけて額で支え、短いククリを手に仲間と薪取りに行ったり、水牛の放牧についていって野イチゴをつんできたりするようになった。もう家に鍵をかけるなどということは、しろといってもするものではない。

不満をいえば、ククリを持っておぼつかない手つきで竹を削ったり、木を切ったりしていると、仲間がククリを取上げてさっさと作ってくれることくらいである。子供たちには常雄の手つきが危なっかしくて見ておれないということもあったが、別にもうひとつの理由があった。それは常雄の持っているサッカーボールであった。遊び道具のない子供たちにとって、このボールで遊ぶことは無上の楽しみであったが、それは大人たちにとっても同様で、子供たちが遊んでいるといつの間にか大人が取上げて返してくれない。一度受けそこなうとはるか下まで転げ落ちてしまうような狭い石ころだらけの畑で、大の大人が夢中になってボールを蹴りあっているさまは実に壮観であった。そして誰かが地面を蹴って突き指するか、指の皮をむくかしなければやめられない。それをやめさせることのできるのは、持主である常雄だけである。ヒサ、ボールを取返してよと、仲間がとんでくる。

そんなことを繰り返しているうちに、初めのうちは常雄より強かったはずの同年輩の二、三人の子供たちが、何かにつけて常雄を頼るようになったからおかしい。日本猿の群では母猿の順位によって娘猿の順位に差ができるというが、子供仲間での常雄の順位はサッカーボールの存在によってかなり上昇したようだ。

村の子供たちの中に溶けこんで、楽しい毎日を送っていた常雄にとって、友だちと別れてカトマンズに、そして日本に帰らねばならないということは、とても辛いことであった。帰る前々日あたりから散々駄々をこねていたが、村を発った日の夜中、眠っているとばかり思っていた常雄が突然大声で泣きだした。びっくりして、どうしたのだと聞くと、友だちの名を一人一人呼んで、別れるのは嫌だ、村に帰りたいと言うのである。その常雄の泣き声を聞いた時、私は子供たちをいっしょに連れてきてよかった、正解だったと思った。

日本に帰ってもう一年以上もたった今、彼はアイセルカルカの友だちのことはすっかり忘れてしまっているように思えるのだが、いつの日か、またアイセルカルカに帰って、幼い日の仲間たちとの友情をよみがえらせることがあるに違いないと信じている。そしてその時は、サッカーボールの力を借りるのではなく、対等の人間として彼らと付合ってほしいと思うのである。

1―**わが家の構成。**私、妻・真知子、長男・常雄(六歳)、長女・日見子(二歳六カ月)、子守り・サラスワティ(タマン族、二〇歳)、炊事係、バクタ・ラージュ(バフン族、一九歳)。(以下すべて一九八二年当時のデータである)

2―現在の台帳は一九六一年頃作成されたもの。名寄帳形式で家ごとの田畑を一筆ごとに記入しているが、地番はなく小字名だけ。広さも畑はトウモロコシの播種量、水田は籾の収量で表示。税金は四マナ(約二・三ℓ)のトウモロコシを播く畑で四四パイサ、一ムリ(約九〇ℓ)の籾のとれる水田で四五パイサ。

3―狭い意味では神に供物を捧げて供養することと解してよいだろうが、一般には広く神を祀る儀礼や行事の全体をさして使われることが多い。

4―尾根筋や峠下などで週一回決まった曜日に開かれる。新月・満月の月二回のところも。あらゆる日用品が出る。ハートの近くにはバザールや官公署が集まり地方の中心地となる。ハートをまわる市立《いちたち》商人的な人もいるが、近隣の村人が自家製品やタライ地方から仕入れた米や塩、煙草を売ることも多い。日用品購入、現金収入だけでなく情報入手、交歓の場で若者は用がなくてもおめかしして出かける。売手から一Rs《ルピー》ほどの場所代をとり、地域の学校の費用にあてるという。

5―村から一時間ほど南。鍾乳洞にマハデヴィ神を主としたヒンドゥーの神々を祀った聖地。ブータンからの一行が半月程も参籠するなど、ラマ教徒にも広く知られている。縁日《メラ》は年に四回程というが、二月一四〜一七日、三月二四〜二八日の二回を見た。大きな市もたつ。

6―**度量衡。**①貨幣、一〇〇パイサ＝一Rs≒二〇円。②重量、パウ≒二〇〇g、セル＝四パウ≒八〇〇g、ダルニ＝三セル≒二・五kg。荷運びの時はマウント≒三〇kg。都市ではkgを使うことが多い。③容量、マナ≒〇・五五ℓ、パテ＝八マナ≒四・五ℓ、ムリ＝二〇パテ。油など液体は底が広く口の狭い枡を使い、穀物や粉は逆の形の枡を山盛りで計る。④長さ、身体尺が多い。アマル＝親指の巾、プート＝一二アマル、ハート＝二プート、肘から中指の先まで＝カチ。ハートは一カチ＋中指の長さをいうことが多く、五〇～五四cmくらいまでの差があった。ビタ＝指を広げて親指から中指の先まで。バハ＝腕を広げた長さ＝尋《ひろ》。⑤面積、カタ＝二〇ドール、ビガ＝二〇カタなどあるが播種量や収量で計るものらしい。

7―**物価いろいろ。**自給品以外は現金購入。物々交換はほとんどなし。私たちが買った物価例。豚肉一ダルニ＝二〇Rs、水牛肉一ダルニ＝一二・五Rs、米一パテ＝一六Rs、馬鈴薯一パテ＝七Rs、コード粉一パテ＝八Rs、石油一缶＝一五〇Rs、塩一マナ＝一・五Rs、蒸溜酒《アラッカ》一瓶（サイダー瓶大）四～五Rs、牛乳一マナ＝二Rs、鋳物鍋＝一六Rs。

8―山地の道路脇に土盛りをしたり周囲に石を積んだりして、荷をもたせかけられる高さの塚を造り、上に菩提樹を植えて木蔭をも提供する休み場。水場とセットになったものがダーラ・チョウタラ。死者の供養のために子孫が造ったものだという。ライ族の場合は石をベンチ状に積んだり木のベンチを造ったりし、死者の名や没年月日、供養者名を刻んでいる。

9―古い台帳を持って各家をまわり、家の主人と耕地一枚ごとの移動を確認しながら金を集める。税のほかに各家は一マナの米を出す。これが報酬。税金を政府に直接送っていること、代々やっているという伝承、遺産相続など土地にからむ争いの仲裁役になることなどから、この地方の首長であるライの徴税権をうけついだものと考えられる。

10―ラルは赤、モハールは印のことで、王の朱印が押されている文書の総称。その内容は多様である。ニタンパ家のものは首長としてのライ（次項参照）に与えられたものというが実見していない。

11―**ライ族とライ。**元来ライとは首長を意味し、ライ族ではジミ、ジミダール、地方によってはカンブーと呼んでいたという。ゴルカ王朝がキランティを征服した時にジミダールの有力者の何人かに地域的な支配者として朱印状とライの称号を与え、それが後にジミダール全体を指すようになったという。リンブー族の首長の称号はスツバであり、リンブー族全体をスツバということもあるが、ライ族ほど一般化していないようだ。

12―**トール分布図**。ソレニートールは北斜面に早い人で一五年程まえに移住した人たちのもの。アイセルカルカの枝村的な性格で、少し離れているが村に含めた。図では見えない。図中の数字は各トールの戸数。家の絵は農小屋をも含む。

13―**職能カースト**。村ではカミが二戸だけ。カミは鉄器の製作・修理を行い、金銀の装飾品はスナールが行うというが、村では兼任していた。日常生活では皮革職人のサルキ、仕立屋・楽師のドマイが関係深く、近隣の村に何戸も住んでいる。村の家との出入り関係は代々決まっており、仕払いは毎年の穀物の収穫時に一定量で行われる。これら三カーストのうち、ドマイが最も低くみられていた。

14―アソージ月(九月中旬〜一〇月中旬)の一〇日を中心に二週間にわたるヒンドゥー教最大の祭り、ドゥルガ女神を祀るのでドゥルガ・ブジャとも。家庭内外で多くの行事があり、日本の収穫祭と正月をいっしょにしたような祭りではないかと思われる。この時期は賭事が公然と行われ、凧あげやブランコ乗りも見られる。

15―**ネパール暦**。BC五七年が元年の陰暦のビクラム暦が公式。新年は太陽暦のおおよそ四月中旬から。月名は①バイサーク②ジェート③アサール④サウン⑤バドゥ⑥アソージ⑦カールティック(カティック)⑧ルンシル(マルガ)⑨プース⑩マーグ⑪ファグン⑫チャイト。

16―**命名**。生後四、五日の祝いの日に父や祖父などがつけるのが正式の名前。ほかにブラーマンに頼んで、生年月日や生まれた時刻で星占いをした名前をつけてもらう。これは紙に書いてとっておき、病気などでブラーマンに占ってもらう時に見る程度でふだんは使わない。

17―**村人の呼称**。結婚して子供のある人は長子の名をとって、誰それの父《アバ》・母《アマ》と呼ぶ。カレンの父はカレンパであり、カマラの母はカマランマとなる。私たち夫妻はそれぞれヒサンパ、ヒサンマと呼ばれた。子供や青年も本名で呼ぶことはほとんどなく、長男=ゼッタ、長女=ゼッケイ、次男=マインラ、次女=マインリ、三男=サインラ、三女=サインリ、男の末子=カンチャ、女の末子=カンチなどと呼ぶ。

2——続アイセルカルカ滞在記

●祀られる壺

ミルクティとロティ(小麦粉などを練って薄く伸ばして焼いたもの)の朝食をすますと、村の中に出かける。行き先は決めていない。

ぶらぶら歩いていると、何かが見える。何かに出会う。誰かが見つけて声をかけてくれる。引っかかったところに座り込んで何時間かすごす。それが村に慣れるまでの私の日課であった。

今日は、下村の子どもがいち早く見つけたらしい。「アマ(お母さん)、日本ダイ(兄さん)がくるよ。酒をつくらなきゃ」という声が聞こえる。ちなみにダイという呼び方は、実の兄にたいしてだけではなく、ある程度の親しみをもつ成年男子にたいして使われる呼称である。せっかくのご招待だ、顔を出さない手はない。「ナマステ(今日は)」と声をかけて入り込む。囲炉裏端ではアマが、早々とワッシムを搾っている。

ワッシムはネパール語でジャール。チベット語ではチャンという、自家醸造の酒である。米や麦からも造るが、ライ族の村ではシコクビエのワッシムが一般的で、最も好まれている。シコクビエを炊いて、よく蒸し、竹筵《むしろ》に広げて冷まし、酒母《しゅぼ》を混ぜて竹籠に詰め布にくるんで、部屋の隅に置く。二日くらいで醗酵がはじまる。それを酒壺に移し、一週間もすると飲めるようになる。米のワッシムは、濁酒と同じでどろどろになるが、精白していないシコクビエや麦のワッシムは、酒の香りはしていても、水気がほとんどなく粒状のままである。中尾佐助(植物学者)さんは、これを粒酒といっている。そのままでは飲めないから、素焼きの鍋に載せた円錐形の竹籠に掬《すく》い込み、水を注ぎながら揉《も》むようにして搾る。

アマが、タール(真鍮製の深皿)にワッシムを注いでくれる。アルコール度はビールよりも低いが、爽やかで、口当たりは悪くない。少々飲み過ぎても悪酔いすることはない。ただ、籠の編み目からこぼれたシコクビエの粒がかなり大量に混じっているので、慣れないと気になる。

村人は粒もいっしょに飲んでしまうのだが、私はそうはいかない。底に残った粒を持て余していると、アマが笑いながら皿を取り上げ、搾り粕《かす》を入れた籠に移してくれる。粕は豚の餌にするのである。祭りの時などには大量に消費するので、粕もたくさんできる。食べ過ぎた豚が、酔っぱらって踊りだした、などという嘘とも本当ともつかない話に相槌をうちながら、すすめられるままに飲んでいるうちに酔って、寝てしまったらしい。気がつくと、布団をかけ枕まであてがわれていた。どこの馬の骨とも知れない私一人を残して、家人は仕事に出ていったらしい。家の中は森閑としている。戸も締めていなければ鍵もかけていない。

そんなことを何度か繰り返しているうちに、人畜無害な奴らだと認められたのであろう。私たちは準村人としての待遇を受けるようになった。大家をはじめ近隣の家では、囲炉裏端に座ることを許され、榾火《ほたび》を直接とって、煙草に火をつけてもよいというようにもなった。

一般に訪問者は家の中に入らず、玄関のポーチに座って話をすることが多い。中に招じられても、囲炉裏端には近づかない。入口に近い壁際に敷かれた筵に座って接待を受けるのである。煙草の火も、家人が榾火をとって床の上に置いてくれる。それを取り上げて用を足し、また床に返すのである。手渡しはいけない。まして、直に炉から取りだしたり、直接に返すなどもってのほかのことである。よそ者が囲炉裏の火に直接触れると火が穢《けが》れるという信仰は、想像以上に強いものであった。だから、囲炉裏端に座って、火に触ってもよいというのは、私たちをよそ者ではなく、同類として認めたということになるのである。

そんな私たちにも、最後まで触れることの許されないものが、一つだけあった。それは、囲炉裏のある部屋の奥に設けられた棚に置かれている酒壺である。これは家の者以外は絶対に手を触れてはいけないものである。

「おまえたちは、いい奴らしいから、これから親戚同様に交際することにする。困ったことがあったら何でも相談にこい。しかし、この壺だけは間違っても触ってはいけないよ。もし触ったら、おまえは気が狂って死ぬことになるし、俺の家は火事などのたいへんな災害に見舞われるのだから」と隣家のニタンパから言われたのは、村に入って一カ月くらいたってからのことであった。

酒壺は、市場で一〇ルピーくらいで売っている素焼きの水壺である。その水壺が彼らの手に渡り、ワッシムの壺となった時、大事な祖霊の憑《うつ》ります、聖なる壺として、祀られることになるのである。

●ワッシムとアラッカ

アイセルカルカの村人にかぎらず、一般にライ族は皆、酒が好きである。男も女も同じように飲む。幼い子供にも飲ませる。村に入ってすぐの頃、上の家のダイが、まだ乳離れもしていない娘にアラッカを飲ませているのを見てびっくりしたが、これだって特別のことではないことがすぐにわかった。ようするに彼らは、幼い時から酒を飲まされ、十分に訓練されているのである。

アラッカというのは、蒸溜酒のことである。ネパール語でロクシーという。シコクビエで造ったワッシムを蒸溜したものである。カトマンズ盆地のネワール族のロクシーは、米を原料にしたものが主で、ウオッカよりも強いと思えるほどのものがあるが、アイセルカルカのアラッカは、焼酎より少し弱い程度である。しかし口当たりはよいし味もまあまあのものである。

酒好きで酒をきらすことのない人たちではあるが、アラッカはどの家でも、いつでも造るというものではない。といって、造る家と時が決まっているわけでもない。女衆が小遣い稼ぎに造ることが多いようであった。自家用ではなく、売る目的で造ることが多い。村人でも金を払って飲む。その点がワッシムと違う。

近くの村に市の立つ日の尾根道は、市に行く人で賑わう。おかみさん連中の稼ぎ時である。瓶状の木壺に入れたアラッカを二、三本ならべて、道端の水場や峠で店を開く。私は、外国人が飲んでいると足を留める人が多く売行きがよくなるから、と呼び出され、サクラを務めることがたびたびであった。ただ酒が飲め、さまざまな情報が聞けるよい機会であるから、押しかけていくこともあった。コップ一杯一ルピー(二〇円くらい)が相場だった。

アイセルカルカの村人が日常に飲む酒は、前述したとおりシコクビエのワッシムである。彼らにとってワッシムは、私たちのお茶と同等、いやそれ以上に重要な意味をもった必需品である。村人は一日に何回もワッシムを搾り、飲む。朝おきると、まず一、二杯飲んで仕事にでる。朝の一杯は彼らの朝食である。先に書いたように、搾る時、籠の網目から漏れる粒が多いので十分お腹の足しにはなる。

一一時頃には畑から帰り昼食にするのだが、食事の前にまず一杯。そして、午後のおやつ時にもまた一杯。その前後でも客がくればいっしょに飲むし、夕食前にもまた一杯という調子であるから、一日に飲む量は相当なものになる。

村人の一人に、一日にどれくらい飲むかと聞いたら、側にあったバケツを指して、これに一杯くらいは飲むと答えた。五升は優に入るバケツである。彼は村でも名うての飲んべえであることを計算に入れて、少なめに見積もっても、普通の大人なら二、三升は飲むだろう。主穀物であるシコクビエがワッシムに化け、人と豚の腹の中に納められてしまうのである。

毎日飲むものであるからきらすわけにはいかない。壺の酒がなくなる頃には、次のものが飲めるようになっていなければならない。だからどの家の棚にも複数の酒壺が置かれている。少ない家でも三個、家族の多い家では、四、五個の壺が棚に乗せられているのである。本章の1で棚の上の酒壺は祖霊の壺として神聖視されているのだと書いたのだが、厳密にいうと、そのうちの一個、家によっては二個が家の神として祀られる祖霊の壺なのである。

家の神(祖霊)のことをマチャクマというのだが、祖霊の壺もまたマチャクマと呼ばれている。マチャ

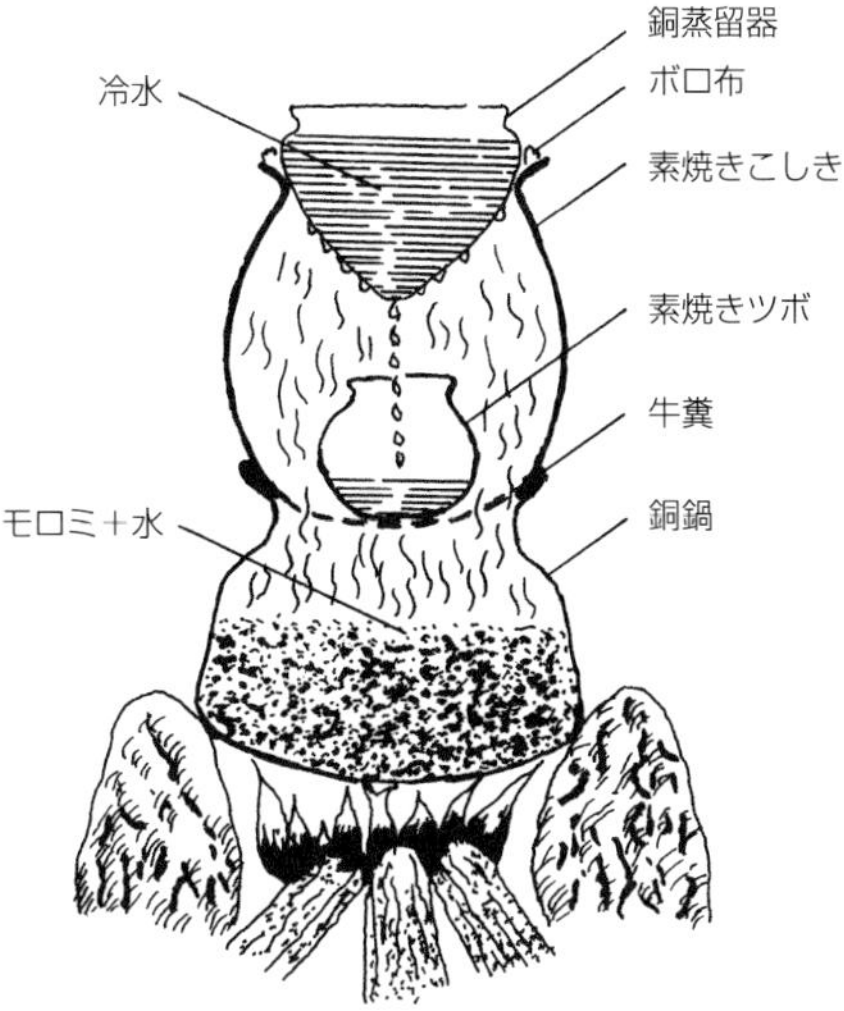

●アラッカ蒸留装置（断面図）

ワッシム（モロミ）と水を入れた広口の銅鍋に素焼きのこしきをのせる。鍋とこしきの継ぎ目は牛糞を塗り込んで蒸気が漏れないようにする。こしきの口には，逆円錐形の銅製の器をはめ込む。この器には水が張られている。熱されて蒸発するアルコールは冷たい器面に触れて液化し，滴り落ちる。
こしきの底に置いた素焼きの壺に，冷やされて滴り落ちるアラッカが溜まる。器の水はたびたび取り替え，温まらないように気をつける。

クマだからといって、とくに形が違うとか、立派だとかいうことではない。そして、神聖なものとして、他人に触れさせないのもマチャクマだけではない。すべての酒壺が神聖なものとして大事にされているのである。他のライ族の村に滞在した時、自分たち用の酒を造りたいから酒壺を貸してくれと頼んだら、これはマチャクマではないが、神聖なものであるから、ライ族でないおまえたちに貸すことはできないと断られた。

　マチャクマとそうでない壺との違いは、冠婚葬祭などの時に使う澄み酒を造るのがマチャクマであり、また春秋二回行われる祖霊の祭りの時に、供犠《くぎ》として屠殺した豚の頭をマチャクマに供えることくらいである。

酒壺は、定期市や縁日などで買ってきた素焼きのままで使うのではない。使い始める前に、囲炉裏にかけてよく熱し、火にかけて溶かした松脂《まつやに》を、布切れにつけて壺の表面にていねいに塗り込み、さらに火にかけて焼いている。松脂は土器にしみこみ、焼けた表面は、黒い釉《うわぐすり》をかけたようになっている。素焼きのままだと水が滲み出し、酒の仕込みには使えないのだが、松脂を塗り込むことで水分の蒸発を防ぐ効果があるのである。

●カミ（鍛冶屋）の披露宴

冬は乾季である。畑はカラカラに乾き、畑には草一本もない。雨が降り始める四月末か五月初めまでこの状態が続く。農閑期でもある。この時期に村ではさまざまな行事や儀礼が行われる。結婚式もこの時期が多い。

二月二〇日、カミの家で結婚式が行われた。その披露宴に私たちも招待された。カミというのはヒンドゥー職人カーストの一つで、鍛冶屋のことである。鍛冶屋などの職人は、バザールなどの町場に住んでいることが多いのだが、村に住み、近隣何カ村かの需要を賄っている場合もある。

アイセルカルカにはカミの家が二軒ある。兄弟である。兄の家は上村と下村の中ほどにあり、弟は尾根を越えた北斜面の段々畑の中段に住んでいる。ここは末の弟も同居している。その末の弟が結婚するという噂はまえから聞いていたし、二、三日まえから使いの人が、家々を案内に回っていることも知っていた。上村の家は一戸から二人ずつ、下村は一戸一人ということであった。招待を受けた家では、女衆はアラッカ一瓶、男衆は普通五ルピー、多い人で三〇ルピーくらいご祝儀としてもっていくという。

一九日の朝、わが家にも使いがやってきた。家族全員でくるようにという話であった。全員招待というのは、近い親戚だけのことである。あいつらは親も子も物見高いから、呼ばなくても皆で押しかけてくるに決まっている。いっそ全員を呼んでやれ、ということだったようだ。

結婚式は二〇日であるが、今朝からその準備をしていると聞き、さっそく覗《のぞ》きにゆく。家の前庭では、手回しのミシンでダマイ(仕立屋)が花嫁衣装らしいきものを縫っている。その側には花嫁行列を先導する楽隊であろう、太鼓・笛などを持った人が座っている。楽隊もダマイの仕事であり、結婚式には必ず雇われるのである。

家の上と下の畑では何人もの男たちが、石を並べて炉をつくり、ワッシムの壺を置く棚をつくったりしている。上段の畑で働いているのは顔馴染みのライ族、下段で準備をしているのはカミの男たちである。飯を炊き、肉汁を煮る大きな銅鍋が炉の傍に何個も置かれている。上段の奥の方では水牛(若牡)の解体をしている。屠殺をするまえの儀礼が行われたらしい形跡があったが、遅れていったので見ることはできなかった。

ライ族の解体は手慣れて、鮮やかである。あっという間に四肢を外し、内臓をだし、胸部に溜まった血を小鍋にすくいとり、肉を切り分ける。三分の二をライ族がとり、三分の一をカミに渡した。米飯と肉汁が結婚式のご馳走である。ライ族にとっては豚が一番のご馳走であるが、今回は水牛で、みんなぶつぶついっている。「チェットリには山羊をやり、俺たちは水牛だ。なぜ豚をださない」と、宴の最中に酔っぱらったラル兄いが主人に文句をつけていた。

隣村のチェットリも招待されているのだが、今日は顔をだしていない。彼らは二〇日の早朝から準備を始め、昼食には間にあわせた。チェットリはライのさらに一段上の畑に炉を築き、山羊肉のご馳走に満足気であった。

カミとライとチェットリの三つのグループが、段々畑を利用して、上中下と三段に分かれて席を設け、畑の畦際《あぜ》に向き合って並び、木の葉の皿に盛った飯を肉汁をかけていっせいに食べる食事は壮観であったが、また考えさせられる光景でもあった。

ネパール中間山地の古くからの住民であるライ族などの諸民族は、もともとヒンドゥー的カースト制社会ではなかった。しかし、現在のシャハ王家がネパールを征服、統一し、バフン(ブラーマン)、チェットリなどのヒンドゥー教徒が、その威力を広げていくにつれて、山地の諸民族もその影響を強く受け、自分たちをヒンドゥーカーストの中に位置づけていったのである。その場合、ヒンドゥー第二位のカーストであるチェットリと同じか、その少し下に位置づけるのが普通である。ライ族の場合だと、バフン↓チェットリ↓ライ↓その他の民族↓職人カーストという順位で位置づけている。

カーストを異にする人々と火をいっしょにし、共食することはできないし、下位カーストの作った食事は食べることができないのだから、カミというカーストの結婚式に招待されたとしても、自分たちの食べるご馳走は自分たちで作るのは当然のことなのである。

段々畑の斜面に上・中・下、三段に分かれての食事風景は、異邦人の私には異様に感じられる光景であったが、この地域の複雑な人間模様をみごとに具現化した風景だったのである。

●大工の仕事場で

アイセルカルカでは親たちは末の男の子と一緒に住んでいる場合が多い。財産などは兄弟平等に分割するというから、厳密な意味での末子相続というわけではないようだが、兄たちは結婚して子供ができると家を建て、親たちとは別居するのが一般的である。

私と何となく気が合い、良き友人となったカマランパことラル・バハドールは三人兄弟の長男で、独立はしていたが、まだ自分の家がなく、モタンに住んでいた。モタンというのは、日本風にいうと納屋である。彼のモタンは一階が物置と水牛小屋になっており、ラル夫婦と幼い娘カマラは半分壊れかけた狭い屋根裏で暮らしていた。

私たちが村に入った頃、ラルはモタンの傍の畑で、毎日大工仕事に精を出していた。同じ時期に新築にかかっていたヒマール氏は、金に余裕があるせいか人を雇っていたが、ラルは一人でこつこつと鋸を挽き、手斧を振るっていた。私は一日に一度は彼の仕事場に顔をだすのを日課にしていた。一人でする仕事ははかどらないけれども、彼は毎日を楽しんで仕事をしていた。

この村には大工、左官、石屋、木挽《こび》きなどの専門職人はいない。用材の伐り出しから柱や板にする木挽き仕事、戸板削り、窓枠組み、柱や腕木の彫刻、壁つき、屋根葺き、すべて自分たちの手で行うのである。当然、上手、下手はあるけれども、一通りの技術は、皆が同じように身につけていなければならない。といって誰かに教えてもらうわけではない。人の仕事を見ていて覚えるのである。

ある日、ラルが下村から鉋《かんな》を借りてきた。戸板を削るつもりだったらしいが、ラルは使う前に鉋の刃をはずしてしまった。なぜだかわからない。新しい道具の構造を知りたいという好奇心からでもあろうか、とにかく分解したのである。そして組み立てる段になって四苦八苦することになった。二枚刃の添刃の入れ方が判らなくなったのである。手伝いにきていた大家の兄貴とああでもない、こうでもないと試行錯誤を繰り返し、結局もと通りに使えるようにしたのだが、それまでに二時間以上かかった。これなどは彼らが新しい技術を覚えていく時の典型的な例の一つである。

新しい道具を覚え使いこなすためには、一度分解してみなければいけないのである。それがうまくいかなくて壊してしまうこともある。一九八〇年頃、このあたりの町場に水道がつきはじめた時期であった。ドイツやアメリカの経済援助によるものであったが、その水道のバルブは、すべてといってよいほど壊され、水は流し放しになっていた。どうしようもないなと思っていたのだが、鉋の分解をみて、水道のバルブが壊されている理由がわかったような気がした。水道のバルブも今はもう、あんな壊れ方はしていない。そして壊れても自分たちの手でちゃんと修理ができるようになっている。

家の新築は乾季の仕事である。雨季になる前には、屋根を葺き終えて、引っ越しをしていなければならない。時間さえあれば、他人を頼まなくてもできるとはいっても、雨が降るまえに仕上げなければならないという制約があるから、部分的には人を雇ってやらなければならない。ラルは大工仕事で手いっぱいだということで、木挽きと壁つきは請負いにだした。木挽きは二人一組で、角材一本三ルピー。壁つきも二人組で、食事つき二〇〇ルピーということであった。

壁つきの時には石運びや土運びの人夫が必要になるが、これは親戚や近所の人たちの手伝いで賄われる。手伝いのことをケタラといっていたが、大工仕事にもたいてい毎日一人はケタラがきていた。新築などの時に手伝い合うのはおたがいさまのことであるが、特別に技術が必要な場合は上手な人を頼むこともある。大家の兄貴は自分の家を建てる時に、柱や腕木の彫刻をして慣れているからということで何日か頼まれて手伝っていた。

アイセルカルカの古い家は、たいてい切妻、妻入り一階建てで、彫刻などを施した部分はないのだが、最近建てられた家は切妻、妻入りではあっても、ほとんどが二階建てになり、柱や軒の腕木に簡単な彫刻が施されるようになっている。これはブラーマンやチェットリの住居の影響を受けての近年の変化である。

アイセルカルカにも徐々にではあるが、伝統的な技術では処理できないような新しい道具が入ったり、新しい技術を必要とするようなことが起こりはじめている。今はまだそうはなっていないが、こうした事態が進んでくると、村の中に新しい技術をもった職人が出現するのではないだろうか。仕事場に座り、大家の兄貴のノミ捌《さば》きを眺めながら、そんなことを考えていた。

●キムルン・セイマ

ラル兄いは、二月の初め頃からモタンの上の畑を仕事場にして、大工仕事をしていた。朝早くから日暮れまで、生き生きとした顔つきで、材木を切り、削り、組み合わせていた。一日にいくらも進まないのだが、少しずつ柱が増え、窓枠や戸板ができあがっていくのである。

彼は二月一四日に基礎工事をし、四月一八日には屋根葺きを終え、新築祝いのキムルン・セイマを行った。仕事始めから、完成まで二カ月半かかった。

＊

基礎工事は宅地を平らにすることである。宅地には傾斜の穏やかな所が選ばれるが、それでもかなり斜面を削ることになる。少し掘ると石ころがごろごろ出てくる土地であるから、均《なら》すといっても容易なことではない。しかし、壁石や壁土を集めるには苦労しない。掘り出した石や土がそのまま使えるからである。石と土は分けられて敷地の中程につみあげられる。だから、基礎工事といっても、周囲の壁になる部分を中心に幅一メートルくらいを平らにするだけである。

縄張りをして石を並べ、その上に捏《こ》ねた土を敷いて隙間を詰め、さらに石を並べ、土を置いてという順序で壁を築きあげていく。そのうちに掘り出した石や土はなくなり、一階の壁を築き終る頃には、床になる部分は平らになり、すべての壁が築きあがる頃には玄関まえもかなりな面積が、平らになって前庭ができているということになる。

宅地造成と建築が同時に進行し、同時に終るのである。

村人の仕事ぶりをみていると、どこまで計画性があるのか疑わしいと思うことが多かった。建築の場合も何回かそんな場面に出会った。何年も前から心がけて木材を集め、屋根茅《かや》を刈り溜めて十分な準備をととのえたうえで着手するのだというのだが、その場になると棟木が足りなくて、慌てて山に伐りに走ったり、茅がなくなって村中を走りまわったりするのは毎度のことであった。それでも何とか最後には、その場合わせで辻褄を合わせてしまう。

なければなくてもよいものは、なくてもよいという所もある。ラル家の屋根葺きでは、村中探し歩いても茅の蓄えが見つからず、裏屋根の半分近くは私たちが村を去るまで裸のままであった。要するに本格的に雨が降り始めるまでに何とかすればよいのである。

日本だってそれに近いやり方はたくさんあったはずで、彼らの楽天主義やその場しのぎの仕事ぶりに驚いたり、感心したりするのは、私たちがそういう技術をなくし、感覚を忘れてしまっただけのことに過ぎないのだろう。

＊

四月一八日はラル家のキムルン・セイマであった。これは先に新築祝いと書いたが、正確には家清めの儀礼というべきであろう。新築祝いはキムルン・セイマに引き続いて行われる祝宴である。キムルン・セイマには豚の供犠が重要な役割を果たす。

大きな豚の首を斬り落とし、その血を扉や柱、壁などの重要な所に注ぐのである。豚の鼻に竹紐を通してテラスの柱に繋ぎ、痛がって首を延ばした所を、よく研いだククリで一刀のもとに斬り落とし、主人がその首を抱え持って滴る血を最初に入口の扉に注ぎ、外壁に沿って時計回りにまわりながら柱、壁、窓などに注ぎ、さらに屋内の柱や梁などに注いだ後、その首を祖霊の壺であるマチャクマの上に安置する。豚の血を注ぐのは新築の家を清めるという意味を持っているのだろう。

それが終ると、儀礼用に造られた炉端にシャーマンが座り、ムンドゥン(祝言)を唱えながらワッシム、白米、生姜などを炉、壁、床などに振りかける。これもまた清めであろう。それを何回か繰り返した後、シャーマンがワッシムを入れた瓢箪を手に立ちあがり、炉の周囲を瓢箪を振りながら踊りまわる。瓢箪を振るのはワッシムを振りかけるためである。ひとしきり炉の周囲をまわったら、外にでて壁沿いに踊りながらまわり、また屋内に入って部屋中を踊りまわる。シャーマンが立ち上がってからは、家人も集まってきた村人もシャーマンの後について踊りながらまわる。屋内では床を踏み締めるように踊る。マチャクマで造ったワッシムで新築の家を清め、強く床を踏んで地中に潜む悪霊を鎮めるのであろう。この頃になると祝宴に招かれた村中の大人や子供が集まり、狭い部屋の中は踊りまわる人々で隙間もないような有様になる。最後にいっせいに祝声をあげる。その後で豚のレバーや脂身の煎肉《いり》とワッシムが一同に配られてキムルン・セイマは終り、引き続いて庭先での祝宴に移るのである。祝宴といっても米飯と豚肉の入った汁だけであるが、村人には何よりのご馳走なのである。

ラル家では、キムルン・セイマの翌日、正式に炉を作り、マチャクマを移して、引っ越しを行った。火を灯した灯明皿を捧げ持った夫人も、マチャクマを抱いて続くラル兄いも、長い間の念願が叶い、晴々とした顔つきをしていた。

●カミと村人

先に「カミの結婚式」の項で簡単に触れたことであるが、アイセルカルカにはカミ(鍛冶屋)の一族が二軒に分かれて住んでいる。上村と下村の中間にあるのが長男の一家。尾根を越えた北斜面の段々畑の中段にあるのが弟たちの家。ここには母親もいっしょに住んでいる。

弟たちの所には鍛冶場は設けられていないが、長男の家には母家の傍に小屋かけの仕事場がある。草葺き、掘ったて柱の小屋の中心に、火床が築かれ、その少し奥手に小さな金床と刳《く》り抜きの水槽がある。火床には水牛の皮でつくった袋状のフイゴが仕かけられており、小屋の梁に通して垂らした紐を上下に引いて送風する形式になっている。山地を歩いているとときおり見かけることができる鍛冶屋の仕事場である。

二軒に分かれた時の財産分割については詳しく聞いてはいないのだが、村の鍛冶屋としての仕事は長男が継承しているように見えた。

カミの世界での技術伝承は、親方に弟子入りして教えられるというのではなくて、小さい時から親の仕事を手伝っていくなかで覚えていくものであるから、弟たちもそれなりの技術は習得しているのであるが、私たちが村にいる間はときどき兄の仕事場に顔をだし手伝うという程度で、独立して仕事をしている風ではなかった。

アイセルカルカのカミは何カ村にもわたってかなりの得意先を持っているのだが、それでも一戸あれば十分で、複数の鍛冶屋を必要とするほどの需要はない。弟たちが独立するとすれば、他に移るか、見込み生産をして定期市などで売るかするよりないのだろう。

カミ一家は三代まえ、祖父の代に西の方からやってきて、この村に土地を与えられて住みつき、アイセルカルカを中心とする地域の人々が必要とする農具や刃物、そして簡単な装身具などの生産と修理に携わっているのである。

カミは刃物や農具などの鉄製の道具を作る職人カーストで、金、銀、合金などで腕輪や耳飾りなどの装身具をつくるのは一般には行わない。金銀細工はスナールというカーストの仕事になっているのだが、この村のカミは頼まれれば装身具も作っていた。スナールが近くにいないので、腕輪などの修理を頼まれることも多いことから覚えた技術であるから、それほど複雑なものはできない。村に住み、暮らしていくにはほかの職人の技術も知っていた方がよいのである。

町場やバザールの鍛冶屋は、材料を仕入れ売れるものを作って定期市や縁日の市などに店をだすことも多いのだが、アイセルカルカのカミは見込み生産は行わず、お得意さんからの注文だけで生活していた。それだけで十分暮らしていけるだけの報酬を得ているということになるのだろう。

雨季の終りの頃、斧を注文にいくというラル兄いについて、カミの仕事場に下りていった。麦刈りや畑の耕耘《こううん》が始まる頃で、鍬や鎌の修理に忙しい時期であった。仕事場に座り込んでできあがりを待っている人が何人もいた。カミは金床の前に座って、槌を振って鍬先を叩き、擦り減った鋸や鎌にヤスリをかけて目をたてる。

やがてラル兄いの順番になる。鉄道のレールの切れ端を火床にいれ、炭を継ぎ足す。ラル兄いはフイゴの紐を引いて火床に風を送る。そういえば先程フイゴを操作していたのもカミの家の人ではなかった。カミでなくてもできる仕事は傍にいる人が手伝うことになっているらしい。

斧や鍬などを新調する場合、材料は注文主が持ってくる。ラルの斧として鍛えているレールも、先日隣の親父に頼んでタライのバザールから買ってきて貰ったものだった。だから、使い古しの鍬や斧、鎌などの鉄屑はどの家でも大事に残している。

日本でも昔はそうだった。

家に再生する材料鉄がない時は、近在の定期市や縁日の市、バザールなどから買ってくるのである。材料持込みの注文であるから、支払いは、私たちの感覚では、労賃にそれなりの技術料をプラスしたものになるのだが、アイセルカルカでの鍛冶屋への支払いは、まったく異なった原理で行われていた。

一年に二回、この地方の主要な作物であり、食料であるトウモロコシとシコクビエの収穫後に、カミの家族がお得意さんを回る。トウモロコシの収穫後であると、まだ脱粒していない芯つきのトウモロコシをドコ(運搬用の竹籠)に一杯、シコクビエの収穫後だと、脱穀した玄稗を三パテ(計量の単位、一パテは約四・五リットル)ずつ各家々からもらうのである。この量は修理や新調の有無、多少とは関係なくだすことに決められているのである。

土地を与えてカミを村に住まわせ、毎年決められた量の穀物を報酬として与える村人の感覚には、自分たちに必要なカミは、自分たちで養っていかなければならないという気持ちがまだ根強く残っている。そう私には感じられた。

●私たちの草鞋《わらじ》親

私たちの炉端には、いつも一人や二人の村人が座っていた。日がたつにつれてその数は少なくなるのだが、まったくだれも顔を見せないという日はなかった。ヒマールさんは、私たちの炉端を訪れる常連中の常連であった。ほとんど毎日、朝早く、ふらっと訪れ、私の差し出す煙草を一服して、黙って出ていく。これは、私たちが村を離れる日まで変わらぬ彼の日課であった。

ヒマール・セル・チャムリン、彼の本名である。通称、バラカジンパ。パというのは父であるから、バラカジのお父さんという意味である。子どもを持つ大人たちは、日常的に最初の子どもの名前をとって、だれそれのお父さん、お母さんと呼ばれるのである。ヒマールさんの奥さんは、バラカジンマである。本名は知らない。ちなみにヒサオの父である私はヒサンパ、妻はヒサンマというのがアイセルカルカでの私たちの呼び名であった。

それはさておき、ヒマール・セルことバラカジンパは、私たちのアイセルカルカでの身もと引受人であった。年齢四〇歳半ば、働き盛りの伊達男。公然とはいわないが、第二夫人がいることは誰もが知っている。いつも手織りの白木綿で仕立てたズボンと上着を着こなし、ククリ(山刀)を腰前に帯るという伝統的な身なりをしている。寒い日には、グルカ連隊を除隊する時に持ち帰ったという厚い軍用外套を着込んで現れることもあった。彼もまた、若い頃はグルカ兵として、カルカッタや香港などで生活した経験を持つ一人である。背筋をピンと伸ばした歩き方や、ときに見せるきびきびした動作のなかに、グルカ兵時代の面影を偲ばせるものが残っていた。

どちらかというと無口、あまり無駄なお喋りはしないが、それが貫禄となり、彼の発言は村の中である重みを持っていた。

ヒマールさんが毎朝、私たちのところに顔をだすのは、私たちの保証人であるという意識があったからに違いない。

私たちは、ヒマールさん宛の紹介状を持ってアイセルカルカに行き、最初にヒマールさんの家を訪ねた。紹介状は、当時、パタンカレッジの副教授であったボン・ツルン氏にもらった。彼はライ族で、その出身地はアイセルカルカから一日行程くらいのところであり、ヒマールさんとは面識を持っていたのである。

ヒマールさんが簡単な紹介状と、私の下手なネパール語の説明で、私たちや私たちの目的を理解したとはとうてい思えないのだが、彼は引き受けた。そしてさっそく、翌日から私たちが住む家を手配してくれ、牛乳や薪の手配をしてくれた。さしでがましく世話を焼くということではなかったが、頼めばできるだけの便宜を計ってくれたのである。

自分たちと同じライ族出身で、花の都カトマンズでカレッジの先生をしている。若いけれども偉い男だ。村の多くはボン・ツルンのことをそう評し、将来を嘱望していた。その人からの紹介状であるから、有効だったには違いないが、それ以上に、自分を頼ってきた、そして自分が口を聞いて、家を借り、住まわせた。ヒマールさんは、そのことを重く感じ、いつも気にかけていたようである。

こんなことがあった。村人の一人に頼んで入手してもらったバター作りの道具が不完全なもので、これでは日本に持って帰れないと返したことから、トラブルが起こりかかった。翌日、ヒマールさんがちゃんとした物を持ってきて「これも持って帰れ」と置いていった。それ以上のことは何もいわなかったけれども、彼の眼は、つまらんトラブルを起こすな、そんな時は俺に相談しろと語りかけていた。

日本には、よそ者が村に移り住む場合、村の誰かを身元引受人として頼むという習慣があった。その人を草鞋《わらじ》親といった。草鞋親には何らかの関係のある人を頼むのだが、まったく知人のいない場合は、最初に草鞋を脱いだ家が草鞋親になったものだという。草鞋親は移住者の暮らしが立つように何かと面倒を見る義務があり、移住者は草鞋親にたいして、それなりの礼を尽くさなければならないとされていた。移住者と草鞋親との間には、本家分家の関係に準じた交際が何代にもわたたって続けられたものだという。

ライ族の習俗に、日本の草鞋親と移住者の関係にあたるようなものがあるのかどうか、残念ながら確かめ得なかったのだが、私たちに対するヒマールさんの態度は、日本の草鞋親のそれに近いものだった。少なくとも私にはそう感じられた。

●ククリと鎌

ヒマールさんの服装は、ズックの靴を履き、帯に革バンドを用いているなどの点を除くと、ほぼ伝統的なライ族の正装といってよいものである。最近では、よほど少なくなっているが、ライ族の男たちは常に外にでる時にはククリ(山刀)を、腹部前面に差していたものであるという。

刃物を常に帯びていたという点では、日本の武士と同じであるが、刀は武器専用の刃物であり、ククリは武器として用いることがあったとしても、それは副次的なもので、日常の用に供する刃物である点で大きく異なっている。

もちろん、ククリも刃物であるから、ときに武器として、また凶器として用いられることもあったのは当然である。第二次世界大戦中、ビルマ戦線などで日本兵を悩ましたグルカ兵は、誰もがこれを帯びており、ゲリラ戦などで大いにその威力を発揮したことは、知る人ぞ知るところである。

私たちの知っているアイセルカルカの人たちは、みんな人なつっこい温厚な人ばかりであったが、その体の中には深いジャングルを駆け巡り、獣を追い求めていた時代に持っていたに違いない、激しい血が消えてしまってはいない、そのように感じさせられることがときにないわけではなかった。

結婚式など多くの人が集まる酒宴の場では、往々にして喧嘩が始まる。アイセルカルカでも何回か、そういう場に出会った。激しく罵りあって、殴りあいになる寸前までいくのだが、いつも誰かが間に入り、双方から代理人がでて話し合いで決着をつける。非があると認められた方がいくばくかの金をだし酒を買って終るのである。だから代理人には口の達者な人が頼まれることになる。

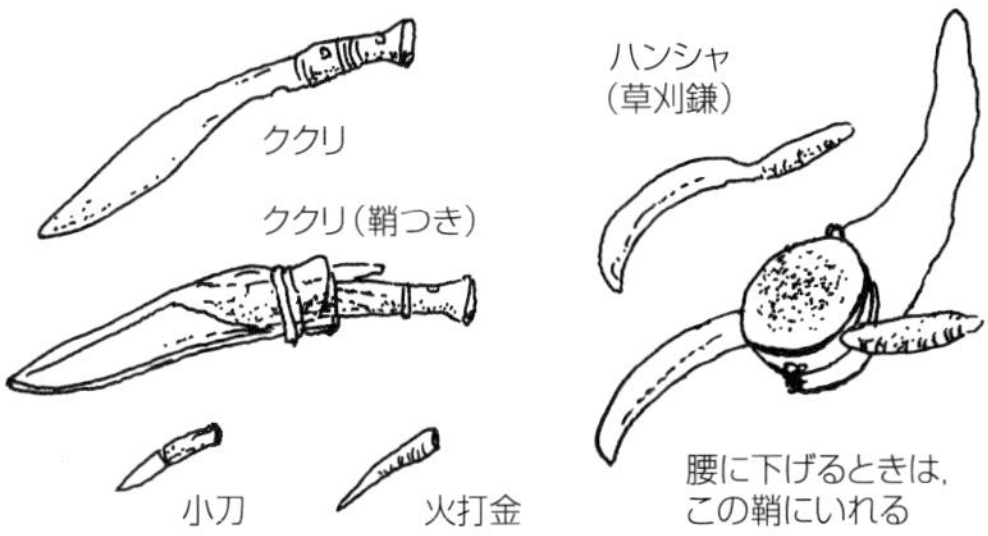

「おまえさんたちの喧嘩は、ずいぶん紳士的だな」とからかい気味に聞いたら、「いや、こんなになったのは最近のことで、昔はすぐにククリを振り回したものだ」という答えが帰ってきた。「嘘だと思うなら、親父たちを見てみろ、二カ所や三カ所、刀傷のない人はいないよ」というのである。

かつては身内のものがやられると、敵《かたき》うちをするのが当たり前のことであったという。そういう殺伐さは、今はもうまったくといってよいほど見られなくなっている。何が原因してのことなのかわからないけれども、平和なことは悪いことではない。

ククリは武器、凶器として用いられることは、よほどの時でないかぎりないのだが、彼らにとってなくてはならない刃物であることには変わりはない。木を伐るにも、薪を作るにもククリが必要である。キムルン・セイマの時に豚の首を落としたのも、子供の魂入れの儀式の際にニワトリの首を落としたのもククリであったし、肉や野菜を料理するにもククリを使っていた。

そういえば、アイセルカルカで料理専用の刃物を持っている家は何軒もなかった。さすがに家を建てる場合には、ノミを使って穴をあけ、手斧で板を削っていたけれども、背負い籠などの竹細工の時に竹を割り、ヒゴを削るのもククリであった。

娘たちはだれもが、ビナヤという口琴を首から下げている。ビナヤはアイヌのムックリと同じもので、薄く削った舌部を口唇に近づけて震わせ音を奏でる楽器である。

これは若者が丹精込めて作り、好ましいと思う娘に贈るものだという。幅一センチ、長さ一〇センチ内外の小さなものであるが、想いのたけを込めて作られたものであるだけに、驚くほど細かな模様などが刻まれているものが多い。ビナヤに刻まれた細かな細工もまた、ククリでなされるのである。

ククリの鞘には三つに分けられた小さな袋が付けられている。その袋には火口《ほくち》と火打石、刀型の火打金、小さな刀が入れられている。ビナヤの模様のような細かな細工はこの小刀も使うこともあるが、かなり細かな細工でも本体の刀だけで行うのである。

ライ族の男にとってククリは何物にも変えがたい万能の刃物なのである。もちろん女衆も薪取りなどにククリを使うこともあるが、女の場合は日常的に鎌を用いることが多い。女性の正装は、ビロードのブラウスに腰巻式のスカートをつけ、綿布の腰帯を巻きつけるという体のものであるが、正装の時には厚鎌を腰の後ろに差すことになっているというから、女にとって鎌は、男のククリに匹敵する大事なものと考えられていることがわかる。

ライ族の男女にとってククリと鎌は、一生手放すことのできない大事な刃物なのである。生まれた時の臍の緒も、男の子はククリで、女の子は鎌で切るし、一生を終えて埋葬の際、男にはククリを、女には鎌を遺体に添えて埋めるのだという。

3――山を焼く火

●ハワ・パニ・ラムロ

一九八〇年の乾季の半ばから雨季のはじめまで、私は、東ネパールのライ族の村、アイセルカルカ村に滞在していた。民族調査が目的であったから、村の中をうろつき廻り、仕事をしている人があれば、傍に座りこんで何時間でも眺め、暇な人がいればつかまえて、相手が飽きて逃げ出すまで話を聞くという毎日を過ごしていた。そういう時、村の人々の口からよく出てくる言葉の一つにハワ・パニ・ラムロがあった。

「ジャパニ・ダイ(日本のあんちゃんよ)、日本はたいへん進んだ良い国だというではないか。時計もラジオも自動車も日本のものが一番よい。カトマンズにいけば何でも売っているが、日本製の時計やラジオは高くてとてもわれわれでは買えない。日本では農業もすべて機械でやるようになっているというが、本当かね、楽でいいだろうなあ……。それに比べると、おれたちのところは、どこに行くにも、何をするにもドコ(背負い籠)をかついで、山坂越えて行かにゃならん、しんどい話でよう……。しかし、日本がいくら良い国だといってもハワ・パニはナ・ラムロだべさ、おらんちの村ほどハワ・パニ・ラムロなところはネパールにもたくさんはないよ」という具合に使われるのである。

ハワは風、パニは水、ラムロは良いとか美しい、ナ・ラムロは良くないというネパール語であるから、そのまま直訳すると「風と水が良い」ということになるのだが、村人たちがそれを使う時の雰囲気からすれば「この村ほど、住みやすい良い村はないよ」とでも訳せばよいのであろう。日本でもよく聞くことのできる「おらが村さは日本一」とか「住めば都」式の紋切り型なお国自慢の言葉の一つで、何ということはないのだが、その言葉を初めて聞いた時、なぜか、私にはたいへん印象的なものに聞こえた。

それは彼らがその言葉を使う時の意識感覚の中に、日本人である私の感覚と一脈通ずるものがあるように感じたからである。それはいったい何だろう、それを村にいる間に少し考えてみよう、何か出てくるはずだと思った。それで私は、その言葉に少しばかりこだわってみることにした。そのこだわりかたの一つが連想ゲーム式に思い浮かぶ日本語におきかえてみることであった。連想ゲームの最初に「五風十雨」というういささか古風な言葉が浮かんだ。それは「風・水」ということと同時に、私が村に入ったのが乾季の真っ最中で、からからに乾いた畑から吹き上げてくる土埃にいささかうんざりして、いくら乾季とはいっても少しは潤いがあってもよいではないか、などと考えていた時であったからであろう。

●五風十雨

「五風十雨」という言葉は、いまではほとんど聞くこともなくなったが、村の祭りのときに立てられる鎮守の幟に「天下太平」「国家安穏」「五穀豊穣」などとならんで対句的に書かれていて、よく見かける言葉であった。暴風雨は困るけれども、作物が順調に生育し、豊かな実りを得るためには、風は適当に吹き、雨もまたそれなりに降ってくれなければ困るのである。

「五風十雨」は水田稲作を中心とする農業に基盤をおいた日本人の、豊作と暮らしの平安を祈る切実な気持ちを表現した言葉である。

ネパールのライ族も、稲作ではないが、きびしい斜面を切り拓いて畑とし、シコクビエやトウモロコシをつくる規模の小さい農業に主体をおいて暮らしをたてている人々である。だから私たち日本人とおなじように、農作物の生育に重要な意味を持っている風と雨に大きな関心をもっているに違いない。そう考えたのである。しかし、村に住んで日がたち、雨のくる季節が近づくにつれて、彼らと私たち日本人の風雨についての意識は同じではないことに気づかされた。

このあたりでは四月の半ばを過ぎると乾季が終り、雨季の訪れを告げる雨雲があらわれはじめる。雨季にはいると村の人たちは畑を耕し、トウモロコシを播き、シコクビエの苗代をつくる。農繁期になるのである。私は、農繁期になると村人がいっせいに畑に出て忙しく働く姿が見られるであろうと期待していたのであるが、その予想は見事に裏切られた。たしかに雨が降ると畑にでて種播きをするが、一雨きたあとに耕され種が播かれる畑はほんの一、二枚である。夫婦二人で働いて二時間もすれば終る。からからに乾燥していたところにごくわずかの雨が降るだけであるから、水場の近くや下の方にある水がかりのよい畑から播かれていくのである。次の雨がくるとまた何枚かの畑が耕される。一九八〇年の雨季の初め、アイセルカルカでは雨が少なかった。ごく少量の雨が何日もの間をおいてとびとびに降った。雨のたびに少しずつ畑が耕され、トウモロコシが播かれていった。最初に播かれたトウモロコシが実をつけ、やがて収穫できるくらいに大きくなっても、まだ播きつけのすんでいない畑がたくさん残っていた。こんなことでよいのかと心配するのはよそ者である私だけで、村の人たちは今年は雨が遅い、少ないとは言いながらも少しも心配してはいなかった。遅くとも雨は降る。雨がきたら種を播けばよい。「種を播く時期が遅れればその分だけ収穫が遅れる、それだけのことである。なにもあせることはない」。

「雨が降らなかったら困るではないか」という私の問いかけに、村の長老は、雨雲の消えてしまった空を見上げて、さしたる感慨もこめずに答えた。彼らには、日本の農民が長い間もち続けてきた「五風十雨」を祈る気持ちはないようであった。彼らの習俗のなかに雨乞いも風切り鎌をたてる行事もなかった。アイセルカルカの人たちにとって、それらは必要のないことであった。

日本では「五風十雨」を祈り、彼らは天候に無頓着である。まったく天候を気にしないといってしまうことはできないが、少なくとも私たち日本人が気にするほどは気にしない。その違いはどこからくるのであろうか。結論めいたことをいってしまうと、それは一年が乾季と雨季の二季に分かれているネパールと、春夏秋冬という四季の明確な日本の自然の違いからくるものであるということになりそうである。私たちは、日本は四季の別がはっきりしており、四季おりおりに移り変わる自然の彩りは美しく、風情の豊かな国であると考えている。そのことに間違いはないのだろう。しかし、稲作を中心とする日本の農業にとって、明確に移り変わり、それぞれの季節に応じた美しさを醸し出す日本の自然は大きな制約となるきびしいものであった。秋に豊かな実りを得るためには、春から夏にかけてのある決まった時期に種を播かなければならない。種を播く時期や苗代をつくる時期が一週間ずれると収穫は大きく変わってくるのである。雨を待って種を播けばよろしいというわけにはいかない。それが日本の自然であり、その自然に育まれて発達した日本農業であった。

日本の農民は空にかかる雲をみて明日の天気を知り、植物の芽生えや花の咲きようによって季節の到来を覚り、また豊凶を占った。月日の推移を知り、日の吉凶を読むための暦は早くからあり、それによって年中行事は行われてきたし、苗代づくりや種播きの目安として暦を利用することも早くからあったが、農作業のすべてを暦に頼って行うには、南北に細長く、山と谷の多い日本の自然はあまりにも複雑であり、多様であった。春、花の季節になると、今でも新聞に梅花前線、桜前線の北上が報ぜられる。それをみても南の鹿児島と北の青森とでは一カ月以上の差があるし、同じ三多摩でも小平と奥多摩の山地とでは一週間以上のちがいがある年が少なくない。暦は一応の目安にはなるけれども、絶対的なものにはなりえなかった。「稲の播き旬、三日。刈り旬、百日」という諺がある。畑苗代や温床苗代などの技術がない時代には、苗代をつくって籾種をおろすに適した期間はごく限られた短い日時しかなかったのである。地域ごとに異なった、限られた適期を間違いなく知るには、自分たちをとりまく自然に目をむけ、自然の推移を注意深く観察する以外に方法はなかった。長野県鬼無里村では「麻播き桜に肥コブシ」という、コブシの咲く頃に麻畑に肥料をいれ、山桜の咲く頃が麻を播く適期だということを覚えやすく、諺として伝えたものであるが、こういう類のものは全国各地にある。たとえば「山木蓮《こぶし》が咲くと籾播き、散ると田植え」(島根県鹿足郡畑ヶ迫)、「トット(筒鳥)に籾播き、カッコ(郭公)に粟播き、ホトトギスに田を植えよ」(秋田県北秋田郡)、「柿の二つ葉牛蒡の播きどき」(長崎県平戸)などで、あげていけばきりがない。いずれも似通ったものが多いのだが、その土地限りのものでほかの地方には通用しないのは、それぞれの土地の人たちが長年にわたる観察のなかから見出し、伝承してきたものだからである。

このように自然を目安とすることを私たちは自然暦とよんでいる。

日本の農民は自然暦によって農作業の旬《しゅん》を知り、手筈どおりに作業を行うように心がけてきたのだが、それでもなお万全ではなかった。だから鎮守の祭りにあたっては「五風十雨」を祈願しなければならなかった。アイセルカルカの人たちは雨の降るたびに少しずつトウモロコシを播き、ほんのわずかしかない水田に植えるための苗を育てる苗代を三回に分けてつくり、雨の少ないことを苦にしてはいなかった。アイセルカルカには農繁期がなかった。

●山紫水明

「五風十雨」に続いて「風水」が浮かんだのは連想でも何でもなくてハワ・パニの直訳でしかないのだが、そのことから自然に中国の「風水」説が思いだされる。

風水説はここで改めていうまでもないことであるが、地気の作用によって人の運命は大きく左右されるものであるから、都城や住居、墳墓などの選定にあたっては山脈、丘陵、水流などの地勢を観察し、最も吉相とされる地を卜定《ぼくじょう》しなければならないというものである。この思想は古く秦・漢時代から存在しており、のちに陰陽五行思想や方位観などと関連して、ずっと精密になり、体系づけられて、地相学・宅相学・墓相学として発達してきたものである。この風水説は中国文化の影響を強く受けた朝鮮半島、北朝鮮や韓国にも大きな影響を与えている。韓国では現在でも父祖の墓地を定める場合は風水師を頼んで占ってもらうのが一般的である。風水に恵まれた最良の地を選んで父祖を葬れば、祖霊が安定しその加護によって一家一族が繁栄すると考えられているからである。

これまで私はハワを風とおきかえ、吹く「カゼ」を主として念頭に置いて考えてきたのだが、ネパール語のハワはたんに空吹く風をいうだけではない。もっと広い意味に使われている。空気もまたハワなのである。ハワを空気とすれば、ハワ・パニは単純に空気と水ということではなくて、生命の根源である空気と水によってつくり出された森羅万象、つまり宇宙の象徴的表現ということになるのではないだろうか。宇宙がおおげさすぎるということであれば、自分たちをとりまく自然あるいは環境といってもよい。そうだとすれば、アイセルカルカの人たちがハワ・パニ・ラムロと言う時のハワ・パニは風水説でいう風水に非常に近い意味を持つことになる。あるいは風土といったほうが私たちにはぴったり感じられるかもしれない。

アイセルカルカの人たちがハワ・パニ・ラムロというのは、前にもいったように、単純に「自分たちの村は住みやすい良いところだよ」と自慢する場合が多いのだから、風水説などというややこしいものを持ち出す必要はないのだが、素朴ではあっても、彼らの何代かまえの先祖たちがこの土地を選んで拓き、住みついたのは、ここの地形・地相を良しとする風水観があってのことであろうし、現在の村人たちが「この村は良いところだよ」と胸を張って自慢するのは、親たちの感覚を受け継いでいるからではないだろうか。

私がこの村を調査地として選び、滞在することに決めたことについて、もっともらしい理由をいくつもあげることはできる。しかしよく考えてみると、そのほとんどは、ここがよいと決めてから、ネパールの東部山岳地帯に比較的早くから住んでいて、独自の文化を築いていたと考えられているライ族の調査にやって来た自分と、そうに違いないと思ってくれているであろうほかの人々を、多少なりとも納得させるためにつけた理屈であって、本当は、初めにこの村を通った時、水場に美しい水が溢れており、そこで洗濯をしていた娘さんがたいへん人懐っこく応対してくれたこととか、水場から眺めるエヴェレスト山群の雪峯が朝日をうけて印象的であったことや、尾根道から見おろした村の家々が適当に何軒かずつまとまって集落を形成しており、しっとりと落ち着いて、暖かい雰囲気をもっていた、そんな調査や研究とはあまり関係のありそうもない些細な第一印象が、この村を選ばせた大きな理由になっている。一口にいって良い水のある良い村だと思ったのである。

ハワ・パニ・ラムロにちなんで思い浮かんだいくつかの言葉のなかで、「山紫水明」という言葉が一番ぴったりすると思った。

アイセルカルカのあたりに人が住みつき村ができたのはいつであるのか、正確につきとめることはできなかったが、当初予想していたほど古くはなくて、草分けの家とされている家でも五、六代しか遡ることができなかった。現在、村の戸数は七三戸あるが、七〇歳くらいの老婆が嫁にきた頃は一〇戸くらいであったというから、この五〇年ほどの間に急激に膨張したことがわかる。村の家々は陽当たりのよい南斜面にあり、その周囲はずっと下の谷に落ち込む崖になったあたりまで畑に拓かれている。水場のある尾根を越えた北側は小さい谷になっており、わずかな水田と藪、そして二、三〇年生の松がまばらに生えた林がある。この藪と林は村の共有地で、用材や薪取り、家畜の放牧、飼料とする柴草の採取などに利用されている。彼らはこの山をジャンガルと呼んでいる。私には、どう贔屓目にみても私たちがジャングルという言葉から想像する森には見えないのだが、村の人々はそこにかつてあったに違いないジャンガルの姿をみているのである。

ある日、この藪に柴刈りにいった娘たちが、まだ生まれたばかりの子鹿を拾ってきた。それから四、五日のあいだ夜になると、子を求めて村の周りをさまよう親鹿のもの哀しい啼声が聞こえた。また、ある朝、家の入口に設けられている頑丈な鶏小屋が壊されて、鶏が攫われ、山猫にやられたと家のものが騒いでいた。こういうことはしょっちゅうではないがときおり起こる。

かつて藪や林は、そして今は拓きつくされ、畑になってしまっている南斜面の大半も、文字通り大木の鬱蒼と茂るジャンガルであった。それほど昔のことではない、五、六〇年前までのことである。そのころは鹿も山猫もたくさんいた。その名残りがこのような形で、いまもわずかに見られるのである。

そのころは水も今よりはもっと豊富であり、飲料水に困るということはなかったはずである。私が村に入ったころは、はじめに立ち寄った時に比べると少なくなっていたけれども、村の中に四つある水場は、水がまだ流れていた。しかし、日がたつにつれて湧水量は減り、もっとも量の多かった尾根の水場は三月の末になると枯れてしまって使えなくなった。ほかの水場も溜まり水を汲まなければならないようになってしまった。飲料水がまったくなくなるということはないのだが、乾季の初めのころのように、溢れ流れていた美しい湧き水とは似ても似つかぬ泥水を使わねばならなくなったのである。

村の先祖たちが、ここを拓き住みついたころ、ここは山水の豊富な良い所であったに違いない。良い場所を選んで家を建て、畑に拓いても、ジャンガルはまだまだ広かったから湧き水も豊富であったし、家畜を飼うにも不足はなかった。住みやすく、暮らしやすい、ハワ・パニ・ラムロ、山紫水明の里であったに違いないのである。しかし、それから五〇年、人も家も増え、家畜も増えた。拓くべき土地は拓きつくされ、ジャンガルは伐りつくされて、貧弱な二次林、三次林になってしまった。彼らなりの勤勉さと努力の結果である。躓いて転んだら谷まで落ちてしまいそうな急な斜面が上から下まで、あますところなく拓かれた風景は見事といえば見事である。私は嫌いではない。しかし、乾季も半ばを過ぎれば、谷あいから吹き上げる風が巻き上げてくる土埃に目を腫らし、蛭の泳ぐ溜まり水を汲んで飲料水としなければならない土地のどこが山紫水明なのであろうか。

●山を焼く火

雨季のはじまりのころの夜、外に出て南の方に目をむけると、黒々とそびえるマハーバーラタの山中に火の燃えているのが見える。山焼きの火である、一晩で消えてしまうのは少なくて、次第に火線を広げながら三晩も四晩も燃え続ける場合が多い。焼畑のために山を焼いているのだと思ったが、そうではなくて畑の畦や放置した畑の草を焼くためにつけた火が山にはいって燃え続けているのだという。明かりのまったくないところに、何キロにもわたって見え隠れしながらチロチロと燃え続ける火は、いささか不気味でもあるが、また美しくもある。人の寝静まった深夜、庭先の石に腰をかけて長いこと、その火を眺めていた。そして、ここの人たちはあの火が山に入るまえになぜ消さないのだろうか、という疑問をもった。消す必要がないからであろう。なぜ。山は少々燃えても構わないほどたくさんあるから。現実はそうではないのだが、彼らの意識のなかにある山は無限の広がりをもった深いジャンガルなのであろう。アイセルカルカの人たちが村のジャンガルを畑に拓くとき、一本一本切り倒して、耕していったのではなかった。山を焼いて木を枯らし、その跡を畑にしたのである。その方が能率的であったたし、それに耐えるだけの山があった。だから山は燃えても構わないものだったのである。それを何代か繰り返した今は拓きつくされ、本当のジャンガルはまったくといってよいほどに姿を消しているのだが、それに気がついていない。だから木のあるところは今でもジャンガルであり、水場の水は腐りかけていてもいつも美しいのではないだろうか。だから、おれたちの村は、昔もハワ・パニ・ラムロであったし、今もハワ・パニ・ラムロなのである。

私は、アイセルカルカの人たちから何回となく聞かされたハワ・パニ・ラムロのどこかに、私あるいは私たちと一脈通ずるものがあるような気がして、こだわってきたのだが、その通ずる部分というのはどうやら、自分たちの手で変え続け、そしていまやまったく別のものになってしまっているハワ・パニが、いまも変わらず山紫水明であると思いこんでいるところにあるようである。

ハワ・パニは変わらないものではなくて変わるものである。昔から変わってきたし、今も変わっている。そしてそれを変えたのは、そこに住む人の意志である。だとすれば住む人の意志によって良く変えることもできるし、悪くすることもできるはずである。私もアイセルカルカの人たちもそのことを明確に認識しなければいけないのではないか。チロチロといつまでも燃え続ける山の火を見つめながら、そう思った。

私が村から帰ってから九年目の今年(一九八九年)、村の人たちが自分たちの意志と力で植林を始めたという知らせを受けた。その日、日本の新聞で、原発の出力調整実験が試験と名目を変えて行われていると報じた。

第3章

フムラ見聞抄

石積み平屋根のシミコット

●ネパール王国の中のフムラ・ジラの村々

旅人として他所を訪れた場合、まず最初に何に目をひかれるか、これは人それぞれの関心のありようで異なると思うのですが、私の場合は作物だとか、住居の外観、集落景観といったものにまず目がいくようです。写真を撮影した順に並べてみるとそのことがよくわかります。編集者の山崎禅雄さんが写真をざっと見て、初めにとりあげたのがフラットな屋根の家とその家々が集まっている集落の写真でしたね。それは禅雄さんにとって、屋根の上で日向ぼっこをしたり、脱穀作業をしたり、機織りをしたりしている人の姿がたくさん見えるということが物珍しく見えたということもあるのでしょうが、それと同時に私自身がある驚きというか、新鮮な感激を持ってそういう情景を写しているからではないかと思うんです。それは写真の良し悪しとはまったく関係がないんですが、言葉では上手に表現できないけれど、やはりある何かがあるんではないでしょうか。写真なんてシャッターを押しさえすれば写るもんだと考えているような私がいうのはまったくおかしいんですが、やはりシャッターを押すにも驚きとか感激とかいったものが必要なんですね。この頃そんなことを考えるんです。

さて、フラットな屋根のある風景からネパールの村の話を始めたらということですが、そのまえにこれからとりあげるのが、ネパール王国の中でどんな位置にある所の写真かということを少し説明させてください。

行政区分でいうとネパール王国のカルナリ・アンチャル、フムラ・ジラに属する村々ということになります。アンチャルを州とか県、ジラを郡と考えてもらえばよいかと思います。フムラ・ジラは西ネパールの山地を流れ下るカルナリ川の最上流部にあたるフムラ・コーラの上流域一帯、ネパールの西北隅にあたる山地で、西と北はチベット(中国)と境を接しています。西北ネパールは東ネパールや中部ネパールにくらべると高山が少なく、標高はそれほど高くはありません。フムラの中心地で私たちが主として滞在していたシミコットで、三〇〇〇メートルくらいでした。シミコットというのはフムラ・コーラとそれに注ぎこむ横谷が深くえぐりとってつくった段丘の上にある村で、周囲をとりまく山々の頂は森林限界をこえてはいるのですが、東ネパールのグレート・ヒマラヤの峰々にくらべると低いのです。それだけに登山隊のはいることも少なく、学術調査などもあまり行われていなくて、未知の部分がたくさんある面白いところだと思います。

私たちは、一九八〇年の六月一九日から三〇日までシミコットを中心にフムラの村々を歩いたのです。

●シミコットの老人の語り

シミコットというところはかなり古いころからこのあたりの中心になっていたところだということです。ネパール、特に西ネパールにはコットという地名がいくつもありますが、これは日本語に訳すと城とか館《やかた》とかいう意味のようです。シミコットもその一つで、中世、西ネパール一帯に大きな勢力を持っていたマルラ王朝に属する小土侯がこの地に城を構えていたというのです。私たちがシミコットについ

シミコットの家，2階が住居

フムラの谷

村の中の畑は石垣と灌木で囲われている

屋上，麦を干している（シミコット）

板石を積んで築いたシミコットの家々，1階は家畜小屋

くりぬき梯子をのぼって家に

羊の背に麦を負わせてチベットに

チベット犬

チベットに向かうキャラバンの崖の道

あっという間に羊の脱臼を直した

フムラ・コーラの渡し綱

ゾウパで畑を犁く

た翌日、近くの村の物知りだという老人がやってきて、このあたりの昔のことを話してくれました。私たちはネパールガンジからいっしょの飛行機に乗りあわせた土地改良事務所の所長氏の好意で、その事務所に居候させてもらっていたのですが、朝、屋上に椅子を持ち出している私たちを見つけた老人があがってきて、お前たちはどこの者で何をしにきたのだと聞く。それでこのあたりのことをいろいろ勉強したいと思ってきたのだ、ここには王がいてお城があったそうだがというと、そうだ、コットは今、飛行場といっても滑走路しかないのですが、その滑走路の上手の小さな丘の上にあったのだ、シミとかシムというのは水が湧いて草のよく生える場所のことをいうのであって、ここもあのコットのあった丘の下から良い水が湧いているのでシムというのだよというようなことから、ここにいた王の年代記を語ってくれたのです。が、何しろカトマンズあたりから、役人として赴任してくると一カ月くらいは言葉が通じなくて不自由するというくらいですから、私たちの語学力でわかるはずがありません。ただとても興味深かったのは、歴代の王がチトワンからやってきてバジャンコットに住み、それからあちらのコットこちらのコットと居を移し、最後にこのシミコットに落ち着いたのだが、ここはとても冬雪の深いところであるから、雪の降る時期には下の方のノルナカルプに行って暮らしていたのだというような事を節《ふし》をつけて歌ってくれるのです。それはデヴィ神に捧げた歌だということでした。その内容を正確に聞きとることはできませんでしたが、土地の歴史が歌として伝えられているというのはとてもおもしろいことではありませんか。

マルラ王朝が亡びた後、タクリの王がこの地を治めたというのですが、それは二代しか続かずに、現在のシャハ王朝の祖がネパールに大きな勢力を持つようになった時、シミコットの王はこの地をすてて下の方に出ていったのだということです。

話がフラットな屋根になかなかたどりつきませんが、もう少し続けさせてください。

シミコットに住んでいる人がどういう系統の人であるかというのは、たいへんややこしいのであまり深く触れないようにしますが、タクリというのはブラーマンにつぐ上位のカーストで、かつてこのあたりの土侯として支配していたのですが、現在、シミコットにはその後裔はいなくて、今シミコットに住んでいるのはチェットリに属するラウト、ロカイ、ボラ氏族が中心でほかに職人カーストであるドマイ、サルキ、カミということです。チェットリというのはクシャトリアのなまった言葉だといわれており、ヒンドゥー教徒だということになるのですが、どの程度ヒンドゥー教が浸透しているのか短時間しかいなかった私にはまったくわかりません。正統ヒンドゥー教徒としてのブラーマンやチェットリは酒は呑まない、呑んではいけないことになっているのですが、ここの人たちは酒をつくり呑むことに抵抗を持っていません。またヒンドゥー教徒の証《あかし》として身につけるといわれている聖なる紐、ジャナイもつけていないようです。そういうチェットリをマトワリ・チェットリというのですが、シミコットのチェットリはマトワリ・チェットリだと思います。

六月一九日、シミコットに着いて、食事ができるまでの間に書いたメモの初めの方に、この村はチェットリが中心の村だというが、ここのチェットリはかなり変わっている。ちょっと見たところではボテ(チベット人)と見分けがつかない。服装はチベット服のようだし、ポンモで見慣れたチベット靴をはいた男の人も少なくないし、顔つきもブラーマンやチェットリというイメージとはかなり違うようだ、住居もボテの家と変らないのではないか、と書いていています。強烈な印象を受けたのでしょう。

●平屋根の屋上は仕事場

石積み平屋根の家というのはフムラだけではありません。ネパールのミッドランドをこえてグレート・ヒマラヤの山地にはいると大体石積み平屋根になるといってよいのでしょう。もう一五、六年まえになりますが、神崎宣武君や西山昭宣君たちとドルポに入った時には、スルケットからマルラ王朝時代につけられたという王の道をたどってジュムラ経由で入ったのですが、その時にはジュムラの二日くらい手前から平屋根の家々がでてきたように思います。そして私たちが二カ月あまり暮らしたチベット人の村ポンモの家々もシミコットの家とほとんど同じつくりでしたから、別に珍しいということではなかったのですが、やはり感激したんです。それで食事もそこそこに村の中にとび出していったのです。

写真で見てもわかるように家々は密集しています。何軒か独立家屋がありますが、いずれも村はずれで新しく建てられたものでした。村の中に入って行くとほぼ等高線上に壁を接して家が並んでおり、狭い路地が曲り曲りついています。外から見たのでは家と家の境は見分けるのが難しいくらいです。そして一階はほとんど例外なく家畜小屋になっており、二階が住居、二階の屋上の半分か三分の一くらいが三階になって部屋になっています。残りがテラスということになっていて、ここが仕事場として使われているのです。

●家畜小屋になっている一階

山羊や羊、牛などをたくさん飼っています。家畜は舎飼《しやが》いではなくて日中は外に出して放牧しているのですが、夜は連れ帰りますから入れるところが必要です。一階を家畜小屋として使用するのですが、所有している家畜の頭数は一階のスペースに収容できる程度のものではありません。はるかに多いのです。だから一階にいれるのは仔や仔持ちの牝だけで、成畜は外に置くということになります。外に置くといってもその場所はないので通路などにあふれるような状態になるのです。そういうこともあって村の中の路地は家畜の糞などでいっぱいになっています。これが乾季だと乾燥しているからよいのですが、雨季になって雨でも降ると人の通れる状態ではなくなります。

私たちもはじめは路地を通っていたのですが、屋上から、そこは汚くて駄目だから上にあがってこいと声をかけられました。こういう状態に慣れているはずの村人が汚いというのですから、確かなものです。外にかけられているクリヌキ梯子を登って屋上にあがると、さすがにここはきれいで、作業をしていない時はちりひとつ落ちていないくらい掃き清めています。そして隣り同士が壁を接して建てられていますから、少なくともひとならびは端から端まで屋根伝いに行くことができます。禅雄さんが初めにこの写真をみた時、道ですか、庭先ですか、えらいきれいに舗装していますねといいましたが、そう見まちがえるような状態になっているわけです。

一〇軒以上もの家の屋上がひと続きになっているのですから、広さもゆったりとしていて陽当たりもよく、休むにも、仕事をするにも最適だということになります。そして山側、つまり北側の半分程度は三階を建てているので風除けにもなり、二階の屋上は実によい空間になっているのです。雨さえ降らなければ日中はたいてい外で暮らすことになります。

●チベット人の住まい方と違う

外観はチベット人の住居と何も変わらないといいましたが、気をつけてみると違ったところもあります。シミコットから少し登ったところにブロンセというチベット人の村があります。シミコットよりもかなりきつい傾斜面にあるので、横からみると階段状に並んで見えるのですが、構造は基本的に同じです。ただ家の中に入るのに、チベット人の場合は一階の家畜小屋の中から梯子で登るようになっているのに、シミコットの家は一階も二階も外に梯子がかけられており、外から登るようになっています。シミコットの家でも中から上の部屋にあがれるようになっているのですが、冬の寒い時期にしか使わないということで、上げ板には鍵がかけられていました。この程度の違いはたいしたことではないのかもしれませんが、私には基本的な住み方の違いが反映しているように思えるのです。それが何なのかはわからないのですが、頭の隅にひっかかっている疑問のひとつです。

それと外から見てすぐに気がつくのは、ブロンセの村ではどの家も屋上に長い木竿がたてられており、その頂きに経文のかかれた白い布がつけられ、風にはためいていることです。これはタルチョといって、空から降りてくる家の神の依代《よりしろ》なのだと思うのですが、シミコットの家にはそれがありません。そのかわりといっては語弊がありますが、軒端の四隅に三〇〜五〇センチくらいの柱状の石が立てられているのを見かけました。全部ではありませんでしたが、そこに小松の枝を挿している家もありました。マスタ神を祀ったものだということをききましたが、マスタ神がどういう神であるのか、確かめてはおりません。こういう信仰の問題になると語学力のなさと知識の欠如を口惜しく思うのです。これについては後に触れます。

ついでにもうひとつ外から見て気のついたことを話させていただきましょう。家のまわりにある畑の垣です。小さな畑を高さ二メートルくらいもある木の枝でびっしり囲っているのですね。これは家畜に荒らされないためのものですが、どこにも入るところがないのです。畑の手入れなどをする時にはどうするのでしょうね。私たちが考えるような手入れなどはしないのかもしれません。ここにはジャガイモや、わずかですが葉菜類などを作っていました。菜園なのです。こういった畑はチベット人の家にはついていなかったようです。チベット人の村の場合は家の近くに一メートル弱くらいの石垣をついて囲い込みをした場所がありました。これは山から連れ帰った家畜の追い込み場なのです。仔畜などは一階の畜舎にいれるのですが、成畜はここにいれるのです。同じような自然環境の中で、似かよった生業で暮らしをたてているのですが、牧畜や農業に対するチベット人とネパール人すなわちチェットリなどのフムラの人との姿勢の違いが、こういうところにあらわれているように私には思われるのです。

山羊と羊と交易と

●狭く暗い屋内

シミコットでは何軒か家の中に入ってみました。屋上の広々として明るく、清潔なのにくらべると、屋内の何と暗く、狭いことでしょう。村の人たちがお天気さえ良ければ、一日の大半を外で、それも屋上で過ごすのがよくわかります。彼らにとって家の中は食事の場であり、夜の寝所であり、そして物置なのです。

狭い入口をはいると短い廊下があり、正面と左手奥に小さい入口がついています。突き当たりの部屋は二畳くらいのものでしょう。桶や袋、農具などが雑然と置かれており、さらに奥の部屋に通ずるドアがあります。左手の部屋は四畳半くらいのものでしょうか、身をかがめて入ると戸口に近いところに穀物などをいれる木箱が置かれていて、その奥に炉が切られています。炉には四本足で鉄製の鍋かけが据えられています。貧しい家の炉は三個の石を埋めこんだだけのものもありましたが、大半の家が鉄製のものを使っていました。突き当たりの壁ぎわにも木箱があります。そして炉のまわりなどに真鍮の食器や鉄鍋などが雑然と散らばっています。採光と煙抜きを兼ねた小さな窓がひとつあるだけですから、光はほとんど入りません。家の人が小さく割った松明に火をつけて、炉の端にたてている平石の上に置いてくれ、少し部屋の中が明るくなりました。ここでは灯台と松明が照明としてまだ普通に使われているのです。飛行場ができ、ジュムラからは小型機《ピラタス》が頻繁に飛んでくるのですが、ジラの役所などで消費する食料その他の物資を運んでくるのが主で、村人たちが使う石油などは、まだ入ってこないようです。

私たちが見せてもらったこの家は、この奥に小さな部屋が四部屋あり、三階にも六つの部屋がありました。入口の炉のある部屋から三階にあがることができるようになっていますが、板で蓋がされており、梯子はかかっていません。この通路は冬のためのもので、夏は使用しないということです。奥の部屋に入ると、ここには窓もなく真暗でした。一番奥の部屋の壁ぎわは一段高くなっていて、小さな神像や祭具が置かれていましたから、仏間とでもいったところでしょう。もう一部屋には炉がきられており、木箱があり食器類が置かれていました。しかし、奥の部屋は夏はほとんど使われないということです。冬の寒い時期に食事や寝所として使うのです。夏の間は入口に近い部屋か三階がもっぱら使われているようです。

日本の家は夏をむねとすべしということで、湿気の多い夏を涼しく過ごせるようにつくられているといいますが、ここの家はもっぱら冬をむねとしてつくられているのでしょう。

●山羊や羊に穀物袋を背負わせて

閑話休題《それはさておき》、家々をのぞいてまわりますと、入口の部屋や軒下に穀物袋を積みあげている家が何軒も目につきました。羊、山羊などの毛で織った布を袋にし、底は毛皮を縫いつけて補強しています。大小、何種類かのものがありますが、多く目についたのは左右振りわけにして、家畜の背につけるようになったものでした。中には大麦、裸麦、小麦、米などの穀物が入っています。羊、山羊につける袋で片方に二〇マナ、一頭分で四〇マナの穀物が入るのが普通だといいます。一マナというのは容量の単位で、大体〇・五五リットル。二・五合くらいです。大人の食事一食分が一マナということになっているようですが、穀物や粉などを計る場合には山盛りで計りますし、舛《ます》の大きさも地方では少しずつ違うようですから、厳密にどこでも同じだというわけにはいきません。この穀物はほとんどがシミコット、あるいはフムラでとれたものではありません。下流の村々でとれたものをこの村の人たちが仕入れてきたものです。そしてここからチベット国境あるいはチベット領まで運んで、岩塩や羊毛などと交換してくるための商品なのです。

私たちがシミコットに行った時期はフムラの人たちがチベットの方に交易にでかける時期にあたっていましたので、毎日、村の道を羊や山羊に穀物袋を背負わせた人たちが何群も朝早くから通っていきましたし、シミコットの人たちもまた何組も家畜をつれて出かけました。私たちにとってチベットは、はるかに遠い、あこがれの土地でありますが、このあたりの人たちにとってチベットは、異国であることに違いはないのでしょうが、はるかなる山の彼方の秘境ではないのです。自分たちの暮らしにたいへん深い関わりを持った隣り村で、広い意味での生活領域の中だといってよいでしょう。

●チベット交易と牧畜

シミコットで何人もの人に、自分の家でとれる穀物(小麦・大麦・ソバが主なものです)で何カ月食べることができるのか聞いてみました。大まかな話ですから正確ではないのですが、少ない人で二カ月、多い家で五カ月くらいという話でした。土地改良事務所の職員の話だと、いいとこ三カ月分くらいだろうということでした。そういうことから推定すると、ここでの食料自給率は多くみて三〇パーセント程度ということになります。七〇パーセントくらいは農業以外の方法で入手しなければならないということになります。その方法が家畜を使ってのチベット交易であり、牧畜ということになるのですが、牧畜による生産物、つまり肉や乳製品がどの程度自給食料として役立っているのか、正確に算定することはできませんが、食料としてそれ程大きな比重をしめているようには思えません。栄養源、蛋白源としては重要性を持っていると思いますが、主食は麦やソバの粉です。

粉に水を加えて練り、薄く伸ばして鉄板で焼く、いわゆるロティや、熱湯で練ってそばがきのようなディロにして食べるというのが普通です。裸麦を煎って粉にした麦こがし、チベット人の主食といわれるツァンパもかなりつくるようですが、これは交易などの旅にでる時の携帯食として主に使うようでした。

そうすると交易が主な仕事ということになります。シミコットからチベット領のバザール(市場)のあるタカラコットという町までは五日行程だということですから、近いのです。シミコットの人ばかりでなく、フムラ・コーラ沿いの村の人たちはすべてといってよいほど交易を行っています。

このあたりの人たちはチベットから運んできた塩を下流の村々に持っていって穀物と交換してきます。そしてその穀物を持ってチベットに行くのです。フムラからチベットに行くのは六月中旬から九月中旬までの三カ月、ネパール暦でアサール月、サウン月、バドゥ月だということです。それ以外の月は峠に雪があって行けないというのですが、それだけが理由かどうかわかりません。というのはここの人たちがチベットに行くのは、もちろん交易が主な目的ですが、それだけではなく家畜の放牧も兼ねているのです。片道五日の行程ですから、家畜に荷を背負わせて草を食わせながらいったところで、二〇日もあれば帰ってこれるのですが、むこうに着いたらテントを張って草地に家畜を放し、草を食わせ、そして峠に雪がくる頃になって帰ってくるのです。だから交易に行く三カ月というのはチベット高原に草がよく生えている時期ではないかと思うのです。家畜を放牧し、草を食わせている間に人は商売をするわけです。途中で荷物を運んで帰り、また出かけるなどということもしますから、一シーズン一回と決まっているわけではありません。現在、チベットは中国領にもなっていますから、以前のように勝手に誰とでも商売をすることができなくなっています。

タカラコットで交換する場合には、こちらから交換用に持っていったものを第一の役所に行き、計量してもらい、手形をもらい、塩が欲しい時には第二の役所に行ってその手形を出すと、量に見合った塩をくれる。羊毛が欲しければまた別の役所にいって羊毛をもらうというシステムになっているといいます。

交換の比率は聞く人によって少しずつ違うのですが、一例としてあげると、

裸麦一マナ　塩三マナ
小麦一マナ　塩三マナ
大麦一マナ　塩一マナ
玄米一マナ　塩四〜五マナ
穀物五シェル　羊毛一シェル

というような割合になっていると聞いています。麦は粒で持ってゆく場合もあるようですが、粉にして持ってゆくことも多いようです。

●リンゴと生バター

こちらから持ってゆくものは穀物が主ですが、それ以外にリンゴや生バターなども持って行きます。リンゴは前からあったものではありません。八年程前から政府が奨励して植えつけたということで、漸く実のなりはじめたような木が畑の端などに何本かずつ植えられていました。生《な》ったままで摘果ということをしないので、小さい実が鈴なりになっていました。チベットにはないのでたいへん珍重されるそ

うです。

私たちが滞在中に八〇頭ほどの山羊、羊をつれてチベットに行った親父さんは、塩と穀物を交換するだけでなく、眼の治療もしてくるのだといっていました。四年まえに左目が悪くなったので治療してもらったのだが、たいへん具合がよいので今度は右目を見てもらうのだということでした。チベット人でなくても治療してくれるのかときくと、生バター一マナくらいとリンゴを持っていって頼むと簡単に治療してくれるという返事でした。バターはチベットにも当然あるのですが、不足がちでよい商品になるのです。これは正規のルートで交換するのではなくて、バザールの店に持っていって売るのです。一シェル(一シェルは約四〇〇グラム)で三スクル(スクルはチベットの貨幣単位、一スクルで五ルピー)になるというからよい現金収入になる。それで自分の家でつくった生バターは食べないでとっておき、タカラコットまで持って行って売るのです。フムラで作ったものだけでなく、タカラコット周辺に放牧している時にも乳を搾りますから、ここでもバターをつくります。それらも売って金に換えるのです。そうして得た金で正式ルートの交換では得られない靴や布、チベットの製品などを買ってくるのです。シミコットでのある日、青年から北朝鮮の煙草をもらって驚きましたが、彼らにとっては珍しいものではあっても、べつに驚くようなことではないのですね。いまだに松明を灯火につかっているようなヒマラヤ山中の僻地の住民と思っていたら大間違いで、日本人よりもはるかに国際的な一面を早くから持っているのです。フムラの人たちの交易範囲だけをとって見ても、北はチベットから南や西はインド国境のバザールまで行くのですから。この人たちの生活領域は、面にはなっていなくて線なのかもしれませんが、とてつもなく広いといわなければなりません。

●チベット犬とゾウパ、そしてヤク

フムラの人たちがチベットから持ちこんでくるものは、これまでにあげたもののほかに家畜がありま す。その第一がチベット犬です。犬は放牧や交易の旅には欠かせないもので、どの家も獰猛な顔つきのチベット犬を飼っています。村でも繁殖するのですが、フムラ生まれの犬はどうしてかおとなしくなって牧畜犬としての能力が低いというので、チベットから仔犬を穀物と交換して連れてきます。また仔羊なども中国領になる前はたくさん連れてきたといいます。交易のために使う家畜には羊、山羊のほかに数は多くないのですが、ゾウパと馬がいます。馬もチベットから買ってくることが多いようです。ゾウというのはチベット牛といわれる牝ヤクと牡牛の一代雑種で、その牡をゾウパ、牝をゾウモというのです。このあたりは普通の牛では高度が高すぎるし、ヤクには夏の温度が上りすぎるという接点になるところで、その雑種であるゾウはヤクほどではないが、牛よりは高所や寒さに強いので交易や農耕にはゾウを使うのですが、交配するために仔ヤクをチベットからいれてきて、育てるのです。一歳くらいの仔ヤクで四〇〇マナの穀物と交換してきたといいます。ヤクは夏は山の上の方にあげておき、冬は村の近くにおろしてくるのです。

今回はチベットに行って帰る交易のことを話すので精いっぱいで、南の方に下ることができませんでした。次回は南に下ってみたいと思います。

塩の道と交易

●川下に向う家畜の群もある

ネパール暦のアサール・サウン・バドゥ月、太陽暦の六月中旬から九月中旬までの三カ月が、このあたりの人たちがチベット交易を行うシーズンであるといいました。そのことに間違いはないのです。私たちが滞在中に出会ったキャラバンの大半はチベットに向かって上ってゆく山羊・羊の群でした。

しかし、中には下流に向かって下ってゆく家畜の群もありました。六月二五日、朝九時半、シミコットの下流の村々をまわってシミコットに帰る途中で出会った、三人連れのチベット人はその例でした。道上の少し平地になったところで犬の吠える声がするのであがってみました。何年か前までは畑だったと思われる荒地の隅に、荷の入った袋が積まれており、数十頭の山羊、羊が右往左往している中で三人の若い男が、山羊、羊に荷袋を背負わせていました。そのあたりをウロウロしている羊の角をつかんで荷袋の所まで引っぱってきて、両股にはさんで首を締めつけ袋を背負わせ、手早く紐で結びつけます。荷袋には前後に紐がついています。一方は輪になっているのですが、その方は尻尾の間にはさんで、片方の紐は首にまわして縛るのです。それほど強く縛るわけではありませんから、山羊や羊が暴れるとずり落ちてしまいます。ずり落ちたものはまたあげてやればよいのです。そんなに手間のかかることではありません。見てる間に次々と片づけてゆきます。山羊や羊も慣れたもので、荷物を背負わされるとあ

機織りの母の手をみる娘かな

子供らに何を語るかご老人

シミコットの水場，ポリタンクは安くて便利（インド製）

屋上で機を織る人，臼をつく人

シミコットの家の中

シバ神を祀る寺あり，温泉の湧く川原

立岩に羊の角をたてまつり，旅の安全祈るなり

木の上の蜜蜂の巣，立鬢の男はチベット人（ブロンセ村）

竹籠に牛糞を塗る清めかな

川沿いの段丘に拓かれた棚田，集落はさらにその上

ラマ教徒のチョルテン（積石塚），ブロンセ村の入り口にある

まり遠くに行かずに一ヵ所にかたまっておとなしくしています。袋が破れたり、紐の切れたりしたものがあると、その場で修理します。

彼らは、帯に針と糸のはいった袋と火打石の袋は常に下げていますから、繕い物などはだいたいその場で片づけてしまいます。足を痛めたのかびっこを引いている羊がいましたが、それもつかまえて足首のところを触わって見ていましたが、ひょいと肩に乗せて足首をぎゅっと引っ張り、一丁あがりです。脱臼でもしていたのでしょうか、実に手慣れたもので、あっけにとられて見ていました。

●山羊や羊に調子をあわせて

一〇時一五分にはすべての荷をつけ終って出発しました。私たちが上っていった時はまだ荷をつけ始めたばかりの時でしたから、五〇分くらいで荷づくりが終って出発したことになります。普通ですともっと早い時間に出発するのですが、前の晩、夜中にかなり雨が降ったので、朝の出発が遅れたのだということでした。彼らはシミコットから少し上手にあるトルパ村の住民ですが、下流のゴチ村まで塩と大麦、小麦の交換に行く途中だということでした。トルパからゴチまで家畜を連れて三日の行程だということですが、予定通り三日で行けるかどうかわかりません。すでに今日は出発が一〇時すぎですから半日近く遅れているのです。彼らが旅をする時のようすを見ますと朝の出発はたいへん早いのです。朝食は私たちのようにきちんと食べるのではありません。お湯を沸かしてチベット茶をつくり、ツァンパをお茶にいれて食べるくらいで済ませます。そして三時間くらい歩いて、食事にするのです。これにはたっぷり二時間くらいかけます。別に手のこんだものをつくるわけではありません。お茶をつくり、それを飲んで一服したあと、スープをつくり、ロティを焼いて食べるだけですが、ゆっくりやるのです。家畜に草を食わせなければならないので、それくらいの時間は必要なのでしょう。

ですから、朝七時頃にはもう野営地は出発するのです。そして一〇時すぎか、おそくも一一時には昼食のための休みにはいるのです。そして一時頃に出発し、日の暮れる前には泊まりに着くのですから、少しひっかかると一日に何程も歩けないということになります。家畜を連れての旅ですから、人間のペースというよりは、山羊や羊に調子をあわせて行くことになるのです。休む場所も泊まり場も人間にとって都合のよい場所であると同時に、家畜の食べる草のある所でなければなりません。そういう場所は道筋のどこにあるか、だいたいきまっていますし、彼らはよく知っていますから、無理をしないのです。ですからこの三人連れのように出発が遅れると確実に半日行程は遅れることになります。しかし、半日や一日の遅れは彼らにとって何ということもないのです。

荷をつけ終え、つないでいた犬の紐を解き、ピューと鋭い口笛を合図にして山羊や羊を追いたててゆく彼らを見送りながら、今日中にシミコットに帰り、航空券の確保をしなければと予定の村まわりの後半をカットして帰りを急ぐ我身が、いささか情けなく感じられたことでした。

●塩と穀物の交換

フムラの人たちは、チベットに持ってゆく穀物は冬の間に南に下り、塩と交換してきているのですが、それで足りない場合もあります。そういう場合はチベットに出かけるこの時期に、彼らのようにフムラ・コーラ沿いの下流の村々に塩を持ってゆき、交換してくるのです。この時期は麦の収穫が終ったばかりの頃ですから、有利に交換できるということもあるのかもしれません。出来秋《できあき》で穀物がたくさんある時には人の心も豊かになっていますから。

この時期に下の村々に行く場合はだいたい片道三、四日行程のところで、そんなに遠くまでは行かないのです。そして交換するのも大麦、裸麦が主のようでした。交換の割合は、

塩一マナ　大麦・裸麦二マナ

塩一マナ　大麦・米一マナ

ということで、これらの穀物は下流の村々の人たちが、さらに南のバジュラ・ジラまで塩を持っていって交換してきたもので、その村で生産されたものではないということでしたが、裸麦、大麦はその村でとれたものが多いのではないかと思います。

シミコットやその上流部の村人たちがこの時期に下に行って穀物を仕入れてくるのは、前にも述べたように補助的なもので、主となる穀物の仕入れは冬から春にかけて行われるのです。ネパール暦でカティック月といいますから一〇月中旬から一一月中旬になりますが、その頃にチベットから持ち帰った塩や羊毛などを山羊、羊につけて南に下って行きます。南の方はかなり遠くまで行きますが、交換する穀物によってほぼその地域は決まっているそうです。ツァンパの原料であるウワ(裸麦)は比較的近くて、ムグ・ジラのフムラとの境になるあたりまでですが、米、小麦はセチ・アンチャルのバジュラ・ジラからアッチャン・ジラの村々に行って交換してくるのです。バジュラ・ジラ、アッチャン・ジラはフムラ・コーラがムグ谷の水を集めて流れ下るムグカルナリと合流して流れるカルナリ河の本流沿いになります。フムラの人たちはカティック月に村を出てムンシル、プースと約三カ月これらの地域で暮らし、

マーグ月、つまり一月中旬から始まる月に村に帰ってくるのです。

その間に持っていった塩や羊毛と穀物を交換するのですが、山羊や羊を常に連れ歩いているわけではなくて、家畜はアッチャン・ジラのセリラワツンガやダイレク・ジラのカイラスコーラというあたりのジャンガル(ジャングル)に放牧しているのです。これらのジャンガルはフムラの人たちが家畜を連れて行く最も南の地になります。彼らは道中の村々で塩と穀物を交換しながらゆっくり下って行きます。交換した穀物は知りあいに預けておき、帰りに持ってくることが多いようでした。そして、家畜を放牧している間に、カルナリ川沿いに下ってインド国境にあるラジャプールのバザールまでいってインド塩を買い、米、トウモロコシ、シコクビエなどと交換することもあるのです。

●チベット塩とインド塩

ラジャプールでは塩は金で買います。一袋単位ですが、一袋の量は六〇マナから多いもので九〇マナくらいはいっているそうです。値段もまた一マナ一ルピーくらいのものから一・五マナで一ルピーくらいまでの開きがあります。インド塩と交換する穀物は主として滞在中の食料にするのだといいますから、それほど大量ではないようです。ラジャプールで買ったインド塩もいくらかは村に持ち帰るようで、シミコットにはチベット産の岩塩とインド塩の両方がありました。インド塩は海塩です。シミコットの人たちは岩塩の方が甘味があっておいしいといいます。

前に行ったドルポのポンモ村では村人の大半が甲状腺腫にかかって喉を腫《は》らしていましたが、フムラでは喉が腫れている人をほとんど見かけなかったのは、わずかでも海塩を食べることで、ヨードを摂取しているからなのでしょうか。
バジュラ・ジラやアッチャン・ジラで交換する比率は、
塩一マナ　大麦・裸麦二マナ
塩二マナ　小麦三マナ
塩一マナ　米一マナ
ということです。羊毛と穀物との割合はうっかり聞き落としていますが、チベットでの交換比率から考えて、かなり高い割合で交換していると思います。

●毛織物――ペルワとリュウ

山羊や羊は駄獣としての用途も大きいのですが、毛を刈ることも大きな目的のひとつです。羊は年に二回、山羊は年一回毛を刈り取ります。その毛は交換用に持って下ることもありますが、多くは自分たちで糸に紡いで、毛織物にします。山羊の毛で織ったものをペルワといい、羊の毛で織ったものをリュウといっていました。ペルワは穀物袋や自家用の敷物にすることが多いようですが、リュウは主に販売用です。これは敷物として珍重されています。シミコットはフムラ・ジラの中心地として各種のオフィスができ、役人などがたくさんはいってきていますから、リュウの需要も多くなって、値段が暴騰といってよいくらい高くなっています。一枚でだいたい三畳間くらいの敷物になるのですが、私たちが欲しいというと七〇〇ルピーくらいのことをいいます。値切って五〇〇ルピーなら買えるだろうということでしたが、そこまで値切るのは容易なことではありません。私たちは金もなかったので遂に買わずに帰ってきました。織物は交換ではなく現金取引きで、現金収入の少ないこの山地の人たちの重要な収入源になっています。

●西の国境のバザールで金属器を買う

これまで物々交換を中心にした交易について話してきましたが、フムラの人たちの生活が物々交換だけで成り立っているわけではありません。物々交換で入手できるものもかなり多いことは確かですが、現金で買ってくるものも結構あります。

囲炉裏に据えてある四本足の大きな五徳とか、真鍮製の食器などですね。ああいう金属製品は金で買ってくるものの代表なのです。

鉄や銅、真鍮などの金属製品はだいたい自分たちで買いに行くのです。交易はカルナリ川に沿って南に下り、インド塩を仕入れにラジャプールや時によってはネパールガンジまでも行くのですから、そこで買ってくればよいと思うのですが、おもしろいことにそこからは買ってきていないのです。シミコットでは銅や真鍮製の水壺はあまり使われていなくて、ポリタンクを使っている家がたくさんありました。ポリタンクを使うようになったのは近年のことです。これだけはどういうものかネパールガンジから買ってくるというのですが、他の鍋や五徳などはインド国境でも南ではなく、西側の国境にあるバザールだというのです。

西の国境というのはフムラから見ると西北になりますが、カルナリ本流から西にそれていくつかの峠を越え、セチューラを渡って行くことになりますから、かなり厳しい道だと思うのです。その国境近く

を越え、セチューラを渡って行くことになりますから、かなり厳しい道だと思うのです。その国境近くにダチュラ、ラムルングラなどのバザールがありますが、そこまで行って買ってくるというのです。ときには国境を越えてインド領のバザールまで行くこともあるようです。塩と穀物との交易ではそちらの話は少しもでないのですが、物を買ってくるという話になると西のバザール名がでてくるのです。昔からそうだったというのですが、どうしてでしょうか。西からはいってきたというフムラの人たちの出自と関係があるのでしょうか。

ちなみに鉄製の大きな五徳は二〇〇〇ルピー、銅の大鍋は三〇ルピーから一〇〇ルピーくらいの値段だということでした。

フムラの村々をゆく

●聖地カイラス巡礼の道

シミコットの話で洩れている部分は後でつけ加えることにして、フムラの他の村のことを少しお話したいと思います。しかし、シミコットからでるには、もう少し我慢していただかねばなりません。

私たちは、結果的にはシミコットからほとんど離れないで帰ってきてしまったのですが、当初の目的はシミコットを起点にして、あわよくばこの谷をさかのぼってチベット国境まで行き、かすかでもよいからチベットの土を踏んでやろう。その後は第一回のネパール行の時に断念して、心に残っているララ湖の水を呑み、ジュムラに下って、ジュムラ変貌のさまを眺め、さらにポカラまで歩いて帰ろう、そうすることである程度、西ネパールのようすを実感することができるのではないかと考えていたわけです。それでシミコットの村の中をまわりながら、情報を探ったのですが、つい二、三年まえにカンバ(チベット)のゲリラが山づたいに侵入してきて、国境守備隊と交戦し、双方被害者を出したなどという話が生々しく語られる土地柄だけにチェックポストの壁は厚く、パーミッションなしにチェックポストを抜けることはできないことがわかりました。それで早々に谷をさかのぼって奥の村々に行くことは諦めました。諦めるよりほかはなかったのですし、それで良かったと思う半面、心は残っております。この道はフムラの人たちがチベット交易に往来する道ですが、同時にフムラやムグ、ジュムラ周辺の人たちがチベット西北にある聖地カイラス巡礼に往き来する道でもあるのです。

家畜をつれたキャラバンのほかに手ぶらで谷沿いの道を上る二、三人連れの男たちに何組もであいました。どこに行くのだと聞くと、マナサワールに行く、あるいはカイラスに行くという返事が返ってきます。カイラス山はチベットの有名な聖地でマナサワール湖はカイラス山の麓にある湖です。日本人として最初にチベットに入った河口慧海がネパールからヒマラヤの峠を越えてチベットに入り、ラサに向う前に、道を逆にとり、カイラスに詣でています。慧海の『チベット旅行記』は私にとっては聖典のような書物の一冊ですが、とりわけ、マナサワール湖の畔でカム地方からきた巡礼の一家のテントに宿った時の記事は強く印象に残っております。最初にネパール行きを計画し、宮本常一先生から我らが仲間のドン・キホーテよ、と少しからかわれ、たくさん励まされて走りまわっていた頃に、川喜田二郎先生の『鳥葬の国』などといっしょにむさぼるように読んだものでした。その時以来、カイラスは私にとってあこがれの地のひとつとなっているのです。その懐かしい名前を、この山中で聞こうとは、うかつなことですが、その時まで思いもしなかったのです。

荷物も持たず、隣村の親類か友人のところにでもちょっと遊びにという気楽な姿で歩いている人たちから、ごく自然にマナサワールだのカイラスだのという地名がでてくるのですもの、女房と顔見合わせて、溜息をついたことでした。何時の日か、この道をたどりマナサワールの冷たい水を飲んでやろうとその時、改めて決心しました。そして今もその思いは変わっていません。

●ダルモサールを宿にして

私たちにとってチベット国境は堅く閉鎖されていましたが、ネパール人にとって、昔にくらべると少し狭く、窮屈になってはいるようですが、閉鎖されているわけではないのです。昔、といってもチベットが中国領になる前のことです。このあたりの人たちは自由にチベットとの間を往来していたのですが、今はジラの役所に届けを出し、その許可を貰ってからでないと出ることができないようになったというのですが、届け出ればよほどのことがない限り、許可を貰えるのです。それを持って行くと国境は簡単に通ることができます。チベット領に入ると、定期便ではありませんが、ジープが通っていて、二、三日待っていると運がよければそれに便乗することができ、一日でマナサワールに行くことができるというのです。シミコットからマナサワール、カイラスをまわって往復一五日くらいだということでした。

途中でドカン(宿屋)のあるのはタカラコットとタルチンだけで、それ以外のところでは空屋に泊まるのだといっていましたから、道中のところどころにダルモサールのような建物があるのかもしれません。

ダルモサールというのは死者の供養などのために近親や縁者が寄進した建物で、旅人は誰もが利用できる無料宿泊所です。宿泊所といっても建物があるだけでほかに何の設備もなく、キャラバンの多い道筋では山羊、羊をも中にいれるので糞が厚く積っていて、外の方がよほどきれいだという状態になっています。今回のフムラでは見かけませんでしたが、前に西山君たちとトルボに行った時には、何回かダルモサールを利用しました。そういえばジュムラからティブリコットへの道筋にはいくつもダルモサールがありました。ある日、利用したダルモサールで、皆がシュラフに入り、眠りに入ろうとした頃、消したはずの焚火が完全に消えてなかったのでしょう。まわりに厚く積った糞に火が移り、急に炎をあげて燃え出したのです。あわてて飛び起きて踏み消し、事なきを得たということもありました。一九六七年一二月半ばの寒い頃で、もう一六年も前のことになるのです。

●ジュムラ行きの飛行機を待つ

閑話休題《ともあれ》、いまは夏のフムラです。フムラ・コーラを下らねばなりませんが、私の思いはチベットから容易に離れません。マナサワールが私を呼んでいます。カイラスが私を招いているのです。でも今度は諦めました。それでララ湖からジュムラに抜けることにして、道案内兼ポーター役の男を探してくれるように土地改良事務所の所長氏に頼んだところ、さっそく何人かの村人が入れかわり、やってきたのですが、いずれもうまくいきませんでした。

ポーター志望者との間では交渉は成立して、明朝、準備をしてくるといって帰るのですが、待っていてもこないし、探しに行くと留守であったり、都合が悪くて行けなくなったりということで結局、駄目になるのです。この経緯はとてもおもしろいのですが、ここでは省略することにします。それで六月二六日にくるという最終便でジュムラまで出ることにして、それまでに四日ありますので近在の村をまわることにしたのです。飛行場といっても小型機が漸く発着できるだけの広さしかありませんし、周りは高い山々に囲まれていますから、操縦を少しでも誤ると一巻の終りとなり、やり直しのきかない所ですから、天候の悪い雨季の間は飛行はないのです。もう雨季にはいっていて、雲の多い日が続いていますから、二六日といっても天候次第で、くるかこないか分らない状態だったのです。結局私たちがシミコットを発ったのが六月三〇日でしたから、五日間は毎日耳を澄ませて東の空を眺めて今か今かと飛行機の訪れを待っていたことになります。

●ブロンセ・コーラの河原に降りる

話を少し前にもどしましょう。私たちは六月二二日、午前中に飛行機の予約をし、所長氏が好意でつけてくれた若い職員を案内役に村まわりにでかけました。時計は午後二時をまわっていました。シミコットから一気に急坂を下って、ブロンセ・コーラの河原に降ります。コーラの水量はいまはまだ多くありませんが、雨がひどい時には鉄砲水が出るのでしょう。荒れています。川沿いの道はさすがに平坦です。オカル(クルミ)の木がたくさんあります。シミコットからフムラ・カルナリをへだてて見える対岸の村にはオカルの純林といってもよいほどにオカルの多い林があるということです。オカルの実から油を搾るかどうか確かめていませんが、このあたりの人たちの重要な栄養源になっているのでしょう。

シミコットとの高度差はどれくらいあるのでしょうか、残念ながら高度計を持っていなかったので正確なことはわかりません。シミコットの段丘から河原までの差は三〇〇メートルくらいはあると思います。このブロンセ・コーラ沿いには水田もわずかですが拓かれています。水田はもう少し下ってフムラ・カルナリ本流の谷になるとずっと多くなります。川に沿って南岸にも北岸にも道はつけられておりますが、ネパール山地のどこでもがそうであるように、谷底には家はほとんどありません。集落は川からかなり上った中段の傾斜が少しゆるやかな段丘面になっているところにあります。谷底の水田はその段丘面に住んでいる人たちが拓き、耕作しているもののようです。フムラの人たちの中でもチベット系の村は別ですが、チェットリやトクリが中心になっている村では多少とも水田が拓かれているように思いました。これらの人たちは米にたいして強い執着を持っているように思われます。

●渡し守と一ルピーのバクシス

ブロンセ・コーラとフムラ・カルナリの合流点から少し下ったところに渡しがありました。カルナリの流れに簡単な吊り台をつけたロープを渡し、その吊り台に人や家畜を乗せ、対岸にいる渡し守がロープを引っ張って渡すものです。カルナリ本流は、このあたりでも川幅一〇〇メートル以上あって水量も多く、流れも急ですからとても渡渉はできません。橋をかけるのも容易ではありませんから、こういう綱渡しになるのでしょう。私たちが通りかかった時、山羊を渡していました。私たちも帰りにこれを渡ったのですが、川の中程に行くにつれてロープがたわみ、渦巻いて流れる濁流に引きこまれそうで、あまり気持ちのよいものではありませんでした。渡し賃は一人一ルピー、例によって外国人だからバクシス(酒手《チップ》)をくれという請求がありましたが断わりました。私は日本人ですから、郷に入ったら郷に従えという諺をかなり忠実に実行することにしているのですが、インドやネパールの一部で強く見られる施しの論理には強い抵抗を感じますので、たいていの場合出さないことにしているのです。

北九州の私の郷里には海軍の飛行場がありましたから、終戦後、米軍が進駐してきました。その当時、同年輩の子供たちが通りすがりの米兵にたかってガムやチョコレートを乞う光景がよく見られましたが、私にはどうしてもできませんでした。単に気が弱くて近づけなかっただけかもしれないのですが、心のどこかにひっかかるものがあったのも事実です。カトマンズの町角で、アメリカ人らしい観光客の一団が、菓子をばらまいて子供たちに拾わせて笑っているのを見かけた時、やりきれない気持ちになったことを覚えています。そういうことと渡し守がバクシスを要求することとは違うのかもしれません。私の気持ちの中にモヤモヤするものがあって、十分整理ができているわけではありませんが、持たざるものは持てるものから施しを受けるのが当然であり、持てるものは持たざるものに施すのが当たり前であるという論理にはどうもなじめないのです。そういう論理があることはわかりますし、否定はしないのですが、自分がその中に組みこまれることにはいささか抵抗を感じるのです。

おたがいが異なったものを持っていることを認めあい、その上で対等の人間としてつきあうということができるはずだと思うのです。そんなことはわかりきったことなのかもしれないのですが、具体的に行動する場合、考えこみ悩むことが多いのです。私自身、どうすればいいかが本当にわかっていないからなのでしょう。困ったことです。

●シバ神をまつる洞窟

どうも今回は話が横道にそれてしまいます。フムラ・カルナリに沿ってもう少し下りましょう。渡し場から二、三〇〇メートル下ったところにタトパニがありました。タトパニは温い水、つまり温泉です。このタトパニは川岸の岩の間から湧き出しているのです。硫黄の匂いがかすかにあたりにただよっていました。この湯には、入る人もいないと見えて何の設備もされていません。その温泉の湧く道の上にあまり大きくはありませんが岩の裂目があり、洞窟になっていて、中程にある柱状の岩に縄が何本も掛けられているのが見えました。この下手がチェワコーラとの合流点になっていて平坦な草地になっています。その山際に小屋が建てられていました。それはシバ神のマンデル(寺院)だということです。粗末な小さい、およそマンデルらしくないものですが、このあたりでは有名なマンデルで、シバ神の縁日であるマーグ月のシバラトリの日には多くの人が集まり、市がたつのだといいます。そしてこの洞窟もおこもりの場になっていて、病いや悩みのある人はこの洞窟にこもり、柱状石に縄で身体をしばりつけ、祈願をこめてその縄を切りほどいてもらうと良くなる。つまり、人を苦しめている悪縁を断ちきることができるのだというのです。よく見るとマンデルの建物は後の岩壁にくっついて建てられているのですが、そこも洞窟になっており、中が寺になっているということでしたが、誰も人がいなくて中を見ることはできませんでした。

この合流点の支流側には、立派な木橋が架けられていましたが、現在新しい吊り橋を架けるための工事が行われていました。私たちは定期便が駄目な時は架橋工事の資料を運んでくるヘリコプターに便乗してジュムラまで行くことができるのではないかという期待も持っていたのですが、今日きて見ると人の影も見えません。本格的に雨が降り出すと工事はできませんし、資材も流される恐れがありますので、昨日何回かヘリコプターがやってきて、皆ひきあげていったということでした。

ポーターを雇うのが難しいということでジュムラまで飛行機で行くことにしたのですが、こういう状態を見ると空の便はいよいよあてにならなくなって、歩いて下ることも覚悟しておかなければならないようです。

その日はもう少し足を伸ばす予定でしたが、しばらく歩いていなかったせいか、道がはかどりません。それで手前の村に泊まることにして、川沿いの道から離れて村への坂道を上ることにしました。

タクリの村々と田植え

●タクリの村の村長の世話になる

踏立道《ふみたてみち》を登って一時間ほど、ヤンチューガオンに着きました。このガオン(村)はタクリの村ということでした。村の中はひっそりしており、人影もほとんど見えません。私たちは村長の家だという、村の中でも一番高見にある家に荷物を下ろして休むことにしました。

江戸時代の旅日記などを見ますと宿屋のない村に行き、宿がもとめられない時には庄屋の家に行って世話をして貰ったという例がたくさんでてきますが、ネパールの場合もよく似ていて、村長などガオンの世話役に頼むと宿を世話してくれるのです。私たちだけで歩く時にはたいてい行きあたりばったりに声を掛けて泊めてもらっていたのですが、フムラでは土地改良事務所の職員が案内役についていたので、村の世話役の家を訪ねて、世話をして貰うという方法をとったのです。

村長の家に荷物を下ろし、お茶を沸かしているところに主人が仕事から帰って来ました。今晩の宿を世話して欲しいという私たちの頼みに、今日、明日は田植えで忙しいが、自分の家に泊めてやろうということで、そのまま泊めて貰うことになったのでした。この村の水田は村からかなり下の方の段丘面にあるので、登ってくる途中では見えなかったのですが、今日は村中総出で村長の家の田植えをしていたのです。村長の家はこのあたりではかなり勢力のある家のようで、水田も普通の家よりも多く持っているということで、田植えは二日かかるということでした。

どれくらいの水田があるのかということは面積ではわかりませんでしたが、収量でいうと、年に二〇〜二五袋ということでした。一袋は一二〇マナ入るということですから三〇〇〇マナ弱の収量になります。一マナは日本風に計ると約二・五合ですから、三〇〇〇マナは七・五石です。ただしこれは籾ですので、米ではその五割か六割となります。大まかな計算ですから正確ではありませんが、これだけの収量がある家はフムラではそんなに多くないのではないかと思います。

ヤンチューガオンでは田植えを見ることはできませんでしたが、翌日ラリガオンに行く途中で田植えをしているところにであいました。

代かきの後をならすはエブリかき

たんぼに下りた早乙女5人

早乙女は首かざり，耳かざりして晴着かな

村中総出の田植えかな

代かきの終わったたんぼ

たんぼの畔，おやつの時間

代かきはダマイの太鼓のリズムに乗って

シミコットの村の下道，羊群の行く

フムラの谷の子供たち，精気のなさが気にかかる

●村中総出の田植え

六月二三日、三時頃、道下の水田で田植えをしているのが見えたので、降りて見ました。ここはもうラリガオンの領域だということでした。マンガで代《しろ》かきをしている人が七、八組います。マンガは犂と同じように牛二頭で牽《ひ》いていますから、牛は一四〜一六頭いるわけです。それほど広くない水田にこれだけの牛がはいって並んで代《しろ》かきをするのですから、あっという間に一枚の田の代をかき終り、次の田に移ります。代かきが終るとエブリを持った男がはいって均《なら》し、苗を配って、女たちが一列に並んで植えて行きます。早乙女《さおとめ》は二〇人ほどいました。代かき、エブリで均す役、苗とり、苗くばりなどは男の仕事、植えるのは女の仕事と決まっているということでした。ヤンチューでの話ですと田植えは村中総出でやるのだということでしたが、これを見るとなるほど、大げさな話ではなかったのだということがわかりました。こんなに大勢の人が集まって田植えをしている光景は、日本ではもうまったくといってよいほど見かけられないようになりましたが、私たちが子供の頃の田植えを思い出させてくれる、とても懐かしい情景でありました。

田植えをする早乙女はよい着物を着て髪もきれいにし、首飾りや髪飾りもよいものを着けてくるのだということでした。そういわれて見ますと、村の中で見かけるような破れてぼろぼろになった着物を着ている女はいませんし、泥だらけにはなっていますが、ふだんよりはこざっぱりした格好をしています。そして歌を唄いながら植えて行きます。畦には太鼓を持った男が一人座っていて、ときどき思い出したように太鼓をたたいていますし、田の持主でありましょうか、老人が畦を行き来しながら大きな声で早乙女たちに気合をかけているようすなどを見ますと、日本の古い田植えのようすを描いた絵を見るような気がしたものです。

四時頃、女の人が二人、ドコ(背負籠)を背負ってやってきました。カジャ(おやつ)を持ってきたのです。カジャはロティと野菜のカレー煮でした。一枚の田を植え終えた早乙女たちが、カジャを食べるために上ったのを機に私たちはその場を立ち去りました。

●プルティと田植えの儀礼

私たちが見ていたところでは、二〇数人の女が一列に並んで田植え歌を唄いながら普通に植えていたのですが、途中で見かけた田んぼの中には真中あたりに木の枝などを立てて、そのまわりに少し厚く苗を円型に植えている田を何枚か見かけました。これはプルティというもので、田植えに伴う大事な儀礼のひとつだということでした。プルティというのは真中に立てている木の枝のことです。これはすべての田んぼにするのではなく、その家の一番大事な(大きな)田にだけするものです。大事な田は最初に植えるので、田植え初めにする儀礼ということになります。田植え初めの日には朝早く家の神に灯明をあげ、礼拝して供物を捧げ、供養をしなければなりません。そしてプルティをたてるのです。これは大事な儀式であるから家の主人がやるのだということを、ジュムラ出身だという私たちの案内役の職員はいいましたが、フムラの人の話は少し違っていました。男の人が二人、プルティと苗を持って田の真中に行き、ドマイの太鼓にあわせてプルティを挿し、その根本に苗を植えるのですが、その二人はタクリの男ではなく、ドマイ、サルキ、スナール(金銀細工をするカースト)などの男でなければならないというのです。また、プルティのまわりに苗を植えるのはドマイの女がやり、その時になにか唱え言を唱えるということでした。そしてプルティを挿し、苗を植えた二人の男の顔にまわりの女たちが泥を塗りつけ、さらにおたがいが泥を塗りつけあうということです。泥を塗りあったり、掛けあったりするのは豊作を願っての儀礼のひとつであるのでしょうが、フムラの人たちが、これらの儀礼にどういう意義を持たせているのかを知ることはできませんでした。

これは大切な行事であるということなのに家の主人がやらずに、低いカーストであるサルキやドマイなどにやらせるということには何か重要な意味があるのでしょう。

●田植え歌と男女の掛け合い歌

さきに女たちが田植え歌を唄いながら苗を植えていくといいましたが、あとで聞いたところによりますと、男と女が掛け合いで唄うものが多いということでした。私たちが見ていた時は女たちだけが唄っており、男は唄っていなかったのです。あとでノートを読みかえして見ますと、男役と女役にわかれて掛け合うと書いてもいますから、男と女が掛け合いで唄うというのは男役、女役の聞き間違いだったのかもしれないのです。その時にきちんと確かめておかなかったのが悔まれます。

それはともかくとして、田植え歌を唄って田植えをするなんて、かつての日本と同じではないですか。どんな歌を唄ったのでしょうか、そのいくつかをあげてみましょう。

女〽ここはラリ村、むかいはタリ(村の名)よ、

中をへだてるカルナリの川、

男〽種がないのか、牡牛がいなくて、耕せないか、
　種子を蒔く時、なぜ蒔かぬ。
男〽お前は女、家にいろ、
　田んぼ、畑の手入が仕事、
　子供のしつけをちゃんとしろ、
　馬の面倒をよく見てくれよ、
　私は友にあいにゆく、
　戦《いくさ》にだって行かねばならぬ、
　私は男、男は外に出てゆく運命《さだめ》。
女〽うちの人、外に、遠くに行かずにおくれ、
　わたしは女、あなたなしでは何にもできぬ、
　此方の田も、彼方の畑も、
　みんなあなたのものじゃのに。

これらの歌詞はネパール語の詩としてかなりきちんと韻を踏んだものになっているのだそうです。こういう男女の掛け合い歌はほかにもたくさんあって、時によってはカルナリの流れを中にはさんでラリ村とタリ村の青年男女が歌合戦をやることもあるということでした。

歌の掛け合いはフムラの人たちだけでなく、ネパールでは全体に行われていることのようで、フムラに行く前に東ネパールのライ族の村々を歩いたのですが、夜、村に泊まっていると、村の娘たちが何人

か集まって私たちのポーターに歌合戦を挑んでくることがよくありました。歌が自慢のポーターでもいっしょですと、さっそくその挑戦に応じて唄いはじめます。月の明るい山の村の静寂の中で、男と女の掛け合う歌声を聞くのは、またなんとも趣のあるものでありました。広くもない部屋の中で、ヴォリュームいっぱいにあげたカラオケで我鳴りたてるよりは、はるかに風流であります。

山の村の青年や娘さんの中にはすばらしい即興詩人がたくさんいるのでありまして、掛け合いの歌声は夜の更けるまで続くのであります。

●田植えにはカジャが出る

田植えの日にはたくさんの村人が手伝いにやってきます。手伝いの人には朝、昼、夜の三食を出し、カジャ(おやつ)も出すのです。ふだんの時には朝は簡単にお茶くらいで済ませるのですが、田植えの時には朝もご飯かロティ、サツウを食べるということでした。ロティというのは御存知の方が多いと思いますが、ソバやトウモロコシ、麦などの粉を水で練って薄くのばし、囲炉裏で焼いたもので、ネパールでは主食として食べられているものです。サツウというのはチベットのツァンパと同じ麦こがしです。大麦や裸麦を煎って粉にしたものですが、これをフムラの人たちはチベット茶で練って食べるのです。

チベット茶は磚茶《たんちゃ》(固まりになった茶)をヤカンにいれて沸かし、それをさらに茶筒に移して塩とギュウ(バター)を加えてよく掻きまぜたものです。普通、ネパール人、とくにブラーマンやチェットリはこの茶をボテ茶といってあまり好まないのですが、チベットと頻繁に往来をしているフムラの人たちはチベット人ほどではありませんが、これを好んで飲んでいます。何軒もの家でチベットから持ってきたという茶筒を見ました。服装などではチベット服やチベット靴をはいているということをまえに話しましたが、服装だけではなく、食生活の面でもチベットの影響をかなり受けていることが感じられました。

手伝いにきた人たちには食事以外に穀物などを支払うということはないようでしたが、プルティをたてる仕事をした男二人と、そのまわりの苗を植えた人には食事のほかにチューラ(乾飯)やロティ、粉などを与えるということでした。

●タクリと職人カーストの住みわけ

私たちがこの時に訪ねた村のほとんどはタクリの村でした。タクリというのは前に簡単に触れたようにブラーマンについで上位のカーストであるチェットリに属するといわれていますが、フムラの人たちはタクリとチェットリは別で、タクリはチェットリよりも上位のカーストだと考えているようです。とくにタクリは自分たちのことでもありますから、チェットリとは出自も違うし、上位のカーストであるということを強調します。カーストが違う、上位であるということは、出自の問題はともかくとして、日常生活の上でどういう点に違いが見られるのでしょうか。タクリもチェットリも農耕を主にして生活をたてている点では同じですが、タクリの方が直接手を下してはいけないとされている作業が多いようです。シミコットのチェットリは畑を犂《す》きおこすのを自分でやっていましたが、ヤンチューやラリガオンのタクリによると、ブラーマンとタクリは牛に犂を牽かせて田畑を耕耘することはやらないのだということでした。現在ではフムラのブラーマンはいくらか農業をやっていますが、前にはまったく農耕は行わず、ブラーマン本来の仕事である神の祀りや供養に関係したことで暮らしをたてていたということです。農業を行うようになっても、犂《り》耕《こう》や堆肥をいじる仕事などはしないのです。神事《かみごと》に関わる身でありますから穢れてはいけないというのでしょう。タクリは司祭を仕事にしているのではありませんが、犂耕などは本来の自分たちの仕事ではないと考えているようです。それでも最近はまったくやらないということではなく、少しはやる人もいるということでしたが、大半がカミやドマイなどの職人カーストにやらせているのです。

このあたりにはタクリの村が多いといいましたが、タクリだけで村ができているわけではありません。タクリ以外のカーストも村の中には住んでいます。ヤンチューガオンは四〇戸の家があるのですが、そのうちタクリは二七戸、カミ一〇戸、サルキ二戸、ドマイ一戸という割合になっていました。ヤンチュー村はカミの戸数が他の村よりも多くなっていますが、他のタクリの村でも三分の一程度はカミ、ドマイ、サルキなどの職人カーストが住んでいます。同じ村に住んでいるといってもタクリの家と他のカーストの家とは入りまじっているのではなくて、住みわけているのです。ヤンチュー村もラリ村も集落は上と下の二カ所に分かれていましたが、これは高い所にあるのがタクリの家々で、下の方が職人カーストの集まっているところでした。

職人カーストは、カミなら鍛冶屋、サルキは靴細工、ドマイは仕立屋というようにそれぞれの技術を持っているのですが、それだけで暮らしをたてているわけではなく、規模は小さくても農業をやり、さらにタクリやブラーマンなどの犂耕などの仕事を請負うことによって暮らしをたてているもののようです。

タクリはフムラの支配的階層として社会的にも経済的にも力を持ち、ブラーマンにつぐカーストとして誇りを持ち、いばっているのですが、それなりに生活上のタブーも多く、彼らの暮らしを縛っている面がたくさんあるように見えました。

ハエと南京虫、そして栄養失調と

●タブーの規制力とは何か

禁忌とかタブーといわれるものは、その世界で暮らしていく人たちが、安心して生活してゆくための必要から生み出されたものに違いないと思いますが、それができあがり、その人たちの生活の中に定着してしまうと、時代が変わり、生活が変わっても、そのまま、あるいは形を変えて残り、人々の暮らしをマイナスに規制する部分が強くでてくるように思うのです。日本でもタブーに類するようなものがまったくないわけではないし、細かく探すと考えている以上にたくさんあると思いますが、日本ではそうしたものが、ある階層に属する人、あるいはある宗教を信仰する人のすべてに及ぶとかいうことは少なく、仮にあったとしても、どこかで骨抜きというか、抜け道があって日常生活の上で実害のないようになっているのではないでしょうか。たとえば僧侶は肉食妻帯は許さないというのが原則でした。肉食の戒はかなり厳密に守ったのでしょうが、妻帯の方はどうでしょう。正式ではないにしても大黒さんのいる寺は多かったでしょう。それを壇家も宗門も許していたのでしょう。酒を飲んではいけないが般若湯《はんにゃとう》ならよかったのですね、日笠寺の禅雄和尚も般若湯は好きでしょう。俗人でも仏教徒は牛肉を食べてはいけないということはありましたね。これは割合近い頃まで守られていたのでしょうか。門徒の私の祖母なども牛肉は食べなかったし、食べないだけでなく、家の中で肉を煮ることをとても嫌っていましたが、ではまったく食べなかったかというと、薬食いとかいってたまに食べていたように覚えています。それがどういう時であったかは忘れましたが、酒は駄目だが般若湯ならよい、牛肉は食べてはいけないのだが、薬食いならまあよいでしょうというものが私たちの中にはすべてにわたってあるんですね。それらがタブーがあっても、それを骨抜きにしてしまうんですね。それが良いか悪いかは別だと思うんですが、日本人の大きな特色だと考えるんです。

●ハードな面とルーズな面

その点、ネパールもよく似たところがあると思うんです。このところ何人かのネパール人、それもラマ教徒や仏教徒ではないバフンやチェットリの人たちと接触する機会がありました。正統ヒンドゥー教徒であることを自他ともに認めている人たちですから、牛肉は食べてはいけないことになってますし、豚肉はもちろんですね。その人たちをヤキトリ屋に連れていったり、スキヤキを御馳走したりしてみました。あらかじめヤキトリは豚の内臓が主であり、スキヤキは牛肉であることを説明した上でのことですが、ほとんど拒否反応を示さないのです。それどころか積極的に味わってみようという気持ちを表明するのです。私の接した人は初めて外国に出たという人ではありません。いわゆる文化人に属する人たちですから、それで全体を推し測るわけにはいきませんが、それでも急激に変化してきているなあと思うのです。一九六七年にネパールにいった時、肉を食べさせた後で、それを牛肉だと教えたら顔色を変えてもどしてしまったなどという話を聞きましたが、それはもう昔のことになったなという気さえするのです。それはネパールが急激に変化している、近代化しているということからくる面が大きいと思うのですが、それだけではなくて、ネパールの人たち、その中でも文化的にはかなりハードな面を持っていると思っていたバフンやチェットリにも、私たち日本人に通ずるルーズな面がどこかにあるからではないかと思うのです。しかし、この人たちもまだ国に帰ったら牛肉や豚肉は食べない。ここは日本だからというのです。しかし、ここまでくればあと一息ではないでしょうか。しかし、同じネパールでもフムラまで行くと、もう一息というには程遠いものがあるようです。

●村人に薬を求められて

ネパールを歩いていますと、例外なくといってよいくらい薬をもらいにくる人がいます。フムラでも、シミコットでは薬をくれという人は来ませんでしたが、下の村に行くと何人もの人が薬をくれといって来ました。それも子供が具合が悪いからといってくるのです。フムラは私たちの旅の終りでしたので、日本から持参した薬も残り少なくはなっていましたが、少しは余分に持っていました。薬を要求され、放ったらかしにされている病人を見ると俺たちは医者ではないから知らないよとは言えなくなって、一時の気安めにしかならないとは思っても、薬を与えないではおれない。そうしなければ後々まで気にかかって心が重くなるのです。また、薬などほとんど使用したことのない人たちですから、私たちの持っている薬でも良く効くんですね。それで、できるだけ要求されれば病人をみて、自分たちの持っている知識を総動員して、適当だと思える薬をやるようにしていました。といってもそんなに種類を持っているわけではありませんから、子供なら救命丸とビタミン剤と決まったようなものでした。

ヤンチュー村でも、泊めてもらった家の子供が腹具合が良くない、下痢が止まらずに困るのだというので救命丸をやったのですが、銀色に光る小さな粒を珍しそうに夫婦でかわるがわる眺めていましたが、ふとしたはずみにその何粒かをこぼしてしまいました。大わらわになって探したのですが、二粒だけどうしても見つかりません。床の隙間から下に落ちたらしいというので上下にわかれて血眼《ちまなこ》になって探しているのです。ほんの小さな粒がゴミだらけの土間にころがり落ちたのですから容易に見つかるはずがありません。別のをあげるからといっても耳もかさずに探していました。かれこれ三〇分近く、床をなめるように探して見つけました。あのときのほっとした、嬉しそうな主人夫婦の顔が今でも目に浮びます。ヤンチュー村では、夕方ついて朝すぐに出発したのであまり気がつきませんでしたが、それからの道々気をつけて見ていますと、生気のない顔をした子供たちが多いのです。素人目にも栄養失調、それもかなり強度のものだとわかる子供をたくさん見かけました。

●恐るべきハエと南京虫

あれはヤンチュー村を出て、昼食の時でした。ピュンサ村というやはりタクリの村でした。食事の用意ができるまで村の中をぶらぶらまわっていますと、女の人から呼びとめられ、危なげな刳り抜き梯子を上ってゆくと、子供が病気だから診てくれというのです。

子供は二階入口前のテラスにボロにくるまれて寝ていました。見ると顔も手足も、真黒になっているのです。別に日に焼けて黒いわけではありません。隙間もないほどハエがたかっているのです。私は横着で、無神経なところがありますから、ハエや南京虫、シラミなどが少々いても驚かないのですが、フムラのハエ、南京虫にはいささか恐れをなしました。

ピュンサ村でもそうでしたが、私たちがテラスに上ってゆくと、その足音なり声なり聞きつけて家の中から人がでてきますね。その人の姿が見える前に、わあっと黒い壁が移動してくるのです。ハエです。室内は前に話したように窓もなく、明かりもささない造りになっていますから、ハエは少ないのですが、入口の廊下になったところは少しは外の光がさしていますから、その壁にハエが胡麻《ごま》粒をぶちまけたようにとまっています。そのハエが人がくるとわあっと飛びたってまとわりつくんですね。たいへんなものですよ。フムラの家は冬をむねとしてつくられているのだろうといいましたが、どうもそれだけではないのですね。窓もなく室内を暗くしておくことで夏のハエを避ける効果も大きいようですよ。日本の家も昔は軒がひくい、室内は暗かったということを聞きますが、同じようなことがあったのではないかと、フムラの村を歩きながら考えたことでした。

横道にそれたついでに南京虫のことを少し。室内を暗くしていることでハエの襲来を防ぐことはできるのですが、逆に南京虫にとっては絶好の巣になります。とくに荒い土壁で隙間だらけですから、彼らはその間にもぐりこんで繁殖します。そして人の気配を敏感にかぎとって這い出してきます。シミコットでのことでした。夜中に目覚め、便所におりていきますと宿の夫婦が、軒下にブランケットをかぶってうずくまっているのです。軒下といってもほとんど軒などはでていません。雨が少し降っていました。どうしたの、雨に濡れるだろうにと声をかけると、部屋の中は虫が多くて寝られないから、ここで寝ているのだという返事です。南京虫よりは、少しくらい濡れてもここの方がいいというのですね。別の事情があってその夜は外に出ていたのかもしれませんが、その時はさもあろうかと深くも聞かずに納得したことでした。それは私たちもかなり南京虫には悩まされていたからです。私たちはDDTの粉末を持っていましたから、それを部屋中にまき、シュラフのまわりには土堤のように盛りあげていたのですが、それでもDDTの城壁をこえて侵入する勇敢なのが毎朝何匹かは見つかっていたのです。こんなことを体験しますと、住居というのは一体なんだろうと考えこまされてしまいます。

●子供たちの栄養失調はどこから

ともあれ、真っ黒くたかったハエを追い払い、子供をみますと、手足は細くやせほそって、腹はふくれて、顔にはまったく生気がありません。他の病気もあるのかもしれませんが、明らかに栄養失調です。その時に持ちあわせていたビタミン剤なり救命丸なりをやることは、できないことではなかったのですが、そういう状態にあるのはこの子だけではないのです。村中の子供がそうだといってもよいほどでした。ヤンチュー村で泊まった家は、フムラきってのお大尽《だいじん》ということでしたから栄養失調ということではなかったようで、救命丸で何とかなると思えたのですが、ほかはそんな具合にはいかないようでした。それで暗たんとした気持ちになりながらも、一時しのぎに薬をやって、その場をのがれる気にはなれませんでした。それで、気の毒だけれども、これは俺たちの持っている薬では駄目なのだ。病気というより栄養が足りないのだから、タマゴやミルク、乳製品、ハチミツなどをできるだけ食べさせるようにしてくれと頼みました。それはこの子だけではないよ、村中の子供がそうだし、おとなもそういうものを食べるようにしなければいけないんだよ、といったものです。

西ネパールは食料事情がよくない。とくにフムラは悪いということは聞いていましたし、歩いてみて、その前に歩いた東ネパールに比べると格段に悪いということはわかったのですが、ここの人たちの栄養状態が悪いのは食料不足ということが前提にはなるのでしょうが、それだけではないものがあるように感じられたのです。条件としてはそれほど変わらない。あるいは少し高いところにあり、水田もなくて、もっと悪いかもしれないチベット人の村であるブロンセ村の人たちの方がはるかに顔色もよく、子供たちも元気が良いのです。前に訪れたトルボのポンモ村と比べても、そのことはいえるのです。ポンモ村では私たちの一行九人が二カ月ほど食べる粉を調達するのに苦労して、役所用の米を三日ほど下ったドナイという町までいってわけてもらってしのいだという状態だったのですが、栄養失調にかかった人は一人もいませんでした。フムラのチェットリやタクリに比べると皆、生気溌剌としていました。同じような条件にありながら、どうしてこう違うのだろうと疑問を持っていたのですが、その違いは、食生活の違いにあるのではないかと思うのです。

●食べるものがあってなぜ食べぬ

要するに肉や乳製品はあまり食べないのです。バターは交易品として収入源になっているので食べないとしても、ダヒ(ヨーグルト?)やモヒ(バターをつくったあとの液)はもっと子供たちに飲ませなさいというと、今の時期、家畜は山の高いところに上げており、そこでバターもつくり、ダヒやモヒもつくるが、家には持って帰らないというのです。では子供を山にいっしょに連れていったらというと、山にはラッチェスがいて子供が食べられてしまうからいっしょには連れて行けない。おまえさん、そんなことをいっても駄目だよ。では肉を食べなよ。山羊や羊はたいへんでも、ニワトリなら良いだろう。ニワトリをもっと食べなよと重ねていうと、いやいやとんでもない。我々の神様は偉大な神だからニワトリを食べたらおこられる。そんな恐ろしいことを言わんでくれというわけです。神祭りの時などにニワトリを捧げるのだが、首を落として捧げるだけで、その後の直会《なおらい》にはその肉を料理して食べることはできない。だから肉はドマイやカミなどの下位カーストの人たちにやってしまうというのです。だからふだんの時に食べないのは当然ですね。

食べるものがほかに十分あって直会の肉を食べないということならわかるのですが、食べるものもなく、親も子も栄養失調になっているような状態で食べないとはどういうことだ、あんたたちの神は一体なんだ、ニワトリも食わせない神は捨ててしまえ、といったら、キョトンとしていましたっけ。そんなことをいってはいけないと思うのですが、あの時は何だかやたらに腹が立ってよけいなことを口走ってしまったのです。

魑魅魍魎の世界

●怪物ラッチェスの仕業

ラッチェスに子供を食べられるので、ヤクやゾウパなどを放牧にやっているジャンガルには子供を連れてゆけないのだという話でした。ヤクやヤクと牛の雑種であるゾウパは高地性の家畜ですから、暑さに弱いので夏の期間は村のまわりでは放牧できなくて、さらに高い峰の方に連れていっているのです。その時は家の人が誰かいっしょについており、小屋掛けをして泊まりこみ、家畜の世話をし、乳を搾り、ギュー(バター)などもそこでつくるのです。

村から離れた山中ですから危険も多く、家畜の世話に気をとられて、子供から目をはなすことも多いのでしょう。その隙に子供が山中に迷いこんだり、崖から落ちたりすることも多いということです。日本なら神隠しにあったとか、天狗にさらわれたということになるのでしょうが、フムラでは、それがラッチェスの仕業ということになっていました。

ラッチェスというのは村人によると、人間に似た格好をした頭の大きな怪物で、足の指が前にも後にもついていて、前後に自由に歩くことができ、大きな岩などを棲家にしていて、どこからともなくあらわれては人に悪さをするというのです。子供の肉が好物だということで、子供が一人でいるとさらって行き、食べてしまうということでしたが、それだけではなく、人にとりついて病気にしたりもします。

●土人形と呪い

村々をまわっている時、村はずれの道ばたにタクパ(樺)の皮を敷いて、その上に赤土を盛ったものが置かれているのを何カ所かで見かけました。何かの呪いをしたもののようですが、何度か雨に打たれたらしく、赤土が流れて形がわからなくなったものが多かったのですが、六月二五日の朝、チプラ村のはずれで見たものは、置いて間もないもののようでまだ形がよく残っており、明らかに人形《ひとがた》とわかるものでした。赤土を練って人形にし、目と口の部分は木炭を埋めこみ、胸のあたりには赤い布切れをつけた

南面する傾斜地にあるチベット人の村ブロンセ

屋上に立てられた彫刻のある木柱。小松を添え，ミルクをささげる

放牧地の朝，ヤクの乳をしぼる娘

家清めの祈禱をするダミ。今まさに無想の境地（アイセルカルカ村）

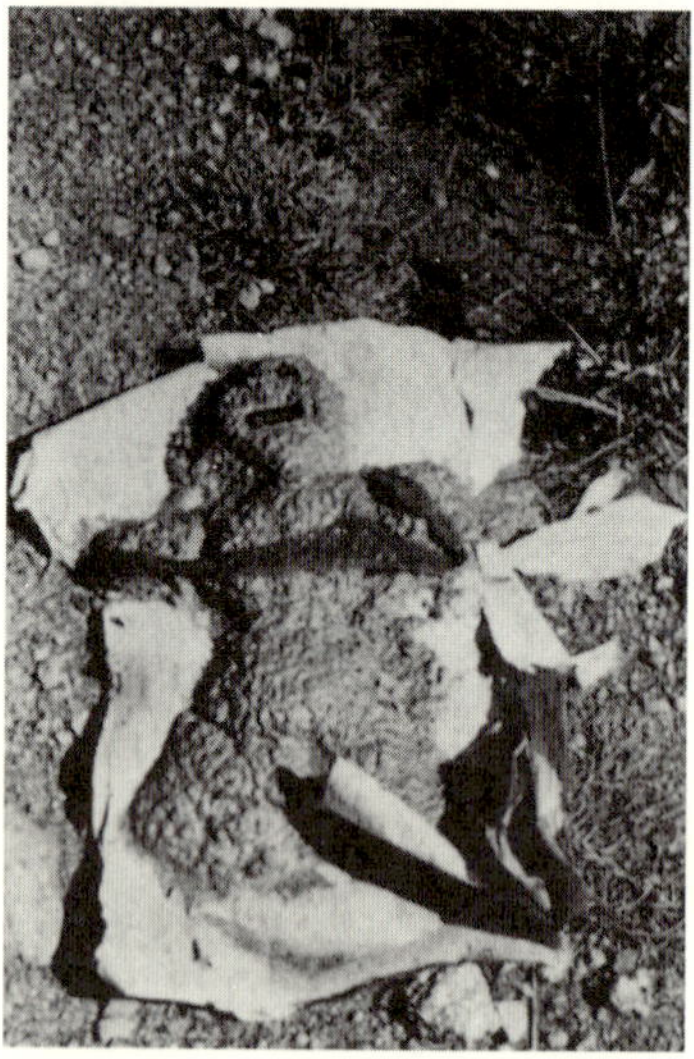

道ばたに置かれた麦こがしでつくった人形

ハネ木を何重にも重ねた懸橋

山崩れで落ちた岩を利用して橋をかけた

板石を敷いた崖の道，チベット街道難所のひとつ

岩ばかり，草の少ない放牧地

もので、ほかで見たのと同じようにタクパの皮を敷いた上に、川原の方に頭を向けて置かれていました。足元の方には裸麦の粉、たぶんサツウ（麦こがし）だろうと思いますが、一握り供えられていました。この近くにはもう少し古いのもあって、それはかなり崩れていましたが、足元に粒のままの裸麦と炭が置かれていました。また麦藁で人形をつくり、黒い布を着せて道ばたに立てておいたのが、日がたって倒れたのだろうと思われるものもありました。チプラ村の入口にあたる場所で、何かの祭場になっているのかなと坐りこんで眺めているところに、村の青年が通りかかりましたので呼びとめて尋ねると、病気の呪いだというのです。

●神の言葉を伝えるダミ

村人が病気になった場合、ダミを頼んで祈禱をして貰うのです。ダミは一種のシャーマンですから、唱えごとをして神がかりの状態になり、神の言葉を告げるのです。フムラのダミがどういうものか見ていないのでわかりませんが、ひとくちにダミといわれるものにも何種類かあるようでした。私が東ネパールで見聞したダミは、神の言葉を伝える伝え方に大きくわけて二種類あるようでした。ひとつは神がかりの状態になった時に自分の声ではなく、神の声をそのまま伝えるものですし、いまひとつは神の声を聞いて、覚めたあとで神のお告げをダミ自身の言葉にして伝えるものです。いずれの場合も、病気なり災いなりの原因を、それによって知るのですが、その原因は近代医学でいう原因とは異なったものですね。つまり香港A型のウイルスがついたから風邪をひくのでも、腐った食物にあたって腹痛になるのでもないわけです。幼くして死んだ子や、不慮の災難にあって死を遂げた人の霊が悪霊となってさまよっているものがとりついたから、あるいはラッチェスにとりつかれたから病気になるのです。ダミの祈禱によってその原因がわかれば、それをとり除くためのお祓いをすればよいということになります。このあたりにはラッチェスがたくさん棲んでいるそうで、それが病いの原因になることが多いのです。この道ばたに置かれている土人形もラッチェスにとりつかれて病気になったというダミのお告げを受けて、お祓いをしてここに置いたものだということでした。その青年は、土人形の頭が向いている方の河原を指して、あそこに大きな岩があるだろう、あの岩にラッチェスがいるのだ、と教えてくれ、そそくさと立ち去っていきました。急ぎ足に去ってゆくその後姿がラッチェスを恐れているように見えたのは、私の気のせいだったのでしょうか。

●女にとりつくボキシー

ラッチェスのほかに、人に災いをもたらす魑魅魍魎《ちみもうりょう》に類するものとしてフムラでも名前を聞いたものではボクソー（ボキシー）とブーツがありました。ネパールではこの二つともよく聞くものです。以前にトルボにいった時の帰りのある夜、ようやく寝入りかけた頃でした。突然、私たちの天幕のそばの家から何とも形容のできない異様な声とともに、どたどたと走りまわる足音が聞こえ、何人かの人が立ち騒ぎはじめたのです。只事でないようすにあわてて外に走りでてみますと、髪をおどろに振り乱した女の人が竹の松明を振りまわしながら階段を駆け降りて、奇声をあげながら畑の中を走りまわっているのです。そのあとを二、三人の男が追いかけて行き、取り押さえてきたのですが、その時はぐったりして正体もないようすでした。何事だと聞くと、ボキシーがついたのだという話でした。これは具体的にはよくわかりませんが、魔女のようなもののようでした。ボキシーにとりつかれるのは女の人で、これにとりつかれると先のように精神異常をきたすのですが、ブラック・マジックを使って、さまざまな災いをもたらすと信じられてもいるのです。

●子供に見せてはならないブーツの火

また、ブーツというのも、何やらよくわからない魔物であります。ブーツについてはじめて知識を得たのは、一九七九年一二月半ば、東ネパールのスンコシ河にのぞんだ北斜面にあるクルサニというライ族の村に泊まった夜のことで、よく覚えています。夕食の仕度をしている炉端でノートの整理をしていた時でしたから、まだ七時頃だったと思いますが、ポーターとしていっしょに歩いていたビル・バハドールが押し殺したような声で呼ぶので、外に出て見ますと、ブーツの火が燃えているというのです。彼らの指さす方を見ますと、なるほど、スンコシの対岸に灯りが見えます。まだ食事をしている頃だから、家の灯の火が見えるのだろうというと、とんでもない、輝きが違う。青白くて焚火の火とは違うし、第一あのあたりはジャンガルで家などはないところだというのです。そういわれると焚火やランプの火とは違うようにも思えるのですが、色弱の私の目ではさしたる区別があるようには見えません。しかし、見ていると初め三つ四つであったものが、すうっと増えて一列に伸び、また四つくらいに減って、こんどは下の方にいくつも増えて一列になったりと変化するのです。上手の方にひときわ大きい火がひとつあり、これを中心に増えたり減ったりしていましたが、そのうちに四つになり、二つになり、遂には消えてしまいました。

家の人によると、このところ毎晩同じ頃に見えるが、今晩のは珍しく長時間見えたということでした。ブーツというのもやはり女の化物で、頭に二本の角が生えており、恐ろしく長い(大きい)ものだといいます。そしてはじめは角の間に火がつき、その火がしだいに身体全体に移って、広がったり長くなったりする。長いのになると、八マイル(一マイルは約一・六キロ)にもなることがあるというのです。この火は子供には見せてはいけないし、子供の聞いているところでは、ブーツの話をしてもいけないといって、子供たちに知れないようにと気をつかって、ヒソヒソ声で話すのでした。この火は遠くから見る分には差支えないが、近くで見ると良くないことが起こるということでした。

●ヒマラヤの闇夜と魑魅魍魎

このブーツの火だというのは、そのあと滞在したアイセルカルカ村でも何回かお目にかかりましたが、村のダミであるカレンパ老人にいわせると、若い奴らがブーツの火だといって騒いでいるものの大半は違うよ、と笑っていました。

どれが本物で、どれが偽のブーツの火か、そんなものを信じていない私には見わけのつけようもないことでしたが、この人たちはそういうものがあることを疑っていないことだけはわかりました。よきにつけ悪しきにつけ、そういうものの存在を信じ、怖れ、畏れの気持ちを持ち続けていることもよくわかるわけです。星もない闇夜、増えたり減ったり、消えたり現れたりする山の火を見つめながら、私はこういうものを信じないと人にはいうし、自分もそう思っているつもりになっているのだが、本当に信じていないのであろうか。実はそういいながらも半分以上は信じているのではないのだろうか、と自分に問うているのでした。

私たちは暗闇を知らない。あるいは忘れているように思うのです。そのことが魑魅魍魎の暗躍する世界、ひいては超自然的世界、超合理的な世界の存在を否定することが正しいような錯覚を持たせているのではないのでしょうか。

ヒマラヤ山中の闇夜は、暗いのであります。

闇の中に置かれた時、人は別の世界の存在を感得するもののようであります。

●家や村の守り神

閑話休題《もとにもどって》、フムラにもブーツやボキシーはたくさんいて、人に悪さをすると考えられているようでした。先に、家の軒端に柱状の石が置かれてあり、その石に小松の枝が挿されたり、縛りつけられたりしていることが多いと書きました。小松の枝のほかに三叉の鉾が使われている場合もあります。松を使っている場合も、先が二叉か三叉になったものでしたから、本来は鉾なのでしょう。この石はマスタ神を祀ったものだといいましたが、マスタ神そのものではありませんので、訂正させていただきます。これは単に白い石と呼んでおり、外からくるボキシーやブーツなど、諸々の悪いものが家に入らないように、人々に悪さをしないように置いたものだということです。家を守ってくれるものでありますが、これに足をかけたりすると、足が折れたりする恐いものでもあります。そして鉾はボキシーなどを刺し殺すためのものだということでした。白い石はたいてい家の軒端、平屋根の角に置かれてあるのですが、四隅に必ずあるとは限りません。これはマスタ神の指示によって置くもので、マスタがどこに置かなければならないかを教えてくれるのだということです。マスタ神というのは、家の神、あるいは村の守り神としてたいへん大事な神であるようです。

D・B・ビスタ先生からお聞きしたところでは、西ネパール出身のタクリやチェットリの中にはクル・デウタとしてマスタ神を祀っている家、あるいは一族があるということですから、本来一族の守護神的な性格を持っているのかもしれないのです。クル・デウタというのは一般に祖先神といわれています。シミコットではマスタ神の祠が村の中に四カ所あるといっていました。これはマスタ神のダミがマスタ神に祈ってそのお告げを聞き、祀るべき場所を指示して、祠をつくらせたのだということでした。この四カ所のマスタ祠を祀る家々が決まっているのかどうか、シミコットでは確かめていないのですが、カダック村ではマスタ神を祀っているのは六軒で、いずれも本家筋の家だと聞いています。

マスタ神にはプジャ（祀り・礼拝）をするときに山羊などを捧げる、つまり動物の血を捧げるものと、動物供儀を行わずに乳だけを捧げるものとがあるということでした。マスタ神のほかに、村の中には何種類かの神が祀られており、家にはそれぞれの家の神があります。家の神は、チベット人の家に見られるタルチョと同じような太い松の柱が屋上にたてられているのが、そうだということでした。これをリングーといっていましたが、どの家にも柱はたてられているというわけではないようです。

●ヒンドゥー教の色彩の乏しい祭祀

神さまのことになると、こちらに予備知識のないせいもあって、話が混乱し、概略を知ることもできないままになってしまいましたが、大まかな感じでは、どの神もたいへんシャーマニスティックで、交易に出る時などにマスタ神や、その他の神に礼拝するとか、毎月満月の日にリングーに乳を捧げて礼拝をするなどの時は、個人あるいは個々の家で行うのですが、年に何回か行われるそれぞれの神の祭祀は、ダミを中心に行われるもののようで、ヒンドゥー教の色彩はたいへん乏しいもののようでありました。フムラの私たちが歩いた範囲は、タクリやチェットリが中心になっているところでありますし、ブラーマンもかなり住んでいるのですから、もっとヒンドゥー色が強く見られるのかと思っていたのですが、どうもそうではないようです。

俺たちの神は偉大なる神であるから、人間がニワトリを食べるのを好まないのであるよ、といって栄養失調になっているのだといいましたが、そういうタブー的なものはフムラということ、あるいはフムラのチェットリ、タクリということで一律に同じだというのではなくて、それぞれが祀る神によって違いがあるように思われます。しかし、総体的に肉を好まない神が多いように感じられたのは、栄養失調の子供たちを見てやるせない気持ちになったことで、私の目が狂ったのか、あるいはフムラに行く前に五カ月ほど滞在していた東ネパールのライ族の食生活が頭にあってのことかもしれません。何しろアイセルカルカの人たちは、一週間に一度は肉を食べないと具合が悪いといって豚を食べる人たちでしたから。

●桟──峡谷に橋を架ける

先日、渡部武さんが中国の学者を日本観光文化研究所に連れてこられ、禅雄編集長といっしょにお会いしたのですが、その時、進呈した『あるくみるきく』(二〇八号、一九八四)のフムラ・カルナリに架けられた橋の写真(本章二六五頁左上・中)に目をとめられて、こういう橋は日本にもありますかと聞かれました。

現在、同じような橋が残っているかどうかはともかくとして、日本にもかつてはかなりあったんですね。気になるものですから、家に帰ってあれこれ書物をひっくりかえしていたら、いくつか出てきました。その中で『飛州志』が一番詳しいようなので、横道にそれますがその記事を紹介させてもらいましょう。

『飛州志』の橋架之製には、飛驒は急流が多くて激しい流れで橋が破られるおそれがあるので、橋杭を使わないで桟道《さんどう》に造ることが多いとあります。桟はカケハシと訓《よ》ませるようです。訓みはともかく、それに続いて、

《是ヲ作ルハ先ヅ橋杭ノ如キ大木ヲ以テ、其木ノ半ハ岸ノ土中ニ埋メ、半ハ河ニサシ出セリ、是ヲ第一ノハネ木ト云フ、数ハ橋ノ長短広狭ニ随ッテ、一本ヨリ三四五本ニモ及ビ、一面ニ並ベリ、此ハネ木

河ニサシ出ス処ニ間出ルハ、地中ニハ三間余蔵ムル也、其岸ヲバ石垣ヲ用イ、枠ヲ造リ石ヲ詰メテ堅固ニイタスヲ橋台ト云フ、如此両岸ヨリ出ス所ヲ、両ハネ木ノ上ニ橋桁ヲ引亘シ、其余鋪板欄干等ノ用材ヲ備フルコト常ニ例ノ如シ、猶長橋ニ至ッテハ、両岸ノハネ木二重モ三重モアッテ、其継目毎ヲバ鉄ヲ以テ巻カタムルル也、俗ハネ橋ト云ヘリ》。

と書かれています。フムラの橋はハネ木を何重にも重ねていって木枠と石で押さえており、鉄を巻いてはおりませんが、原理はまったく同じなんですね。日本ではこういう造りの橋を『飛州志』にもあるようにカケハシ(桟、懸橋)あるいは刎橋といったようです。桟とか刎橋と書かれている橋がすべて同じ造りのものだったかどうかわかりませんが、これだと割合たくさんでてきますね。これから気をつけて調べてみたいと思っています。

ちなみに中国ではこの手の橋のことを伸臂橋というのだそうです。チベットなどに比較的多いのだと、その時教えていただきました。

ネパールでもこれ以外にいくつか見ていますが、技術的にはチベットの影響を受けたものでしょうか。川に橋を架けるということは、川幅が広かったり、谷が深くて急流だったりするとたいへんなことですから、日本でも古くはそんなに橋は多くはなかったと思いますが、ネパールではほんとに橋が少ないのです。主要な街道のかなり条件のよいところでないと橋は架けられていません。最近はほかの国の技術援助などもあって吊り橋が架けられるようになりましたから、川幅の広い本流にも長い吊り橋が架けられて、よほど便利で安全になりましたが、少し前までは中、下流の水量が割合多く、流れのゆるやかなところでは渡し舟が多く使われていましたし、上流では前に紹介したような籠の渡し式のロープ渡しが多かったようです。フムラのこの橋がいつ頃に架けられたのか確かめてはいませんが、そんなに昔からあったものではないように思いました。

フムラ・カルナリに沿った道は、西ネパールからチベットに通ずる主要な街道の一つだったようです。だから、比較的人の通りも多く、フムラの人にいわせると古くからちゃんとした道がついていたのだと胸を張るのですが、どの程度ちゃんとしていたのやら、あやしいものです。

●断崖を削って道をつける

カルナリ川に真直ぐに落ちこんだ断崖を削り広げて道をつけ、粘板岩ですか、適当な大きさの板石を階段状に敷いて歩きやすくしています。下を覗くと濁流が渦を巻いて岩をかみ、しぶきをあげて流れていて、気味の悪いところですが、道幅は二人並んで通れるくらいありますから、それほど危険は感じません。この程度の道が昔からついていたのなら立派なものですが、実はここは最近伐り拓かれたもので、古い道はこの少し上方を通っていたんですね。

同じような崖道ですが、人一人が通るのがやっとという程度の幅しかなくて、岩角の張り出した部分などは横になって岩に張りついてでなければ廻れないのです。少し辿って見ましたが、人が通らなくなって何年かたっているということもあって、足場が悪くなっていて、とても歩ける状態ではありませんでした。ここは現在の道が拓かれるまではフムラ道でも知られた難所のひとつで、落ちた人が何人もいるのだということを聞きました。

この古い道をわずかばかり辿った時に、断崖の途中にできたほんの少しの凹みを、人や家畜が踏みたてて通ることでできた道のように思ったのですが、帰りに対岸から見ますと、そんなものではなくて、やはり岩を削り掘り凹めてつけたものだということがよくわかりました。どれくらい前につくったものかわかりませんが、あの岩肌を削るのはたいへんな苦労だったと思います。それが一カ所だけではなくて何カ所もあるのですから。フムラの人たちが立派な道があったんだよと胸を張っていうのも、むべなるかなと思ったことでした。いかに険阻でも自然にできた踏立道ではなくて人手をかけてつくった道は立派な道なのであります。

●崖崩れ―もろい地質

立派な道であることには違いありませんが、こういう道はかなり無理をしてつけていますから、ときに崩れて大きな被害を与えることがあります。地質学的な知識はまったく持っていないのでわからないのですが、ヒマラヤ山地は比較的崩壊しやすい岩山が多いように思います。先にあげた道の部分などは岩壁が一枚岩のようになっていますから、比較的堅固なところだと思いますが、それでも大きな岩が上からすべり落ちて道をふさいでいる場所が何カ所もありました。濁流がしぶきをあげているところがありましたが、それは一、二年前の雨季に起こった山崩れで落ちた大岩がカルナリを堰きとめて淵をつくったところだったのです。その部分には、おそらくどんな洪水がでても流されることのないと思われる岩が三個、一〇メートルくらいの間隔で川の中に並んでおり、村の人たちがその岩と岩を結んで簡単な橋を架けています。フムラ・カルナリの本流を対岸に渡るには、シミコットから下ってすぐのところにあるロープ渡しと、さらに二日くらい下ったところに架けられているという橋しか地図の上にはでていないのですが、新しくこの橋ができて、このあたりの人たちはたいへん重宝していました。

●拓きつくされたヒマラヤ山地

こうした山の崖崩れは地形が急峻な上に地質がもろいということもあるのですが、人為的なものも大きいと思うのです。これはフムラだけのことではなくてネパール全土についていえることですが、実によく拓かれているのです。拓かれているというより荒れているといった方がいいのかもしれません。スルケットからジュムラ経由でトルボに入った時に、ネパールという国はどこまでいっても行き止まりのない、人の匂いのするところだな、と話しあったものでしたが、本当にそうなんですね。ヒマラヤ登山ということであれば、また別かもしれないのですが、私たちのような歩き方をするかぎりでは、深山幽谷に迷いこんで出れなくなるということはおそらくないのではないかと思います。

日本の国土もよく拓かれ、利用できる限りは利用しているという点ではほかのどの国にも負けないのだと思いますが、日本の場合には山にまだ木が多いと思います。それが植林によったものであれ、何であれ緑がたくさんあります。だからといってこのままでよいというわけではありませんし、もっと緑を、それも生態系にあった緑を増やさなければならない状態に追いこまれていると思うのですが、その日本と比べてネパールの山には緑がありません。ネパールの山地破壊はもう極限にまできているのではないかと思うくらいです。

私たちがフムラから帰って間もない頃、西ネパールで地震があり、かなりの被害があったということを聞きました。ネパールは日本に比べると、はるかに地震の少ない国ですが、まったくないというわけでもないようです。しかしあまり規模の大きい地震はこれまでになかったのでしょう。石を並べ、土を置いてさらに石を積んでという形でつくられる家屋は、地震に耐えるような造りではないと思うのです。私たちがネパールにいる間に起こった西ネパールの地震もそんな規模の大きなものではなかったようで、大きな被害があったというのですが、よく聞いて見ると直接地震によって家が倒れたとかいうのではなくて、大きな岩が落ちてきて家を押し潰して家族がその下敷きになったとか、山崩れが起きて家が何軒も呑まれてしまったというものだったのです。

山に木がなくなってしまい、少し大量に雨が降ると鉄砲水になって河原を押し流し、大岩を転がしてカルナリ本流をも堰きとめてしまうような状態を見てきたばかりの私たちには、その被害の状況がよくわかるような気がしたものです。

●山林業の成立しないネパール

ネパールでも生産の中心は農業にあるといってよいと思います。ところが山と谷ばかりしかないところですから、耕地は山を拓く以外に方法はありません。人口が増えるにつれて山はどんどん伐り拓かれて耕地になって行きます。ネパールの写真集などを見ると例外なくといってよいほど、尾根筋から谷まで見事に拓かれた段々畑やスイッチバック式の畦畔を持った畑の景観が何枚かは見られます。フムラまで入ると急傾斜なところが多くなり、耕地として拓かれ得るところは少なくなりますから、中部山地に見られるような見事な景観は少なくなりますが、それでも比較的傾斜のゆるやかな集落の周辺は拓かれるだけ拓かれているという感じがします。そのようにして常畑を拓いてもなお不足するところは焼畑として作物をつくっています。焼畑は現在どの程度行われているのか調べてはいませんが、歩いている途中、村はずれにあたるところで、点々と焼畑跡があるのを見ましたし、家のまわりなどに積んである薪の中に、焼け焦げた木がかなり混っているので、尋ねてみると畑にするために山を焼いた所からとってきたのだといっていましたから、かなり今もやっているのではないかと思います。焼畑にはソバを一年だけつくるということでした。

日本だって山村になれば山を拓いて畑にし、焼いて焼畑をつくるというのは普通でしたから、その点だけをとってみれば基本的には変わりはないと思うのですが、日本の場合は山地を農地として利用する以外に、その周辺には森林を必要とするということがより強くあったのではないでしょうか。

日本文化の特徴の一つは木の文化だということがよくいわれます。単純にいっても林木を木材として利用することがたいへん多かったわけです。だから木がなければ困るのです。従って木を伐ったら植えるということが割合早くから行われるようになっていますし、林業や山林業が生業として成立しているわけです。ネパールにも日本の木地屋と同じ職人はいますが、林業なんていう職業はないようです。林業や山林業を成立させるような林木の利用が日本にはあったが、ネパールにはなかった。そのことが森林のありようを変えてゆく大きな理由の一つになっていると思うのですが、それだけではないのですね。

●山地放牧も山を荒らす

もう一つあると思うのです。それは牧畜だと思います。日本でも牛馬は飼育していますし、部分的には牧畜といってもよいようなものがあったとは思いますが、全体として見れば家畜飼育の段階にとどまっていたと思います。ところがネパールでは牧畜は農業と並んで重要な生業になっているのです。そして日本では家畜は舎飼いが主になりますが、ネパールでは放牧が主になっています。そしてその放牧は山地放牧です。日本なら林木や落葉、下草などを採取するために森林として保持されてきた山地が、ネパールでは放牧地として利用されているのです。放牧地というと私たちはクローバやイタリアン・ライグラスなどを蒔いた牧場か、茅草のびっしり生えた草千里などの草地を思い浮かべるのですが、フムラに限らずネパールの人たちが家畜を放牧している場所で、私たちが考えるようなやわらかい草の生えたところなどありはしません。前にも書いたかと思うのですが、家畜はどこに連れて行くのだと聞くとたいていジャンガルだと答えてくれます。林間放牧というと格好がよいのですが、要するに家畜の食べることのできる木や草の生えているところならどこでもよいわけです。しかし長年にわたって家畜を放牧し続けることで木はなくなり、低い灌木とやせた草がわずかばかり生えた禿山になってゆくのではないでしょうか。

ネパールの山は荒れています。山と谷しかないところで人が生きてゆくためには、山を利用するしかなかったのです。その結果が山を荒らすことになったのです。フムラの人たちはこれからどうすればよいのでしょう。

雨の晴間をぬって漸くやってきた飛行機になんとか座席を得て、私たちがフムラを去る日、ララ湖には大きな美しい虹がかかっていました。

◉第4章——河川漁と川の民

1――ポーレと河川漁

ポカラとペワタール

●ネパール中央部の町ポカラ

　フムラからカトマンズに帰った私たちは出国の日も近づいていましたので、調査の後始末や出国準備にとりかかったのですが、それがどうやら一段落ついたところでポカラに四、五日の予定で行くことにしました。フムラから西ネパールをポカラまで歩いて降りる予定が、シミコットから引き返すことになった時に、せめてポカラにだけは行こうよと相談していたので、予定の行動ではあったのですが、今度は子供たち（常雄と日見子）もいっしょに連れて行くことにしました。

　ポカラという町はネパールのほぼ中央部にあるポカラ盆地の中にある都市で、西部ネパール開発の中心になっている町ですが、最近は観光地として脚光をあびているところでもあります。ポカラは緯度はカトマンズ盆地よりはやや高いところにありますが、標高はカトマンズの一三〇〇メートルくらいに対して、海抜八三〇メートルくらいとかなり低くなっております。そのことから亜熱帯性の植物や果物などが多いところです。とくにポカラ周辺はミカンの産地として有名だというのですが、そんなことより、ポカラが観光地として多くの人をひきつけるようになったのは、やはりここから見るヒマラヤの偉容だと思うのです。

●マチャプチャレの偉容

ポカラの町からはアンナプルナ山群がよく見えます。とくに町はずれにあるペワタール(タールは湖のこと)の畔から見るマチャプチャレの姿はたいへん魅力的なのです。今回は雨季でしたからアンナプルナ・ヒマールの山々もほとんど雨雲にかくれて見ることができず、マチャプチャレもほんのわずかの間、姿を見せてくれただけでしたが、前に訪れた時は澄みきった青空にマチャプチャレがくっきり浮きあがって、ヒマラヤのマッターホルンといわれる美しい姿を湖に落としており、それは印象的でありました。

あれは一九六八年の春でした。ポカラに着いた日か、その翌日だったかはっきりしませんが、ポカラにきたからには有名な湖を見にゆこうではないかと、真知子(妻)と二人でペワタールへの道を訪ねたずね、辿って行ったのですが、その途中のチョウタラに腰かけてマチャプチャレに見いっているお年寄りがいました。日本人のようですし、そのヒマラヤを見ている姿が、何と形容したらよいのでしょうか、長年恋いこがれたいとおしい人にやっとめぐり会えたとでもいったら当たるのでしょうか、見惚れているのですね。それで思わず近づいて、日本の方ですかと声をかけたのです。そして二、三言葉をかわして、名前をお聞きしますと、加納一郎だとおっしゃるのです。加納一郎さんなら日本の探険家のパイオニアとして有名な方ですので、名前だけは存じあげていたのですが、こんな所でお目にかかれるとは思ってもいなかったので、いささか感激して、湖まではもうすぐだそうですし、湖から見るヒマラヤの眺めもまたすばらしいということですから、ごいっしょに参りませんかというと、いや私はここで十分ですと言われて見いっておられました。邪魔をしてはいけないと思ってすぐに別れたのですが、あの時の加納さんの姿は今も目に残っています。チョウタラの根もとに腰をおろして、マチャプチャレに見いっておられた姿は何ともいえず静かできれいでした。

●山津波でできたポカラ盆地と湖

そんなこともあってポカラは印象の深い土地になっていましたし、ネパール滞在中、ゆっくり子供たちと遊んでやることもなかったので、一度くらいは子供といっしょにゆっくり過ごしてやろう、湖で丸木船にでも乗せて喜ばせてやろうと殊勝な気持ちで出かけたのですが、例のごとくといいますか、親たちは親たちでおもしろがるものを見つけて勝手に動きまわり、子供たちはサラスワティ(子守りの娘)に預けっ放しという結果になったのでした。

ポカラという地名は、池あるいは水たまりを意味するポカリというネパール語からきているのだと思います。ポカラの町の近くには三つの美しい湖があります。先にあげたペワタールはそのひとつで、最も大きいものですが、それ以外にベグナス・タール、ルボ・タールの二つの湖が町からは少し離れていますが、同じ盆地の中にあります。

昔、これらの湖のあるところ、あるいはポカラ盆地の大半は深い渓谷であったということです。ある時、途方もなく大きな山崩れがおこり、渓谷が埋まってしまったのだといわれています。その山津波によって川がせきとめられてできたのが湖だそうです。それは四〇〇〇年ほど前のことだと聞きましたが、真偽のほどは確かめておりません。

いま町になっているところも、その山津波で押し出された土砂の堆積の上にできているので、ときどき、思いもかけないところが陥没して大穴があくことがあるそうです。流されてきた大岩が重なりあって空洞をつくっているところがあり、上に乗っている土がその空洞に流れこんで穴があくのだというのです。そのことがまったくでたらめではないだろうと思うのは、ペワタールの水が流れでる川口が大きな空洞になっており、デヴィッド・フォールと呼ばれ、名所になっていることでもわかります。

湖の水がここで大きな滝になって流れ落ち、滝壺から地中にもぐって伏流水になり、はるかに下流で川となって顔を出しているのです。伏流水というよりは大きなトンネルをつくって流れているのでしょう。それだけではなく、ポカラの町はずれは高い浸蝕崖になっており、かなり不安定な状態にあるところが多いように私には思われたのです。

●カトマンズからポカラへの道

閑話休題《はなしをかえて》、私たちは七月二〇日（一九八〇年）にポカラに行きました。朝七時に出発し、ポカラに着いたのが二時半でしたから、七時間半のバス旅行でしたが、途中で一時間ほど食事のための休みがありましたから正味、六時間ほどの行程でしょう。カトマンズからポカラに至る街道はネパールの主要な道のひとつですから、割合よく整備されており、あまり上り下りのない平坦な道ですが、それでもカトマンズ盆地からトリスリ谷に下る峠道はかなりぬかるんでおり、何度かのめりこみそうになりました。この

ペワタール湖の夕暮れ，マチャプチャレがかすかに見える

刺網をかけるポーレの若夫婦

竹の柱に茅の屋根。ポカラ湖畔，ポーレの住居

湖の中の小島は神の島

ポカラ街道の宿場町

石垣に馬栓棒をつけて牛の侵入を防ぐ

町裏で遊ぶ裸の子

捕れたとれたよ小魚が

腰につける魚籠

魚売りから帰るポーレの女たち,背中に背負っているのは竹編みの笠

昼食の準備をする農夫

刺網漁の若夫婦

刺網を干す

投網を打つナプルさん

前の時にはここで四時間、立往生したという運転手の話に、やはり飛行機の方がよかったかなと思ったりしましたが、幸い一度、エンジン焼けらしい故障をおこしただけでした。

このバス道路沿いには適当な間隔をおいて宿場町のような感じのバザールが点々とあります。バスが食事のために止まったバザールもそのひとつでした。日本の門前町に見るような下が食堂、二階に旅人を泊める部屋のあるドカン（宿屋）が道の両側に軒を並べています。それらの食堂兼宿屋がすべてといってよいほどホテル・ムスタンというようにホテルという看板をあげていますから、ネパールも随分変わったなという感じを改めて強くしたことでした。ちなみにここでの食事は定食一人前が五ルピー、別に肉をつけると一皿三ルピーでした。一ルピーが二〇円として換算しますと、一〇〇円と六〇円ということで、たいへん安いのですが、ネパール内での比較でいうと、かなり高い部類に入る値段といえるでしょう。

●一二年ぶりのポカラは変わっていた

一二年ぶりに訪れたポカラは、これまたかなりの変わりようでありました。バスのまわりには何人もホテルの客引きが待っていて声をかけてきますし、タクシーが町を走りまわっています。雨がかなり激しく降り出してきたので、タクシーを拾って湖畔に直行することにしました。前に来た時にはペワタールの畔には泊まれるような家はなかったように記憶しているので、いささか不安になって運転手に聞くと、ホテルはたくさんあるよ、ということでした。なるほど着いてびっくりです。

私のおぼろげな記憶では、王様の別荘だという高い塀で囲われた屋敷のほかにはほとんど家らしいものもなかった湖畔に、いささか安普請ではありますが、ホテル、ロッジ、モーテルが何軒もでき、レストランと称する茶屋、食堂がたち並んで、若干ならず雑然とした状態になっていました。今は雨季の最中でありますから、観光客の最も少ない時期にあたります。それで休んでいるホテルやレストランが多かったのですが、乾季にはこれらのホテルやレストランがちゃんと成り立つほどの観光客が集まるのでしょうか。

私たちはスノウランドというホテルに泊まることにしました。ダブルで一室三〇ルピーです。食事はホテルで経営している隣りのレストランでとることができるのでここを選んだのです。

部屋を決めて、お茶を飲んでいるうちに雨が上ったので、子供たちを連れて湖まで散歩に行きました。湖はずいぶん水位が下っていました。前にきた時にはかなり離れて湖中に浮いていた島が、今は陸続きになって歩いて渡れるようになっています。この島にはなかなか立派なヒンドゥー教のマンデル(寺)があって、前の時には岸にもやっていた丸木舟に乗せてもらってお詣りしたこと、その寺では何かのプジャ(儀式)を行った直後だったらしく、山羊か羊の血でしょう、まだよく固まっていない血が堂のまわり一面にふりそそがれていて、その毒々しくおどろおどろしい色に、いささか気味悪くなって早々に退散したことを思い出したのですが、今回はそんなこともなく、寺や神像を見ると手を合わせてお参りするものだと思っているらしい常雄や日見子も神妙な顔をして拝んでいました。

●丸木舟に乗りこんで

マンデルのある島に近い岸は船だまりになって何艘ものボートや丸木舟がつながれています。前にはすべて丸木舟ばかりでしたが、今は丸木舟は少なくなって、あまり作りのよくないボートが多くなっています。

ボートに乗らないか、わしのボートは大きくて新しいよと何人かに声をかけられたのですが、丸木舟の方がよいといって、サルキだというオッサンの丸木舟に乗って湖心に出ていきました。ペワタールでボートをつくるようになったのは、この数年前からで、アメリカ人(?)につくり方を習ったのだということです。いまボートをつくれる大工が二人、湖畔の村にいるという話でした。丸木舟をつくれるような大木が手に入れにくくなったことで、ボートが増えたということがあるようでした。

船だまりにあるボートや丸木舟はおまえさんたちのような観光客を乗せるためのものではなく、湖畔の村の人たちは対岸に田や畑を持っている者が多いので、そのためのものだ、客がある時には乗せて現金を稼ぐこともするけどね、と笑っていました。私たちは一時間五ルピーという約束で乗ったのですから、乾季のお客の多い時にはかなりのよい稼ぎになるのでしょう。

湖には魚がいるだろうに、舟を持っていて魚をとらないのかと聞くと、わしたちサルキやマガールは自家用程度に魚をとることはするが、魚をとるのを仕事にしているのは別の人たちで、湖の北岸を指して、あそこに住んでいる連中だというのです。彼の指さす方を見ると小さな家が四、五軒ならんでいます。魚をとるのはマジかと聞くと、いやここにはマジはいない、ポーレだということでした。

丸木舟がまだかなりあるのを見て、いささかムズムズしてきていたところに魚とりを生業にしている人の村があるなんてことを聞くと、どうも子供サービスはこの一時間で終りになりそうです。

そろそろ時間になって帰りかけた頃にポーレの村から丸木舟が一艘出てきて、湖心に近いあたりで網をいれはじめました。さっそくこぎよせて見ると、夫婦らしい若い男女二人が舟に積んできた刺網をいれているのです。夕方の六時頃でしたが、大体これくらいの時間に網をいれて、翌朝早くあげるということでした。網はナイロン製で新しいものでしたし、そんなに昔から刺網漁をやっているのではないということでしたが、船の上から聞くのですから、よく聞きとれないし、暗くなりかかってもきたので翌朝、網をあげるのを見て、さらに村についていくことにして帰りました。

湖畔のポーレ

●ネワール族のポーレとマジ族

マジだのポーレだのという名前を突然だしたのでとまどわれた人もいると思いますが、いずれもネパールの中部山地からタライの低地にかけて河川漁業を主たる生業としている人たちです。

ポーレというのはあとで少し詳しく話すことになりますが、カトマンズ盆地に古くから住んでいたといわれているネワール族のたくさんあるカーストのひとつで、カトマンズの町などでは、街の掃除などを仕事にしているのですが、同時に漁師でもあります。カトマンズの市場に行くと川魚が売られているのをときおり見かけましたが、そのほとんどがポーレが投網などでとってきたもののようでした。ペワ・タールの畔に住んでいるポーレも後で述べるように点々と居を移していますが、そのもとはカトマンズ盆地から出たものではないかと思います。

マジはタライから中部山地の河川沿いに住んで魚をとり、さらに丸木舟を操って渡しを仕事にしている少数民族の一つです。現在は川沿いにかなり広く点在しているようですが、元来、タライに住んでいるタルー族などと同じように、タライからインナータライにかけての低地に住んでいたのではないかと思われます。

私たちは前年(一九七九年)の秋から冬にかけて東ネパールを歩いた時に何回か出会い、関心を持っていたのですが、その時はライ族のことを調べるのが主な目的でしたから、足をとめることもなく通りすぎてきたのです。しかし通りすがりに見かけた投網漁や簗《はり》、筌《うえ》(漁具)などが心にかかっており、機会があればマジ族や河川漁のことを調べてみたいものだと話しあっていたことでした。

ペワタールでポーレが刺網をかけているのを見たとたんに子供たちを放り出して親たちだけが勝手に動きまわることになったのは、そうしたことがあったからのことでありました。

●夫婦二人の刺網漁

さて、私たちは翌日の朝、六時に約束していたサルキの舟で湖に出たのですが、時間が少しおそかったようで、昨夕の若い夫婦が網を上げ終り、帰りかけたところでした。三〇〇匹くらいかかっていたということでした。刺網でとるのはニジマスと鯉のあいの子のようなサファールという魚が主だということです。

この湖で刺網を使うようになったのは一九六一年になって湖畔に漁業試験場(?)ができてからだということでした。ポーレの人たちの話では試験場にきた日本人が刺網漁を教えたということでしたが、後で会ったグルン族の有力者であるミン・バハドール・グルンさんは、日本人が試験場にくる前から刺網漁をするようになっていたのだという話でした。グルンさんによると、はじめカトマンズの試験場から刺網を持って来てテストをし、その二年後にポカラの試験場ができたのだが、さらにその二年くらい後、つまり一九六二年か六三年にグルンさんの息子がシンガポールから刺網を購入してペワタールにかけたのが最初であったということでした。網はナイロン網で日本製のものが香港経由ではいってきたというのです。現在このあたりで使われている漁網、刺網、投網、たも網の類はほとんどナイロン製で日本製だということでした。製品として輸入されるのもあるのでしょうが、糸ではいってくるものも多いようで、ポーレの人たちは糸を買ってきて自分で結《す》くといっておりましたし、グルン族やサルキなどは、ポカラ・バザールの下手にポーレが住んでいる一画があり、その人たちに結いて貰うのだといっていました。

湖で魚をとるのはポーレだけではありません。私たちも初めは他の人たちは魚をとらないのかと思っていたのですが、そうではなくてグルンやサルキ、チェットリなども結構とっているんですね。後で話すことになりますが、湖を渡って対岸の山にあるアネダーラというグルン族の村の人などは、かなりいろんな方法で魚をとっています。漁法だけからいうと、ポーレよりも多様でおもしろいようでした。ただこの人たちは魚を売るためにとるのではないのです。自家用なんです。ポーレの人たちはそれで生計をたてているのです。その点が違うわけです。

●獲った魚は女が売る

私たちは刺網を上げるのを見ることはできなかったので、そのまま湖を渡ってポーレの村に行ったのですが、もうその時には早くに網をあげて帰った家では魚を売りにでた後でした。魚を売りに行くのは女です。日本の漁村でも女が魚を売りに行くところはたくさんありますが、ネパールでも同じですね。ポーレの女の人たちも、とってきた魚を籠に入れてポカラの町に毎朝売りに行くのです。刺網魚をやっている人は、一人ではできませんから、私たちが見た例のように女も漁にでることが多いようです。というのは男の子が一人前になって結婚すると、親とは世帯を別にするのが普通ですから、夫婦と子供だけの、いわゆる核家族が多いからです。

しかし、先に話したようにここで刺網をかけるようになったのは二〇年くらい前からのことですが、ポーレの人たちが刺網を使うようになったのは一三、四年前からのことで、それまでは湖での漁であっても舟も使わない投網漁が主だったということですから、女の人が漁に出ることはほとんどなかったのです。ですから、男が漁をし、女がそれを行商するという分業体制が比較的はっきりしていたといってよいようですが、刺網という新しい漁法がはいってくることによって分業のシステムも変わってきたように思われます。

私たちはポーレの村に上り、庭先で網を干していた人を見かけたので寄っていき話しかけました。初めはけげんそうな顔をしていましたが、私たちが日本人だということがわかると、何となしにほっとしたような顔になり、入口のポーチに腰かけを出してきて、家の中にいる娘に何か声をかけました。私にはネワール語らしいとわかっただけで何を言ったかわかりませんでしたが、黙って外に出ていった娘さんが直ぐにミルクティを持ってきたところを見ると、お茶を買ってこいと言ったのでしょう。七時をまわったばかりですが、もうお茶屋が店をあけているということと、街道沿いでもなく、家の五、六軒しかないような小さな集落で茶店があるとは、さすがに漁村だなどと感心したことでした。

●移住と別居を重ねる家族

この人はマン・バハドール・ナプルという名前で、ポーレのナプル氏族に属するのだということでしたが、年齢は親たちがいつ生まれたか教えてくれなかったのでわからないということでした。生まれたのはナジプールというところで、親たちといっしょにシマルコーラに移り、そこで結婚したのだが、結婚すると親とはいっしょに住めないので、親たちとは別れてセチガンガのヤムジュン・コーラに移り、そこで九年くらい暮らしたのち、このセリラガーラに八年前に移ってきたのだというのです。シマル・コーラには一三、四年くらい住んでいたと聞きとれたのですが、なまりの強い、わかりにくい言葉を私の悪い耳で聞いたのですから、地名などはどのていど正確なのか保証のかぎりではありません。それでもかなり点々と生活の場を移していることはわかりますし、移り住んだところがいずれも何とかコーラという表現をしていますから、川沿いの場所だったということもわかるのです。

いま住んでいるセリラガーラはペワタールの湖畔ですが、またリプン・コーラが湖に流れこむその川口でもあるわけです。このセリラガーラには現在五世帯のポーレが住んでいるということですが、彼がきたのは八年まえで一番おそくきたのだそうです。

ペワタールには二〇種類ほどの魚が棲んでおり、魚影の濃いところですから、かなり早くからポーレが魚をとりにきていたというのですが、何代にもわたってここに住みついて漁をするということではないようで、子供ができて一人前になり、結婚をして世帯を持つころになると、親が下の子供たちを連れて外にでるか、子が別れて他のコーラに移るかするようです。ナプルさんには三人の弟がいましたが、皆それぞれ別のところに住んでおり、父親は末の弟といっしょにベダナス・タールの畔で漁をしているということでしたから、末子相続的な傾向があるのかもしれません。ただしこれは確かめた上でのことではありません。

●化物みたいな巨魚も獲れた

ナプルさんは投網漁を主としてやってきたのですが、ペワタールにきて刺網をつくり、それをかけるようになったのですが、最初のころはずいぶんたくさんとれたといいます。四〇フィートくらいの刺網で一晩に一〇〇キロくらいの水揚げがあったのですが、網の数がふえてきたことなどもあって次第にとれなくなって、一九七五年でしたか、湖水の流出口の堰堤が決壊して、水位が二メートル以上も下がってからは漁獲量はずっと減ってきました。そしてとりつくしたのか、昔ほどの大きい魚がかからなくなったということです。いまは一二、三張の刺網をかけているそうです。もとはずいぶん大きな魚が湖にもたくさんいたのだということでしたが、ポカラの町にもたくさんいたのだということでしたが、ポカラの町に十何人かで一匹の魚をかついできたことがあったといいます。ゴーツという食肉魚で、解体して売ったのですが、その時、腹中から腕輪がでてきて皆たまげてしまったという話を聞きました。そんな大魚はめったにとれるものではないが、水量の豊富な深みには化物みたいな魚が棲んでいるものだそうです。

●養魚試験場と日本人

ナプルさんはここにきてから刺網を主にしてやっていましたが、後からきて大きな網をつくり、水揚げも多いということで、まわりの人から何かといわれることもあって嫌気がさしたのと、長男が一人前になったので、刺網は息子にゆずって、自分はまたもとの投網漁を主とするようになったのです。長男は刺網をかけていますが、それだけではなくて、日中は試験場に働きにいっています。月給一五〇ルピーだということです。日本円にして三〇〇〇円足らずのものですが、現金収入の少ない人たちにとって、月々定額の収入が得られるということは生活を安定させる大事なものになっているのでした。この試験場には一九七〇年以来、JOCV(日本の青年海外協力隊)の漁業専門家が継続して仕事をしており、たいへん信頼を得ているようでした。私たちがナプルさんの家にあがっていった時、日本人だということがわかるとほっとした表情をし、警戒心が消えたように見えたのは、若い協力隊の人たちが何年にもわたって培ってきた努力が、日本人すべてに対する信頼感になって私たちにもはねかえってきたもののように感じられたのです。養魚試験場では鯉科の稚魚の生産を行っており、それを湖に放流すると同時に養魚も行っていました。養魚は試験場としてもやっているようでしたが、ポーレの人たちに養魚ケースを配布して飼育させるということもしているようで、セリラガーラの湖に養魚ケースが何個も浮かんでおり、草魚、蓮魚(白蓮、黒蓮)が泳いでいました。いまはまだケースでの養魚は規模の大きいものではありませんが、これから拡大してゆくことでしょうし、そのことをきっかけにしてポーレの生活もしだいに変わってゆくのではないでしょうか。

●ポーレはもとからの川の民か

ポーレは魚をとることで暮らしをたてている専業漁師であるといいましたが、もともと漁業を生業にしていた人たちではないのではないかと、話を聞いていて思いました。時間をかけて観察し、調べたわけではありませんから断定はできませんが、古くからの漁民であるというには漁法の種類も少なく、単純なように思われるのです。

グルン族などにいわせると、ポーレは投網と毒ながし漁だけというのです。毒ながしについてはうっかりして何を使うのか確かめていません。実際はこれだけでなく、たも網漁もやりますし、季節的なものだとはいうのですが釣もやり、うなぎの柴漬漁に似た漁法などもあるようですが、予想していたほど漁の種類が多くないことも確かなようです。そしてこれらの漁はすべて徒行漁《かちりょう》で、舟を使ったり、作ったりする技術を先に触れたように最近まで持っていなかったということがあります。そのことが私に彼らは本当にもとからの川の民、水の民なのかなという疑問を持たせた最大の理由なのですが、ナプルさんから話を聞き、少しばかり投網漁に行くのについて歩いたり、翌日から翌々日にかけて、対岸にあるグルンの村を訪ね、グルンの人たちの漁法や丸木舟つくりの話を少しばかり聞いて、こちらの方がよほど漁民らしいではないかと思ったものでした。

グルン族などが早くから住み、湖面や河川水面にある権利を持っていた所にやってきたポーレの人たちが、魚をとる場所や漁法について制限を受けることは多かったようです。たとえばグルンやチェットりが釣をする場所では投網を打ってはいけないとか、魚が産卵期になると小さな谷川などを上ってゆくのですが、そこにも網をいれてはいけないなどということがあるというのですが、漁法そのものについて制限されたものがあるということは聞き得ませんでしたから、力の弱い、後からやってきた人たちに対する先住者の制約が、本来持っていた彼らの技術を失わせていったとも考えられないのです。解決できないいくつかの疑問があるのですが、それはそれとして、次はグルン族の漁業について少しばかり話してみたいと思います。

投網・手網そして柴漬漁

●三種類の投網

娘さんが買ってきたミルクティを御馳走になりながら、庭先に坐りこんでナプルさんから話を聞いたのですが、一時間もすると彼は話にあきたのか、もぞもぞしはじめ、やおら立ちあがると軒下の柱にかかっていた投網をおろし、魚籠を持ち出して腰につけました。

これから投網打ちに行くからいっしょに行こうというのです。投網のことをハテジャールといいます。ポーレの人たちが使っているハテジャールにはブレルジャール、パケタウジャール、サハレジャールの三種類のものがあるのですが、それは網目の大きさで区別されているようでした。ブレルジャールが最も網目が小さく、季節を問わず毎日使うのだということでした。これは昔からあったものではなく、最

置針をあげているグルン族の男

置針の縄と浮木

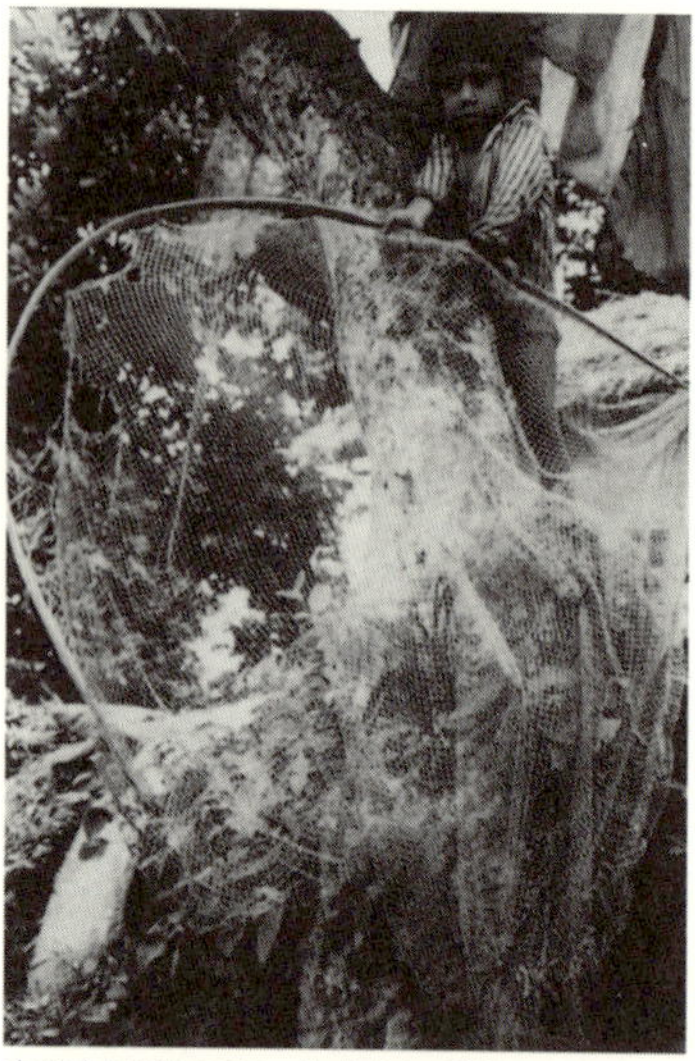

木の上に干してあった大きな手網

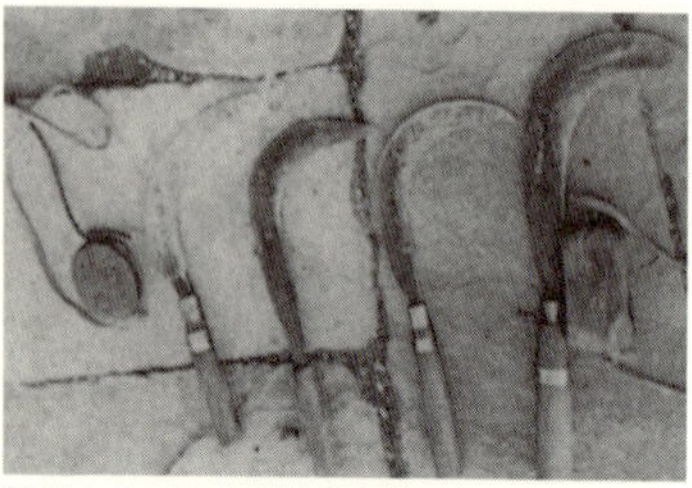

鎌のいくつか，左端は鎌の鞘

小さな丸木船を曳いている。浅瀬で魚をとる青年

湖の入江で魚を釣るグルン族の子供たち

手持ちの四手網で漁をする

ペワタール湖の水を噴き出す(デヴィッド・フォール)

ペワタール湖の丸木船，中に置かれた石は腰かけ

対岸のグルン族の村から見たペワタール湖とポカラの町

ポカラの町はずれで見たバフンの円形家屋

キルティプールも町中にポカリ(池)あり，聖なるポカリなり

グルン族の杣夫，手斧で荒けずりした材木

近使われるようになったもので、日本人から貰って使うようになったのだと聞いたのですが、ほかの人から確かめていませんので確実ではありません。

ナプルさんは息子が養魚試験場に勤めていて青年海外協力隊の隊員に可愛がられているということもあってのことでしょうが、何でも外からはいったものは日本のもの、日本人が教えたというようにしてしまう傾向があるようでしたから、そのまま鵜のみにはできません。しかし、日本の製品や技術がかなりたくさんはいっていることも事実のようです。

●鍛冶屋の作った釣針

刺網の技術やナイロン漁網は日本との関係が深いということは前に話しましたが、そのほかでも釣針は一時期、その大半が日本製だったということです。釣針も鉄製品ですから、ネパールでは鍛冶屋のカーストであるカミが作っていたのです。カミに頼むと一日に三個か四個しかつくれなかったというのですが、私たちがほかのところで見た釣針はそんなに手のこんだものではなくて、もどしもついてない粗末なものでしたから、そんなに手のかかるものではないと思いますが、ペワタールやベグナス・タールでカミのつくったという釣針を見ていないのでなんともいえません。昔はカミのつくった釣針だけでしたが、二〇年くらい前から日本製の釣針が香港経由でたくさんはいるようになったと聞いています。現在は日本製の釣針もあるが、一〇年くらい前からインド製のものがはいるようになり、値段が安いのでインド製のものを使う人が多いのではないかということでした。

●投網を打つ場所と時節

投網の話でしたね。網目の小さいブレルジャールは小魚をとるには最も適しているので、現在では最も普通に使われているのですが、これがはいる前はパケタウジャールが多く使われていました。ブレルジャールにくらべると、少し網目が大きくなっています。サハレジャールは網目が最も大きく、糸も太いもので結《す》いているのですが、これは五月中旬頃から一〇月くらいまでに主として使うということでした。この時期は雨季にあたっていて、水量も多く、大型の魚が岸近くに寄ってくるからでしょうか。ペワタールではこの時期にサハレジャールを使うということでしたが、セチコーラなどでは逆に水量の少ない乾季に使うという話でしたから、川と湖、あるいは川によっても使用する時期がちがうのかもしれません。

この日、ナプルさんが私たちに使って見せてくれたのは、ブレルジャールでした。湖の畔を歩きながら適当な場所で網を打って行くのです。深みに打つ時には腰くらいまで水の中にはいるということでしたが、今日は投げる時に一歩水の中に踏みこむくらいで、あまり深いところは狙いません。魚をとるためというよりは遠来の客である私たちに、ハテジャール(投網)の腕前を披露する目的のように見えました。

毎日網を打っていて自分の庭のようによく知っている場所でしょうから、私たちには無雑作にいれているようにしか見えませんでしたが、ちゃんと狙い目があると見えて、網を打つ度に何匹かは必ずかかってきます。ミルケというハヤに似た魚やバケパゲタ、チポレパゲタなどという五、六センチくらいの小魚ばかりでした。それでも一時間ばかり湖畔をまわるうちに一キログラムくらいはとれたでしょうか。それを貰って帰り、食堂で料理してもらって昼のおかずにしたのですが、結構な味でした。

●浅瀬のそばの湿田

ハテジャール漁はいつもそうなのかどうか確かめていませんが、ナプルさんが私たちとまわったのは湖畔でも傾斜のゆるやかな浅瀬で、藻も水草もほとんどないような場所ばかりでした。こういう場所はポーレの村からポカラの町にゆく側に多かったように思います。

ポーレの人たちの村がリプンコーラの河口で、湖畔でもこういう浅瀬に近い方にあるというのも彼らが投網漁を中心とした漁業を行っているということと関係があるのかもしれません。ポーレの村の上手といいますか、リプンコーラやペワンコーラが湖に流れこむ側で、どこの湖でも見られるように河川が運んでくる土砂によって埋められて湿地帯になっております。

草原で魚を料理している光景を見ましたが、あれはペワンコーラが流入する側の湿地帯の一部です。あそこは堰堤がこわれて水位が下ったためでしょう、完全に陸地化しており、点々と水田を拓いていました。去年か今年畦を作ったばかりという小さな水田で女の人が二人、田植えをしていました。料理をしていた男に聞くと、田植えが今日のうちに終るので魚を料理して御馳走をつくり食べるのだということでした。チェットリの人たちで、魚は一皿六ルピーでバザールから買ってきたのだそうです。このあたりはまだ拓けば水田になる場所がかなりありましたので、やがて拓かれてしまうのでしょうが、所有権などはどうなっているのでしょうか。うっかりして確かめていません。水田化しているところは計画的にやったというのではなく、各自が思い思いに低くて水のひきやすいところから田にしていったという感じのありようでした。

●バンマチャという名の鰻

丸木舟が水際にありましたから、田植えをしていた人たちは対岸から渡ってきたのでしょう。川の流れから少し離れて土砂の堆積しやすいところは陸地化していますが、河口の流れに添ったあたりは、水草の類が繁茂しています。上から見ると草がびっしり繁っていて湿地のように見えるのですが、浮島になっている部分がかなりあるのだそうです。そういうところの草の根がからみあったところにはバンマチャがはいりこんでいることが多いということでした。バンマチャというのは鰻のことです。

私たちはナプルさんを訪ねた翌日だったかと思いますが、湖を舟でまわっている時、河口に近いところで腰まで水につかって手網で魚をすくっている男を見かけました。鰻をとっているのだということで舟を寄せ暫く見ていたのですが、見ている間には、一匹もかかりませんでした。この人は一人乗りの小さな丸木舟をひき、草の根もとの方に網をいれて足で魚を追いこむようにしていました。この男が使っていた手網は丸型のものだったように思いますが、七月二四日にベグナス・タールで見た手網は遠くから見ると小型の四手網のような形のものでした。タゴリという網で一人で使うのですが、二人が組になって向きあい、前後に網をいれて細い棒で草むらをつついて魚を網に追いこむというやり方でした。これも見ている間には網にかかる魚がいなかったので、バンマチャを目的にしていたのかどうかわかりません。

●柴を束ねたプラで鰻をとる

タゴリで魚をとっていたのはベグナス・タールと、その水が流れでる川の境目のあたりでしたが、それから四、五〇〇メートル下ったところで日本の柴漬漁に似た方法で鰻をとっているのを見ました。シマリというちょっと見たところでは柳に似たしなやかな感じの小枝を、一メートルくらいの長さに伐ったものを四〇〜五〇センチくらいの太さに束ねて、水の中に沈めているのです。枝の元の方を上流に向けて沈め、流されないように上に石を乗せるかどうかしていたようです。怠けて岸から見ていたので正確にはわかりませんが、川の中程の流れも早く一番深いあたりに沈めていました。川底を掘ったりして束を埋めこむようにするという操作をしているようには見えなかったので、重石に石を乗せる程度ではないかと思います。私たちが見ていたところでは、二、三〇メートルくらいの間に、あまり間隔を置かずに何束も漬けていましたから、流れの具合などによって、鰻のよくはいる所とはいらない所があるのでしょう。

このバンマチャをとる小枝の束をプラといっていました。ここでプラをかけていた青年はスナール(金銀細工をするカースト)だといっていました。ベグナスにもポーレの集落はあり、刺網漁もやっているということでしたが、私たちは短時間しか湖にいなかったので、漁をするポーレには出会えませんでした。

このプラを流れに漬けておくと川虫が枝について、それを食べにバンマチャがプラの中にもぐりこむのだというスナール青年の解説でした。新しいプラの場合には二、三日漬けたままにしておかないと駄目だといっていましたが、この時はあげて鰻をとるとすぐにほぼ同じ場所に漬けていましたから、二回目から一晩おいて毎日あげるようにしているようでした。

三〇センチくらいの細い棒を口にくわえて流れの中にはいって行き、重石を除けてプラをそっと水面すれすれのあたりまで持ち上げ、ゆっくり岸近くまで運んできて、さっと放り上げます。放り上げる時にはできるだけ素早く遠くに投げるようにしないと驚いて飛び出した鰻がはねまわり、川に逃げてしまいます。ですから、プラを放り上げると同時に自分も素早くとび上って、口にくわえていた棒で鰻をたたいて動きをとめ、魚籠にとりこむのです。単純素朴な漁法ですが、鰻の習性をたくみに利用した漁法ですから、たいていのプラに鰻がはいっていました。手網漁より、よほど確率のよい方法ではないかと思います。ただ数はとれるかもしれませんが、あまり大物はかからないのかもしれません。

●王様鰻もとれる

ネパールの河川にはとても大きなバンマチャがいるそうです。ラジャバンというのですから、王様鰻とでも訳したらよいのでしょうが、これは一〇ダルニ（一ダルニは約二・五キログラム）以上もあるようなのがいるということです。本当ですかね。湖にはそんな大きいのはいなくて一ダルニ程度のものだというのですが、それでも私たちが見たのは大きいバンで二〇〇グラムあるかないかというくらいでした。季節により、またかける場所によって大きいのがとれることもあるのでしょう。

ペワ・タールでもグルン族はプラで鰻をとるという話でした。話に聞いただけですが、二メートルくらいの長さに伐った葉のついたままの枝を束ねて中に石などをいれておもりにし、二、三カ所しばったものを一〜一・五メートルくらいの深さのところに沈めておくのだそうです。私たちがベグナスの川で見たプラよりは、かなり大きいもののようですから、少しは大きいバンがはいるのでしょう。

●浮島切りと鎌とククリ

何だか鰻とりの話ばかりになってしまいましたが、も少し続けさせていただくことにしましょう。鰻は虫などのたくさんついている草の根がからみあって浮島になっているようなところにもぐりこんでいるという話をしました。こういうところを手網ですくうだけではなくて、鎌で適当な大きさに切りとり、陸にあげて中の鰻などをとるという話も聞きました。プラ漁の原型になるような原始漁法でおもしろいと思ったのですが、この話を聞いていて、もう一つ興味を持ったのは、浮島を切るのに鎌を使うということでした。

ネパールでの代表的な刃物といえばたいていの人がククリを思い浮かべます。最近はよほど少なくなりましたが、カトマンズの町でも、在《ざい》の方からでてきた男はククリを腰というより腹のあたりにはさむか、ドコ(背負籠)につけるかしているのを見かけることが多いのです。私たちが暫く滞在していたライ族などは、どこに行くにもククリは手放せないものになっていたので、鎌で草を刈るのならともかく、かなり厚くからみあっている根を切り離すのにククリではなく、鎌を使うと聞いておやおやと思ったのです。その前から西ネパールでは、ククリを持っている人が少ないなと思っていたのですが、それからさらに気をつけて見ていますと、ククリを腰にさしている人がほとんどいなくて、そのかわりといっては語弊があるかもしれませんが、鎌を腰にさげている人が多いのです。木製の円型の鞘(?)を腰に紐でくくりつけて、それを鎌にさしているのです。

ククリは女が腰につけているのはあまりみかけず、男が主ですが、鎌は男女を問わず腰にさげています。

東ネパールのククリと西ネパールの鎌、そういう対比ができるかどうか自信はないのですが、文化の上からある違いがありそうに思えます。

勇猛な山岳兵として知られているグルカ兵の多くは、東ネパールの中部山地から多く出ているのではないでしょうか。

ポカラの丸木舟

●魚影の濃い湖だった

前回は鰻とりの話から脱線してしまいましたが、もうすこし話を漁の方にもどしましょう。湖畔、といっても後で話をするグルンの村の方になりますが、歩いていますと水際にヨモギの二、三〇センチくらいに伸びたものを束ねて立てているのを何カ所かで見かけました。何かの標《しるし》に違いないのですが、見当もつかないので村人をつかまえて聞いてみました。

その標を立てているところは、小さな沢が湖に注ぐちょっとした入江になっている場所だったのですが、その二、三メートルくらい沖の方に米糠とロキシーの搾粕《しぼりかす》をまぜたものを牛糞でこねて丸めたものを投げこんでおくのだそうです。主として夜の灯りをともす頃に投げこむのだそうです。そうすると魚がたくさん集まってくるので、そこをめがけて投網を打つのです。グルン独特のやり方だということでした。これは雨季に多くやるのですが、主として小魚をとります。グルンの村は丘の上にありますが、その丘から湖に流れ込む沢がいくつもあります。沢といっても乾季には水が枯れて流れていないことが多いのですが、雨季になると水量が多くなるのです。そうすると湖の魚が産卵のために群をなしてこれらの沢に上ってくるので、夜これらの沢の上り口に舟を止めて待っており、水音たてて上る魚群に投網を打つと、まさに一網打尽、おもしろいほどに大きい魚がとれるという話でした。

私たちがポカラに行ったのは七月の下旬でしたから雨季の最中でしたが、この年は雨が普通の年よりも少ないとかで沢にもあまり水がなく、この沢を一メートル近い魚が群をなして上ってくるのを棍棒でたたいたり手づかみでとったりしたものだといわれても、実感としてピンとこなかったのですが、そういう時代があったのでしょう。

ペワ・タールは私などが想像する以上に魚影の濃い湖だったようであります。

●グルン族の村と丸木舟

ペワタールやベグナス・タールでは丸木舟がまだ多く使われています。この丸木舟は湖の中で行う漁業、刺網や投網、釣魚などのためにも使われますが、前にも少し触れたように湖水面の往来に使用することが多いようです。ポーレの村のある北側は比較的傾斜もゆるやかでポカラの町に歩いて出るのは容易ですが、湖の南対岸にあるアネダーラというグルン族の村は湖水の流口であるデヴィドフォールのある谷があり、歩いて行くとすればたいへん大廻りになります。丸木舟を作るのはグルンの人たちだけだということでしたが、それは対岸の山に住みついたグルン族がポカラの町や耕作地に往来するために丸木舟を必要とし、それを作る技術を習得したからではないかと思うのです。

アネダーラ村はポカラ側から見ると対岸の丘にあります。ペワタールに面した側はかなり傾斜がきびしく、村の家は大半がその丘の中腹から尾根筋にかけて建てられており、家の周囲はトウモロコシ畑になっております。ミン・バハドール・グルンさんの話では自分の家は九ブスタ前にこのアネダーラにきたのだということでした。九代まえというと二〇〇年くらい前ということになるのでしょうか。それ以前はどこにいたのか聞いていませんが、もっと奥の山地に住んでいたのではないかと思います。

どういう理由があって湖畔にくることになったのかも聞いてはいませんが、湖畔にきても中腹から尾根筋にかけて住居するという居住様式はもち伝えているのです。アネダーラの人たちは水田も持っていますが、その水田はペワタールに流入するペワコーラ沿いの低地にあります。この水田に通うにも湖におりて丸木舟でまわって行く方がはるかに楽であることが、村に行ってみてよくわかりました。

稲の取入れの時には丸木舟を二艘あるいは三艘並べて丸太を敷き、その上に刈りとった稲を満載してくるということでした。これはポカラ側に住んでいるバフン(ブラーマン)やチェットリなどの人たちが対岸から稲を運ぶ場合も同じです。ペワ・タールの舟つきには新しくつくられたボートが何艘もありましたが、アネダーラではボートはなくて丸木舟ばかりでした。丸木舟のことをグルン語でチリホ(?)というそうですが、今ではほとんどの人がネパール語でヅンガといっていました。

●ヅンガの作り方

アネダーラの入江に引き揚げられていたヅンガを何艘か簡単に測ってみました。最も小さいもので全長三三〇センチ、真中あたりの外幅三一センチ、深さ二〇センチ、大きいもので全長六六五、外幅五八、深さ四五センチでした。全長では五メートル前後のものが最も多く見かけられました。ベグナス・タールで使われているヅンガも大体同じだといってよいかと思いますが、見た感じではベグナスの丸木舟の方がスマートにつくられているように思いました。ベグナスの丸木舟もグルンが作るという話でした。

チリホ、つまりヅンガのつくり方をアネダーラで少しばかり聞くことができましたので、簡単に紹介することにしましょう。

ヅンガを作るにはシーメルとチャップの木が多く使われます。それにもう一種あって三種類の木が使われるということでしたが、シーメルにしてもチャップにしても名前を聞いただけで現物と照合していませんので学名はわかりません。シーメルの方が柔らかくて細工がしやすいのですが、それだけに長持ちしないということでした。同じ大きさのものでシーメルの木だと四人でできるとすれば、チャップの木なら一〇人から一二人役、三倍近くの日数がかかるのです。小さい舟でシーメル製のものなら二人で三〜四日で刳ることができますが、大きなものでチャップの木だと一カ月くらいはかかるという話でした。

●大木を伐る時の儀礼

二〇〇年から三〇〇年生のものでないと、丸木舟に刳れるような大木にはならないのですが、こういう大木には、日本風にいうカミが宿っているものが多いので、伐る前にシャーマンを頼んで、どのカミが宿っているかを見てもらいます。

クル、ビンセン、ボン、ジャンクリなどのカミが宿っているのですが、どのカミが宿っているかがわかると、そのカミのための宿り場を新しくつくってニワトリ、羊の仔、山羊の仔などの供物を捧げてプジャ(祭り)をし、これからこの木を伐りますから新しい宿り木に移って下さいとプジャをして伐りはじめるのです。カミの種類によってそれぞれ祀り方が違うのだということでしたが、実際に見ていないので、どのような祀り方をするのかわかりませんが、大木を伐る前には必ずプジャをしたものだといいます。現在ではシーメルの木を伐る時にはプジャをしないことが多くなったといっていました。

山の所有形態がどのようになっているのか聞いてもよく理解できなかったのですが、村の山にある木を伐る場合には村人のすべてに相談しその了解を得なければならないのだが、今は村の山には丸木舟にするような大木はなくなったということです。村の山というのは入会山とか共有林とかいうものになるでしょうか。これに対して個人持ちのものもあるようで、その場合は木代金を払うのです。普通の丸木舟、つまり五メートル前後のものがつくれる木で一五〇〇〜一六〇〇ルピーくらいの木代金がかかるということでしたが、個人持ちの木であってもアネダーラの村の人のものの場合には誰が伐ってもよい、それはローバだから木代金を払わなくてもよいというのです。

ローバというのは前にトルボで聞いた時には、兄弟分のような関係でおたがいに困っている時には助け合わなければならない間柄だというように理解していたのですが、アネダーラの場合も相似たようなもので、必要な時にはおたがいに融通しあうものであるというように理解できました。ローバというのはグルン語で、ネパール語ではサハヨというのだと聞いたのですが、どうなのでしょうか。確かめていません。

適当な木が見つかりますと斧で伐り倒します。伐り倒すのは一人前の男なら誰でも倒すことができます。伐るにも適期があってプース月（一二月中旬から一月中旬）が最も良い時期だといわれています。総じて木の成長がとまる乾季に伐るのが良いようで、チャイト月（三月中旬から四月中旬）に伐ったものは割れがはいって良くないともいいます。チャイトにはまだ雨季にはいっていませんが、木が成長をはじめる時期にはいるのでしょう。

丸木舟は木を倒した場所でつくります。ブンチョロ（斧）で荒削りをしてバウシ（手斧《ちょうな》）で中を刳ってゆくのです。ブンチョロを使っての荒削りは誰でもできるのですが、中を刳ったり、外側の仕上げをするのは慣れた職人でないとできません。

●職人（カルミ）の技術と日当

職人のことをカルミといっていましたが、ヅンガを作ることのできるカルミがアネダーラには二、三〇人はいるということでしたから、アネダーラの人にとってとくに難しい技術だというわけではないようです。親方に弟子入りして何年か修行をして身につけるというものではなくて、器用な人が若い時から大人たちの作るのを手伝っているうちに身につけ、熟練したカルミと呼ばれるようになってゆくものではないかと思うのです。

アネダーラのグルンにとって、丸木舟をつくる技術も家をつくる技術などと同じように、一人前の男が身につけておかなければならない技術のひとつであるように思われました。だから基本的には誰もが知っているのですが、人によって器用、不器用、上手、下手があり、上手な人の作った舟の方が良いものができますから、カルミとしてほかの人に雇われてつくるということになるでしょう。荒削りをするのは手伝いでやることもあるようですが、カルミの場合には日当を払います。

カルミの日当は今は食事付きで一五〜二〇ルピー、食事なしで二五〜三五ルピーになっているということでした。わしらが若かった時には食事つきで一〜一・五ルピーくらいだったのに高くなったものだという老人の歎きでありました。カルミには食事つきの場合には昼、夜の食事のほかに午前と午後のカジャ（おやつ）を出します。カジャは煎トウモロコシやロティです。そのほか一週間に一度くらいの割でロキシー（蒸留酒）を出します。

カルミは二人一組で仕事をします。手斧を持って向きあって坐り、中心線を境に交互に削ってゆくのです。斧を使って細く削ってゆきます。重心が狂わないように中を刳ってゆくのも難しいのですが、一番難しいのは舳先の傾斜のつけ具合だということでした。舳先の傾斜がゆるすぎると波をかぶりますし、急すぎると波を切れないのです。ちょうどよい具合の傾斜にするのは慣れたカルミでないとできないのだといっていました。角度は正確に計測していませんが、大よそ二五度くらいでした。

ヅンガにする木は、風のあまり強くあたらないところに生え、素直に育った木が最も良い。素直に育った木の枝のない幹の部分だけを使うのです。そして木の末の部分を舟の舳先にするように作ります。

●聖なるポカリに浮かべるヅンガ

そして舟ができあがると山から湖面におろすのですが、この時にはたくさんの人が集まって綱をひきます。昔は舟おろしの時には、この舟をいまからおろしますから、良い仕事をさせてくださいと神々に祈ってプジャをしたものですが、最近はそれはしなくなったといいます。

これはどういうことなのか理由はわからないのですが、他所からきた人がヅンガに金を供え、さらに手をつけるという形の礼拝をしていたといいます。また村人もたまにですが、ヅンガに手の平をつけ、その手を額につけていたといいます。これはラマ教徒の礼拝、貴人に対する挨拶の方式だと思われます。ヅンガに対して何か特別の信仰があったのでしょうか。私にこの話をしてくれたミン・バハドール・グルンさんも思いあたることがないということでした。

ヒンドゥー教の場合もラマ教の場合もポカリ、つまり湖は聖地になっているところが多いようです。他界への入口と考えたような節もあります。その湖に浮かぶヅンガは此の世と他界を結ぶ聖なる乗物と考えたのでありましょうか。

私の勝手な想像なのであります。

2——川の民・ボテ族

ナラヤニの河の民

●はじめに

低いところで四〇〇〇メートル、ほとんどが五〇〇〇メートルを超えるチベット高原の南面は、海抜平均一五〇〇メートルというインド平原に向かう厳しい斜面となっている。チベット高原の南縁からやや南に下ったあたりに、グレート・ヒマラヤが衝立のように聳え立っている。

ネパール王国は、このヒマラヤ山脈のなかでも最も高峻な山々が集中する中央ヒマラヤを包含する斜面に立地する山国である。

ネパール国内には大小無数の川が、険しい河谷を形成しているが、その主要なものは、東から、コシ、ガンダキ、カルナリの三つの水系に統合されている。これらの水系の源流はいずれも、チベット高原に源を発し、ヒマラヤの山脈《やまなみ》を南北に断ち切り、蛇行を繰り返し、ヒマラヤの雪解け水を集め大きな流れとなって平原にでたところで大河ガンジスに合流し、インド洋に注ぐ。

インドからチベットに通ずる道も、ネパール国内の街道も、急峻な斜面を登り、尾根を辿り、峠を越える。険しい山の道である。しかし、その山道も大きなスケールで見ると、これらの河川に沿い、川筋を辿っているといってよい。ネパールの道は峠を越え、川を渡ってどこまでも続いているのである。一時は川から離れ、尾根を辿る道も、斜面を下ればまた同じ流れにでる。旅する人々は一日に何回かは、必ずといってもよいほど、流れを渡らなければ目的地に達することはできない。つい最近まで橋の架けられている所は少なかった。人々は水の少ない所は徒渉し、急流ではロープを架け、それに吊り下がって渡った。川幅が広くなる下流域の、主要な街道筋には渡船場が設けられており、ようやく一人座れる程度の横幅しかない小さな丸木舟で渡った。

渡船場で丸木舟を操り、旅人や荷物を渡していたのはマジ、あるいはボテと呼ばれる一群の人々であった。彼らは古くから河の畔に住み、丸木舟を足として漁業や砂金採りによって暮らしをたててきた河の民とも呼べる人々であった。その彼らの技術が街道筋のガート(渡し場)では渡船に利用されるようになったもののようである。彼らが船頭として生業をたてていたのは大きなガートだけではなかった。周辺の村人だけが利用する小さな渡し場もまた彼らの仕事場であった。従って、タライやインナータライ、マハーバーラタ山中の川沿いにはマジやボテの小さな集落が点在している。一九八八年と一九八九年の夏、私たちは主としてガンダキ流域のボテの村を訪ね歩いた。一般に彼らはマジと呼ばれることが多いが、ナラヤニの人々もその上流のガンダキ流域の人々も自分たちのことをボテと自称しており、マジと呼ばれることは好まないようである。

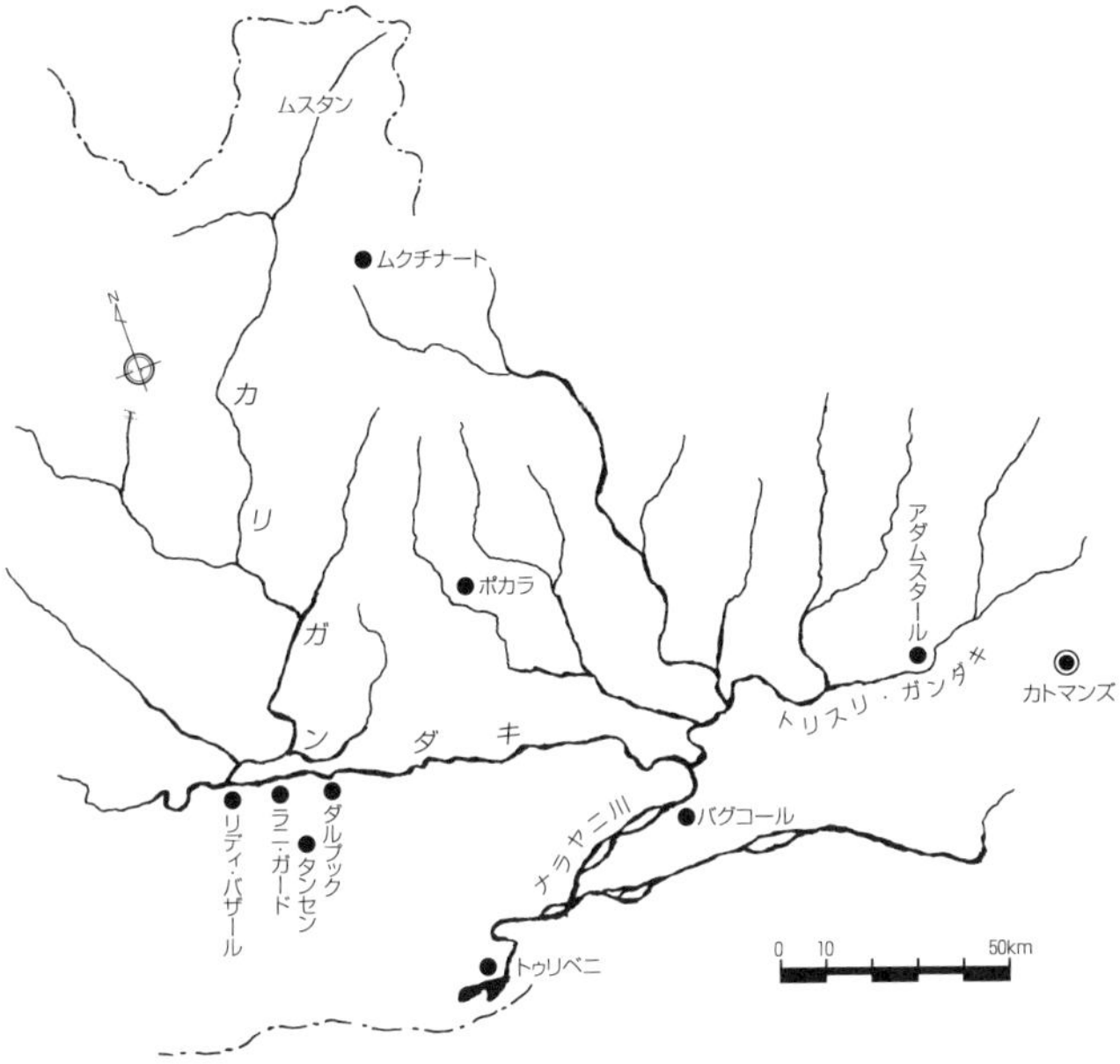

●ナラヤニの畔の村で

ネパールの中部山地を流れ下ってきたトリスリ・ガンダキとカリ・ガンダキは合流してナラヤニ河と名を変える。ナラヤニは時に分岐し、時に合わさりながら網の目状にタライを流れ下っていく。ナラヤニの流域も、現在は国立公園に指定され、保護区になっているチトワン地域以外は、伐り拓かれて田畑になってしまったところが多いが、かつては鬱蒼たるジャンガルであり、マラリヤその他の風土病が蔓延し、人を寄せつけないところであった。この河の畔にもボテの集落は点在している。

バグコールのボテトールもその一つであった。ボテトールはナラヤニのいくつもある支流の一つに沿った集落で、四〇戸の家が流れの畔に点在している。集落の裏手は広い水田となっており、この村も農業が暮らしの中心になっていることを教える。八月の初め、トウモロコシの収穫は終わりに近く、すでに田植えの済んだ田圃が多かった。このあたりでは雨季のはじめにトウモロコシを植え、その収穫がすんだ後、犂で起こし、水を引いて代かきをし、稲を植えるところが多い。そして稲のあとには麦か菜種を蒔くという。一年三作の作付け方式をとっている水田が多いのである。

バグコールのボテトール四〇戸のうち、三〇戸がボテで、他は比較的新しく入ってきたというタルー八戸、チェットリ二戸である。

三〇戸のボテは、カリコーラからきたというグループと、セティコーラから移ってきたという二つのグループにわかれている。カリコーラからきた人たちが古いと考えられている。両者とも生活様式に大きな違いはないが、セティコーラからきた人たちは水牛を食べ、神に祈る時に水牛を供犠するが、カリコーラからきたグループは水牛をたべないし、神に水牛を捧げることもしない、その程度の習慣の違いはあるという。彼らの先祖たちが、このあたりにやって来てから何代たつのか、もう忘れられているが、何家族かの人たちが丸木舟に乗って、魚をとり、砂金を採りながら、キナリ・キナリ(川を辿りたどり)やってきて、この辺りを稼ぎ場とするようになったのだという。もうすでに先祖の出身地であるカリコーラやセティコーラとの往来は途絶えて久しいようであるが、つい先頃一二、三年前に水田を拓くまでは、先祖伝来の仕事である魚とり、砂金採りを主として暮らしをたてていたのである。

私たちが訪ねた時、村のムキヤ(長老)は家裏の小さな木陰で、砂金採りの大事な道具である刳槽《くりふね》(ドンディ)を刳《く》っていた。裏の田圃からは代かきをする息子の水牛を追う声が聞こえ、早乙女の姿も見えているのだが、白髪のムキヤは、われ関せずとばかりに、「私たちはスンドワ・ボテですから、これが私たちの本当の仕事なんです」と言いながら、一心に手斧を振るって、シモルの木を刳っていた。木はナラヤニの河原から拾ってきた流木である。スンドワというのは金を採る人のこと、ドンディは砂金を採る時に砂をゆり流すための槽である。現在では砂金を取るのは老人たちだけで、若いものは農業の傍ら、近くにできたタルー村という観光施設などで賃金収入を得る仕事をすることが主になって、砂金を採る技術は持っていないのだという。

八六歳くらいになるというムキヤが二五、六歳の頃まで、このあたりのボテは自分の家も土地も持たず、ナラヤニ河一帯—ナラヤニ・ガート、ボンサル・ガート、デーラ・ガート、ナンダプール、ラタンプールあたりまでの範囲を、丸木舟で移動し、夜はナラヤニの河原に泊まるのが常であった。ただジェート・アサール・サウンの雨季三カ月は河原ではなく、水のつかない高見にチャプロ(小屋)を作ってそこで暮らしたという。魚をとってバザールや家々に持っていって穀物に替え、乾季のファグーン・チェイト・バイサック月には、良い砂の堆積しているところに、何日も泊まり込んで砂金を採取し、集めた金は金細工を専門に行うスナールに売る、という日常を何代にも渡って繰り返してきたのである。子供は物心ついた時から、親の仕事を見て育ち、魚とりも砂金採取も、船漕ぐ技も教えられずとも覚えていくものであった。

ラタンプールでの話によると、移動生活を送っていた彼らが、定住するようになったのは、今から二一年前、ネパール暦二〇二五年(西暦一九六八)のことであるという。[*1] その時、ネパール政府から一戸あたり一〇〇カッターの土地を与えられたという。カッターというのは、容量単位であるから一〇〇カッターの収量のある土地ということになる。面積換算は正確には困難であるが、約三ヘクタール強の広さに

ラニ·ガートの渡し船

下流に着いた丸木船を渡し場まで引いてくる

全長9.75メートルの渡し船

マハーバーラタ山地を蛇行して流れるカリ·ガンダキ

典型的なボテ族の家

ドンディを刳るバッコールの長老

釣りをする

投網を打つ

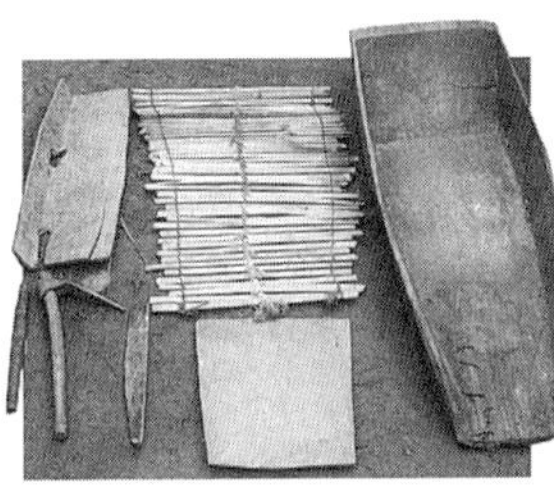
砂金採りの道具一式

キリヤの青年に食事を持って来た
●この2ページの写真,撮影＝西山昭宣

ガートの近くにはバザールがある

なるようである。これだけの土地をすべて拓き、持ち堪えることができれば、農業で生活をたてることのできる十分な広さといえるようだ。

バグコールの人々も、ほぼ同じ頃に定住生活に入り農業を主とするようになったようである。

ドンディを慣れた手付きで、いかにも楽しげに刳っていた老人は、「チトワンに行こうが、どこに行こうが自由であった昔は懐かしい、しかし、作物を作る今の方が暮らしは楽である、砂金取りは辛い仕事であった」と語ってくれた

●ナラヤニの河原の村で

ナラヤニ・ガートはタライから、ナラヤニ沿いに中間山地帯に入っていく主な道すじにある大きなバザールの一つである。タライから入ればナラヤニ河を渡って二、三分のところから町並みが始まる。今日みるような大きな都市になったのは、ナラヤニの橋が架けられ、自動車道路がつけられて以来のことであるらしいが、ガート(渡し場)のバザールとしては古くから知られていたところである。橋の上から対岸の河原を眺めると、少し上流の灌木の茂みのなかに点在する小屋が見える。バッティ・トールというボテの村である。家はほとんどが河川敷の中にあり、雨季の増水時には家の中まで水があがり、一メートルくらいの浸水は珍しいことではないという。ここの人たちは、橋が架けられるまで渡船によって暮らしていたのである。といってもそれほど昔のことではない。ナラヤニ・ガートに橋が架けられたのはネパール暦の二〇三九年、七年前のことである。

バッティ・トールには現在、二五戸の家があるが、ボテ一五戸以外は、新しく住み着いたマガール、

ドマイ、サルキ、チェットリなどで、もともとボテの村であった。しかし、ボテも昔からこの河原にいたわけではなく、もとは五分くらいの離れたシラナスに住んでおり、二〇年くらい前に現在の所に移ってきたのだという。シラナスの少し高い山つきの土地で、畑も山林もあったのだが、借金のかたやわずかな金で取られてしまい、住めなくなって移ったのであるという。船を漕ぎ、魚や砂金をとって生きてきたボテは、農民と違って土地に関心も執着も持たない人たちである。バッティ・トールの人たちは船頭稼業をし、暇なときには魚をとってバザールに売りに行くことで十分生活が成り立っていたから、土地を手放しても、必要な時はまた手に入れればよいと考えていたのだという。そこに付け込まれて土地を取られてしまったのである。渡しの仕事がなくなった現在は、畑を借りて耕作も行っているが、その規模は小さく、それだけで生活を維持していくことはできない。そのわずかな借地もいま追い立てをくっているという。

バッティ・トールのボテの生活は一本の橋が架かることによって急変した。現在、彼らの主な仕事は、ナラヤニの流木やジャンガルの枯れ木などを集め、薪に作ってバザールに売りにいくことである。薪は一束は六〇キログラムで、二五〜三五ルピーに売れる。雨季は道も悪いし、流木を拾うのも困難であるから量が少なく、値段は高い。毎日、朝三時頃には家を出て、昼食にいったん帰り、また出かける。一束の薪をつくるのに二、三日かかることもある。薪は流木も拾うが、主としてジャンガルにとりに行く。往復するのに二、三時間はかかる。生木を伐ることは御法度になっているので、もっぱら枯れ木や倒木を拾うのである。薪作りは主として男の仕事で、女たちはわずかな畑を耕してトウモロコシなどをつくるのだが、いくらもできない。

ナラヤニ・ガートは大きな渡し場で、雨季も乾季も休みなく、夜も昼も運航していた。渡しに使う船は丸木舟ではなく、ナウと呼ばれる大きな板船であったという。これはインド人を雇って作ってもらったものである。ボテは丸木舟を作ることはできるが、板船を作る技術は持っていなかった。

ナウは全長三〇ハート(約一五、六メートル)くらいの大きさで、船頭五人で漕ぎ、一度に四〇〜五〇人渡すことができた。自動車などの大きなものを渡す時には二隻並べてその上に板を渡して乗せるのだが、その場合は、一〇人で漕いだという。客の多いときには二隻繋いで一〇〇人くらいを一度に渡すということもしていた。渡し賃は一人二ルピー、動物は水牛や牛などの大家畜は五ルピー、山羊・羊などの小家畜は二ルピー、バス・トラックは一台一〇〇ルピー、自転車は二ルピーであった。

ナラヤニ・ガートの渡しの権利はバンディプールの人が持っており、ボテは月給で雇われていた。月給は一〇〇〜二〇〇ルピーだったが、終りの頃には四〇〇ルピーになっていた。その当時のネパール一般の賃金と比較して四〇〇ルピーという月給は、かなり良い部類に入るものであり、今の彼らの生活よりははるかに豊かであったに違いない。

私たちが、今回の旅のはじめに訪れたナラヤニ河畔の、バグコールとバッティ・トールの二つの村はいわゆる近代化という目標を掲げて、大きく変貌しつつあるネパールの中で翻弄され、ある面では置き去りにされてきている少数民族、ボテ族の姿と将来を暗示するもののように私には感じられた。

カリ・ガンダキの船頭たち

●カリ・ガンダキ流域のボテ族とガート

カリ・ガンダキ河はムスタンの盆地に源を発し、アンナプルナやダウラギリ山群の水を集めて南下する。そしてマハーバーラタ山脈にぶつかって、大きく流れを東に転じ、トリスリ・ガンダキと合流してナラヤニ河となり、インド平原に入ってガンジスに合流する。

マハーバーラタ山中を流れるカリ・ガンダキは何回となく湾曲を繰り返し、いくつもの河成段丘を形成している。雨季の雨は、拓きつくされて極端に保水力の弱くなった斜面を一気に流れ落ち、土砂を抉《えぐ》り、斜面を削る。雨季の山道では、到るところで大きな崩壊地を見ることができるし、崩壊する場面に出くわすことも少なくない。流れは、まったくの泥流と化している。この泥流が澱みに砂を堆積させ砂金採りの場を提供することになるのである。

この山中にはかなりのボテ族が住み、集落をつくっている。斜面の中腹から頂上にかけては、山地民族であるマガール族の生活領域になっており、その集落は尾根筋に多い。それと対照的に、ボテの村は、川縁の湾曲部に形成された段丘上に、立地している。かつては彼らの集落のある川沿いの低地は、マラリヤの蔓延するところで、山地農耕民の忌避するところであった。ボテ族は、タライ低地に古くから住みついていたとされているタルー族などと同じように、マラリヤにたいして免疫性を持っていると考えられている。河に沿って移動し、漁労や砂金採取を生業としてきたボテ族にとって、こうした低地こそが仕事場であったから、長年の間にマラリヤ、その他の風土病にたいする免疫性を身につけたものであろう。マラリヤがほぼ完全に近い状態にまで撲滅された今では、ボテの住処であった段丘や川沿いの平地は農業、とくに水田稲作の適地として目をつけられ、バフン(ブラーマン)やチェットリなどのカス族がたくさん入り込み、混住村をつくっている。ボテ本来の集落は概して規模の小さいものであった。農耕を主とするカス族の移住は、定住して耕作に従事することを好まなかったボテ族に、刺激を与えると同時に、その生活を大きく圧迫することにもなっている。

ボテ族は容貌・骨格はタルー族に似ているといわれているが、タルー族よりもモンゴロイドに近い形質を持っているように見受けられた。観察することのできた何人かの幼児は、お尻に蒙古斑を持っていた。

ボテ族の出自は明らかではないが、古くから、インナータライからマハーバーラタ山中にかけての、河谷低地に住んでいた土着の人々ではないかと考えられている(『ネパールの人びと』D・B・ビスタ)。今もまだ仲間うちでは、ボテ族固有の言葉である、ボテ語を話しているところが少なくない。

現在は、定住して規模の小さい農業を生業としているのだが、二、三〇年前までは、定住地をもたずに、丸木舟を足として、河沿いに移動を繰り返す生活を続けていたグループもかなりいたのである。

ボテ族本来の仕事は、丸木舟を操ること、魚とり、砂金採取であった。これは、ナラヤニ流域のボテだけのことではなく、ネパール全域のボテ、マジに共通することである。

雨季にあたる八月に歩いた私たちは、水量も多く、流れの厳しい本流域では、漁をしている人をほとんど見かけなかったが、支流にはいると投網、掬い網、釣り、簗漁などを見ることができた。乾季になると、釣りや投網などの個人漁のほかに、何人もが仲間を組んで、簗漁や瀬替え、毒流しなどの集団漁が盛んに行われる。しかし、昔ほど漁が大切な仕事ではなくなった、ということを方々で聞かされた。ナラヤニ河下流、インド国境との接点にあたるトゥリベニに、二五〜三〇年くらい前にダムが築かれ、その影響で魚が捕れなくなったという。このダムはガンダキ水系全域にわたって、魚類の生態系に大きな影響を与えたようである。

もう一つの大事な生業であった砂金採取は、魚とり以上に行われなくなって、今では老人以外には行わないし、若いものはもう、その技術を知らないと一様にいうのだが、それでも砂金採りの道具であるドンディは何箇所かで見かけた。バッコールの老人は、河原の流木を拾ってドンディを刳っていたし、ダルプックに来ていたアダムタールの村人二人、は砂金採りの道具一式を親戚の家に預けていた。彼らはダルプックだけではなく、何箇所かに道具を預けていて、乾季には砂金採取を続けているのである。彼らの数は少なくなっているけれども、砂金採取を目的にして、周期的な移動をしているボテ族もまだかなり残ってはいるのである。

また、彼らが足として使ってきた丸木舟は、まだ方々に残っている。丸木舟は漁に使うものでもあるが、渡し船としても使われてきたのである。乾季には小規模な渡しを行っているガートが少なくない。

●ガートとキパット

今回私たちが主として歩いた、カリ・ガンダキ流域のボテ集落は、例外なくといってよいほど、渡し場（ガート）の周辺にあった。現在はもうなくなっていても、かつては村の下にガートがあったというところが多かったのである。ダルプックやチェルルンの村は、その代表的な例の一つである。

ダルプックは現在、ボテ五五戸、バフン五〇〜五五戸、チェットリ三戸、ガルティ一戸、ドマイ一戸が混じりあって住んでいる。いわゆる、混住村であるが、もともとこの土地はボテ族にキパットとして与えられたところであったという。村人の語るところによれば、ダルプックのボテは、この段丘の下に設けられていたダルプック・ガートと、その下流にあるラムディ・ガートで渡しの仕事をするために住みついたのだが、その時にサラカル（政府）からキパットとして、このあたり一帯の土地を貰った。だから始めは、ボテだけの住む村であったところに、バフンなどが、農業に適したところとして目をつけ、移住してきたのだという。

今では後から入ってきたバフンが、社会的にも経済的にも力を持って君臨している。もとからの住民であるボテは、年間食料の二〜三カ月分くらいしか自給できない小規模な農業と、日雇い稼ぎなどで暮らすことが多く、表面的には小さくなっているが、俺たちの土地に住まわせてやったのだという自負が時に感じられた。バフンは「ボテたちは、自分たちが食べる穀物の大半を酒にしてしまい、暇さえあれば酒を飲んでいる。そして、魚とりには熱心だが、農業は一生懸命やらない。だから、自分の畑でとれる作物だけでは、二〜三カ月の食料しか賄えないようなことになるのだ」と一様に彼らを批判する。確かに村の中のトウモロコシ畑をみても、バフンの畑とボテの畑では、それとわかるくらいできが違うし、川沿いに拓かれた水田のほとんどはバフンの所有になっているのだが、そうなったのは、単純にボテの怠惰のせいだけだと決めつけるわけにはいかないようだ。

ボテのキパットというのは、シャハ王朝（一八世紀末〜）によって設けられた制度である。キパット地では土地税が免除され、ボテの自治権が認められていた。特権的な土地である。シャハ王朝がネパール統一をすすめる過程で、交通路の整備が行われた。主要な渡河地点に、ガートを設置した。その際、川に慣れ、丸木舟を造り、漕ぐ技術を持ったボテ族を、それぞれのガートに配置し、渡しを守り、維持する役目を負わせた。その反対給付としてガートの周辺の土地を彼らに与えたのである。

キパットを与えられたボテはガトワレ（渡し守）として、公用で旅をする役人や政府の荷物、公文書、武器弾薬などを雨季であっても無償で渡すのが義務であった。とくに公文書はどういう場合でも遅滞なく運ばなければならなかったので、フラッグ・ポーター（郵便夫）は二四時間、ガートに詰め、待機していなければならなかったという。

ガトワレとなったボテは、キパット内に家を建て、集落をつくった。しかし、彼らの集落は大きいものではなかった。たとえばチェルルンでは一九二五年には五軒であった戸数が、一九五三年には九軒に増えているが、それ以後はあまり増えずにきたという。チェルルンのガートを維持していくには、その程度の戸数で十分だったのである。そのチェルルンのボテ村は現在、四八世帯になっているが、これほどの大きな集落になったのは、ガートが閉鎖され、農業に主体を置くようになってからのことである。またカリ・ガンダキの支流、バリヤル・コーラにあるカイレニ・ガートは、バリヤル・コーラに設けられたガートの中では、最上流部に位置する規模の大きなガートであったが、一九六〇年（西暦）に橋が架けられるまでは、九人ずつが一日交代でガトワレを勤め、一八人で維持していたという。その当時の村の戸数は一八戸であった。一戸から一人ずつ出ていたのである。今はボテだけで三九戸に増えている。

近年急激に戸数・人口が増加しているのはどのボテ村にも共通して見られた現象である。

ダルプックのボテに与えられていたキパットの範囲は、ほぼ現在のダルプック村の領域に相当する、宅地、耕地、草地、ジャンガルをすべて含む広大なものであるが、ボテはガトワレで生活をたてることができたし、本来、河川を丸木舟で移動し、魚とりや砂金採りを主としてきた移動民としての性格を強く残す人々であったから、農業には熱心でもなく、土地に執着も持っていなかった。だから、簡単にあとから入ってきた農民であるバフンなどに土地を安く売ったり、借金のかたに取られたりしてなくしてしまった人が多いのである。

一九五三年(西暦)にそれまで無税だったキパットの土地もライカル制度のもとに統一され、ジャンガルは国有地に、それ以外の宅地・耕地・コールバリ(採草放牧地)は私有地として丈量《じょうりょう》(測量や検地)され、税が課せられることになった。その土地測量の時、ボテはコールバリを登録することを知らず、ほとんどをバフンのものにされてしまったという。いまダルプックでは生乳でミルクを出荷しているのだが、その牛や水牛を飼育しているボテは、コールバリを持っていないために、年間にはたいへん高額になる使用料を払って、バフンのコールバリを借り、草を刈っている。これに限らず、無知に付け込まれて、ずる賢い有力者に、土地をだまし取られたという話はいたるところで聞かされた。教育も受けず、文字を持たずに過ごしてきたボテにたいして、借金証文の金額を一桁多くして、土地を取り上げてしまったなどという例は少なくない。

●カリ・ガンダキの二二ガート

カリ・ガンダキ流域には二二の主要なガートがあったという。それらのガートには皆キパットがついており、近くにボテが住んで、その維持にあたっていた。

タライ低地から聖地ムクチナートに通ずる主要な道筋にあたるダルプック・ガートも、チェルルンのガートも、その二二ガートに含まれていた。これらの二二ガートが何年に設けられたのか明確にはなし得なかったが、西暦一八〇五年に、トリスリ・ガンダキからカリ・ガンダキにかけての三一ガートが整備されたという記録がある（「レグミ・リサーチシリーズ」No.9—10）。

その三一ガートの中にダルプック・ガートの名前も挙げられている。この時のガート整備は、シャハ王朝の、ネパール西部辺境地域への出兵に関連して行われたものであった。これらのことから類推すれば、ガートの設置、整備は一八世紀の終わりから一九世紀初頭にかけて行われたシャハ王朝の西ネパール統一の軍事行動と関連して行われたもののようである。

ダルプック・ガートはパルパ（タンセン）、クスマ、バグルンの郵便物をも扱っていたから、夜も必ず二人は詰めていたものである。

このガートを通過する主な荷物は、ボート（チベット）から運ばれてくる岩塩、ナラヤニガートの方から上げられる米、ジャガイモ、ティティ（薬草の一種）などであった。奥から下ってくる塩は、主として乾季に、カッチャーリ（小型の馬）の背に積まれてきたという。塩荷は丸木舟に積み替えて渡すが、カッチャーリは、御者が船の上から手綱を持ち、側を離れないように、御しながら泳がせて渡したという。

雨季にはカッチャーリなどの家畜は塩などは運ばなかった。

ムクチナートに行く巡礼も多く通った。ムクチナートには、このガートを渡り、さらに上流のプルティ、バグルン、クスマ、バッチャなどのガートを渡って、六日かかって行ったものである。昔はポカラに行くのも、カトマンズに行くにもこのガートを渡ったものである。渡しは朝の四時頃から日が暮れるまで運航し、ガトワレは五人ずつ、交代で当たった。ラムディに吊り橋ができてからは、渡る人が減り、ついには閉鎖されてしまった。他のガートもほぼ同じような経過を辿っているが、キパットを持ち、公的な渡し場として機能していた二二ガートが閉鎖されてしまうのは、ネパール暦の二〇二九、三〇年(一九七二、三)頃である。もちろんそれ以後も、橋の架からない地域のガートは残っていくのであるが、それは公的なものではなかった。現在では、周辺の住民が利用するためにいくつかの小規模なガートが細々と運航を続けているに過ぎない状態になっている。ガートに依存して暮らしを立ててきたボテの生活は、橋が架かり、交通が便利になることによって急激に変貌していくのである。

●ラニ・ガート見聞記

現在、運航しているガートの大半は、乾期の水が少ない時期だけのものであるが、そのなかで、比較的規模も大きく、年間を通して運航しているガートの一つが、ラニ・ガートである。ラニ・ガートはダルプックの上流、ダイラトンを経てチェルルンに通ずるカリ・ガンダキ沿いの道が、チェルルンの段丘にかかる地点にある。ここはカリ・ガンダキと、支流、タンキチョウルの合流点でもある。バグルン、タンセンから奥地に通ずる街道で人通りが多く、古くは二二ガートの一つであったチェルルン・ガートが移ったものであるという。チェルルンのボテがガトワレ(渡し守)として責任をもっていた。百何年か前に、この辺り一帯を領地としていたカルカ・シャムセル・ラナが、合流点に館をつくり、それまで、チェルルンの村のすぐ下にあったガートを、自分の館そばに移したものだと伝えられている。

ラナの館は住む人もない廃墟となってはいるが、いまもその盛んなりしころの威容を、ガンダキの流れに写し、旅人の感慨を誘う。歴史の流れを感じさせる景観である。

ラニ・ガートには、二〇四三年(一九八六)一月に、スイスの援助で釣橋が架かり、渡船はいったん廃止されていたのだが、それから一〇年後、大風によって橋が倒壊し、また渡しが再開されたのである。ここには、今ダイラトンのジェト・バハドール・ボテ(五八歳)を頭(ムキヤとも、ナイケともいう)とする、ダイラトン二人、チェルルン四人、合わせて六人のボテと、タンキチョールのマガール二人の八人が渡し守として、崖上の小屋に詰めて、運航にあたっている。丸木舟が新旧二艘おかれているが、古い方は岸に上げられたままになっており、新しい方だけが使われている。その丸木舟の全長は九・七五メートルで、私たちが見た中では最大のものであった。この丸木舟を七人で漕ぎ、七〜八人の客を乗せて急流を渡るのである。現在のラニ・ガートの渡しは、ガトワレ八人が経営する私営渡船場である。渡船を再開するにあたって、政府に許可を受けてもいないし、政府からの援助も受けてはいない。船も八人の共同出資でつくったものである。八人のガトワレは、かつての渡し場でもムキヤであったジェト・バハドールの親戚と、親しい友人たちであるという。私営であるから船を造る時の資金は平等に出資し、渡船料やパティの収入も均等に分配するのである。

今使用している舟は二年前に作ったものだが、その時八人で三〜四〇〇〇ルピーの金を出した。丸木舟はチャップ、コラム、シマル、オダネ、などの大木で造る。チャップなどの良い木だと六〜七年は使えるが、今の丸木舟は柔らかいシマルの木で造ったものであるから、三年が限度である。したがって、今年の乾季まで使い、新しく造りかえるつもりで用材は見つけているのだが、ここには、また橋が架かる予定になっているので、船の新造はそのようすを見てからのことになるようだ。いずれにしろラニ・ガートの渡しも早晩消える運命にあることは間違いない。

舟をつくる時にかかった三〜四〇〇〇ルピーは、加勢してくれた人たちの食事代などに遣った金である。木はリディ・バザールの近くのジャンガルにあったもので、その場で荒づくりをして川まで下ろし、ガートまで運んで仕上げた。木を伐って、中を刳り、ガートまで持ってくるのに三カ月くらいかかったという。船木を伐るときには、必ずニワトリを供えてプジャ(祭り)をする。まず木の周囲をきれいに掃除し、そのあたりにある適当な石を、木の側にたてて祭壇をつくる。この石が依代ということになるのであろう。その前に灯火をともし、司祭役が「さあ、パルメシュラよ、この木から他の木に移ってくれ。木を伐る人に悪さをしないでくれ」と唱えて、ニワトリの首を落とし、その血を石にそそぎ、その石をべつの木の側に持っていってたてるのだという。パルメシュラというのは木に宿っているカミ(精霊)の名であろう。供えたニワトリはその場で料理し、直会《なおらい》として、皆で食べる。そのあと司祭が最初の斧を入れ、切り倒すのである。ニワトリを供犠するのは船木を伐る時のプジャだけである。ニワトリの他にダジャ(細長く切った布)とアチェタ(米)も供える。司祭役はとくに決まってはいないが年寄りで、物知りの人がやるという。切り倒す前には、木のまわりの土を掘りあげる。斜面に生えている木は、土砂の堆積で幹が埋まっているからである。倒れやすい方向に切り倒し、どれくらいの大きさの船になるか計って玉伐りし、船首になる根本のほうから中を刳っていく。中が刳り終わったら底を少し平らになるように削る。この辺りの丸木舟はナラヤニの舟と違って側面はほとんど削らない。他のボテも頼めば舟を刳るのを手伝ってくれるが、自分たちだけで作業することが多い。舳先の方が広くないと安定しないので、木の根もとを舳先にして造るのである。

荒づくりした舟を、山から川まで下ろす時には、渡し舟を常時利用する周辺の村人に加勢してもらう。これは古くからの慣習になっているので、声をかけると手伝ってくれる。二年まえにつくった時には、毎日、二〇〇人ほどの人で一〇日かかったという。加勢人の食事代はガトワレが負担するのが決まりである。川を流してラニ・ガートまでは二時間で着いた。最後の整形、仕上げはラニ・ガートで行った。

船ができあがって、渡し初めのときにもニワトリを捧げてプジャをする。ニワトリの血を舳先にそそぎ、「さあ、パルメシュラよ、これから先、川を渡る人に何事もおこさないでくれ」と祈りを捧げたあと、河原で直会をするのである。

船を山から下ろすのに手伝った人からは、渡し賃はとらないが、年間一パテのマカイ(トウモロコシ)をもらう。これがドゥンガ・パティ(丸木舟代)、略してパティとよばれるもので、これも慣習として決められているものである。ラニ・ガートのパティを出す村の家数は約二〇〇軒くらいである。パティはモンシェル月(一一月中旬〜一二月中旬)にガトワレが自分たちで集めにいくが、穀物でなくお金で払う場合には一パテにつき一五ルピーの換算で、村の世話役が集めて持ってきてくれるという。このドゥンガ・パティがガトワレの生活を支える大きな柱になっていたのである。

一般の旅人は渡し賃を払う。ラニ・ガートの渡し賃は一人五ルピー、山羊二ルピー、水牛などの大家畜は一頭一五〜二〇ルピーと決められているのだが、旦那衆は、それ以外に御祝儀を出すのが習慣になっている。グルカ兵などが帰省する時には、一人で五〇ルピー、気前の良い人は一〇〇ルピーも祝儀をおいていくという。

八月二〇日、ラニ・ガートを訪れた。この日は、私たちが引き上げた午後四時ころまでに七往復して、合計五六人を渡し、渡し賃として一二〇ルピーを得ている。金をとるような大きな荷物をもった人はいなかったから、二四人が金を払う旅人であった。のこりはパティを払っている常連である。雨季の濁流を往復するのに四五分から五〇分かかる。行きには二〇〇メートル、帰りは三〇〇メートルくらい流されて、帰りついた時は、出発点から五〇〇メートルくらい下流にしか着けないという激流である。七人の漕ぎ手のうち、先頭には最も力のある若者が乗り、最後尾には優れた技術を持ち、経験も豊富なムキヤが乗って指揮を取っていた。ムキヤは流れの状態、乗客のようすに気を配りながら、絶えず声をかけ、指図をする。その指図にしたがって乱れなく右に、左にと櫂《かい》を替え、急流を漕ぎ渡り、狙った地点に船をつける技術は絶品といってよい見事なものであった。

●ガンガに生まれ、ガンガに帰る

チェルルンの村に滞在中、何回か河原に降りた。チェルルンのボテ・ガオン(村)のある段丘の、南西部は流れをまともに受けて、切り立った崖になっているが、北東部は流れが対岸に寄っているので、広い河原になっている。ここには流木がたくさん寄りつくので、子供や女たちが毎日薪拾いに集まる。その河原の隅に、頭に白布を巻き、白褌一本締めた裸の青年が、陽光をまともに浴びて寝ていた。近くにいた子供に聞くと、キリヤをしているのだから声を掛けてはいけないという。キリヤというのは近親が亡くなった時の服喪のことらしい。この青年は、一年前に亡くなった母のキリヤをしているのである。本来なら亡くなった日から一三日間は喪に服さなければいけないのだが、彼はインドに働きに出ていて、帰ることができなかった。一年前に兄弟たちが正式のキリヤを行い、弔い上げの儀式も済ましているので、彼は一一日間だけ喪に服せばよいのだという。ここでは人が亡くなると、河原の水際に穴を掘って埋める。埋めた当初は、塚状に石を積んでいるから、それとわかるのだが、一年たった今はもうわからなくなっている。たぶん流されてしまったのであろう。青年の寝ている近くの水際に、小枝が一本立てられていた。その下には母の死体の代わりの、藁人形を埋めてあるのだという。彼は日中は河原で過ごし、夜は河原近くの家に泊まっていると聞いたので、翌早朝その家を訪ねた。初老の婦人が一人で暮らしている家であった。チェルルンのボテ・ガオンはグルカ兵やインドなどに出稼ぎに出ている男が多く、女子供だけの家族が目立つところであった。この婦人も子供が外に稼ぎに出ているのである。キリヤの青年は、母家の入口にある、山羊などを繋いだり、仕事場として使う、壁のない吹きさらしのドーカに、天井から投網を蚊帳のように吊り、その中に藁をしいて寝ていた。いつもならもう河原に行く時間だが、今朝は雨が降っているから、まだ寝ている。もう行って貰わないと、ニワトリも出せなくて困るんだ、と婦人がぼやいているところであった。キリヤの期間は他の人と話をしてもいけないし、人に触れてもいけないのである。人だけではなく、動物が触ってもいけない。もし山羊やニワトリが触れたら、その動物は直ちに殺してガンガ(カリ・ガンダキ)に流さなければならない。牛が触った時は、殺すわけにはいかないので、河で洗って清める。人の場合も牛と同じである。触られたキリヤはさっそくガンガにいって沐浴し、その日は水以外は口にしてはいけないという。

「私たちボテはガンガに生まれ、ガンガに育てられ、そしてガンガに帰ることになるのだから、ガンガの水で汚れを払うのです」というのが、ニワトリを放すことも、山羊を繋ぐこともできないと、ぼやいていた婦人の言葉であった。

チェルルンやダルプックではカリ・ガンダキに近いから河原に小屋をつくらないが、河から少し離れたボテの村では、河原にポウワ・ガールという小屋をつくり、人は死が近づくとその小屋に移り、最後を迎え、水際に埋めて貰うのだという。

河の民、ボテの話である。

1―西暦一九八九年はネパール年(ビクラムサンバット)では二〇四六年である。西暦とネパール年とでは五七年の差がある。

2―ネパール暦のファグーンは二月中旬から三月中旬、チェイトは三〜四月中旬、バイサックは四月〜五月中旬にあたる。なおネパール暦の第一月はバイサックである。

ネパールの民族とカーストについての若干の補足——あとがきにかえて

ネパール王国は、多民族国家である。現在でも、国内にどのような民族が、どのように分布しているのかについて、正確にわかっているわけではない。言語や宗教を異にし、風俗習慣も微妙に違う人々が、相互にある関係を保ちながら住み暮らし、国家を形成しているのである。大まかには北、あるいは東方からヒマラヤ山地に入り込んだチベット・ビルマ語系の言語を母語とするチベット、シェルパ、タカリー、グルン、タマン、ライ、リンブーなどの山地諸民族が高山帯から中間山地帯にかけて分布しており、同じチベット・ビルマ語系の言葉であるネワール語を保持するネワール族はカトマンズ盆地が母地であるが、広く国内各地のバザールなどの町場を中心に広がっているし、インドと境を接する低地タライ地方にはあまり類歴の明確になっていないタルー、マイティリなどの少数民族とこれも少数であるが北インド系の住民が分布している。本書の最後に取り上げたマジ(ボテ)族は、マハーバーラタ山地からタライにかけての河川流域を生活の場としてきた民族の一つである。現在のネパールで人口も最も多く、政治的に最も大きな力を持っているのは、一般にネパール語と呼ばれているインド・アーリア語系の言語を母語とする人々である。彼らは西あるいは南から、この山地に入ってきたと考えられている。ヒンドゥー教を信奉しており、パルバテ・ヒンドゥー(山地ヒンドゥー)と総称されるカースト制を持ち伝えてきた人々である。現在のネパール憲法ではカースト制は廃止されているのだが、日常生活の側面ではまだ強く残っており、人々の生活を強く規制している。カーストは周知のようにインド特有の身分階級制で、古代インドにおいては、四姓といわれるバラモン(司祭者)、クシャトリア(戦士・王族)、バイシャ(庶民)、シュウドラ(被征服者）の四階級に区別したことにはじまるのだが、それが時代とともに増えて、現在では二千数百種にもおよぶといわれるほどに細分化されている。同じカーストに属する人々は、同一の信仰をもち、婚姻はカースト内で行い、同じ職業に従事し、火や食事にたいする強い規制で縛られている。ネパールに入ったパルバテ・ヒンドゥーもカースト制を持ちこみ、それを保持してきたのだが、いわゆる四姓の全てが入ってきたわけではないようで、彼らのカーストは司祭階級の末であるバフンとクシャトリアに対応するチェットリとアンタッチャブルとして差別されるカミ（鍛冶屋）、ダマイ（仕立屋）、サルキ（皮職人）などの職人カーストが主である。ほかのカーストや他民族との混血などによって細分化はされているが、インドほど複雑になってはいない。一七世紀末にゴルカ地方の一豪族であったシャハ家（チェットリ）が勢力をひろげ、ネパール全土を征服し、現在のシャハ王朝になるのだが、その征服の過程と並行してバフン、チェットリは全国に分散し、土地を手にいれ勢力を伸ばしていったのである。パルバテ・ヒンドゥーの拡大とともに、彼らの言葉であるネパール語も普及し、ヒンドゥー教もまた浸透していくのだが、当然のことながらそれぞれの民族の言語や宗教は変化しながらも保持されてきている部分が多い。宗教では高地に住むチベット系の民族の間ではチベット仏教（ラマ教）やアニミズム的な信仰が支配的であるし、カトマンズ盆地を中心に独特な文明を築いてきたネワール族は、日常的にパルバテ・ヒンドゥーと接触の最も多い人々で、その影響を受けてネワール・カーストと呼んでもよいようなカースト制をつくりあげており、ヒンドゥー教徒となっている人も多いのだが、彼らの伝統的な宗教であるネワール仏教も幅広く、根強く残っている。カトマンズ盆地に古くから発達したカトマンズ、パタン、キルチプールなどは、ネパールの正倉院と呼ばれるほどに優れた宗教建造物や文化財の存在するところであるが、その宗教建造物は仏教、チベット仏教、ヒンドゥー教が、一見しただけでは見分けるのが困難なほどに混在しているのである。また本来はカースト制とは無縁であった諸民族も、パルバテ・ヒンドゥーとの関係を深めていく過程で、自分たちをヒンドゥー・カーストの中に位置付けるという傾向もみられる。本文で取り上げたアイセルカルカのライ族はその一つの例である。

ネパール王国は、多民族、多言語、多宗教国家なのである。私は三〇余年にわたって関心を持ち続け、かなり広い範囲を周遊したつもりになっていたのだが、こうして振り返って見ると、そのほんの一部分を撫でてきたに過ぎないネパール見聞の、さらにその一部分でしかないことに気づかされ、いまさら詮ないことながら、自らの怠惰を後悔している。

本書がこうした形で一本になるまでには、実にたくさんの人々にお世話になっている。無遠慮な異邦人である私を受入れてくれたネパールの人々、そして、その時々の調査に同行して助けてくれた友人や妻子、また、ここに収録した文章を執筆する機会を与えて下さった機関や編集者。一々名前をあげることは略させていただくけれども、それらの人々にまず第一にお礼を申し上げなければならない。本当にありがとうございました。

また、本書に掲載した写真のうち、第一章のポンモのものは神崎宣武氏撮影になるものがほとんどであり、最後の章であるマジ族の写真は西山昭宣氏撮影のものである。ここに記して感謝の意を表させていただく。それ以外のものは妻、真知子と私の撮影したものである。

本書は武蔵野美術大学出版局から新しく出発する叢書の一冊に加えていただくことになった。長年にわたってお世話になった武蔵野美術大学と関係深い出版局から刊行するのはたいへん嬉しいことである。が、その反面、責任を感じてもいる。これが多くの人の目に触れ、たくさん売れて、叢書が次々に刊行されて欲しいと願っている。

最後になるけれども、本書の出版について出版局に仲介の労をとって下さった高橋陽一先生と、編集にあたって下さった安達史人、内藤久美子、平井公子氏にこの場を借りてお礼を申し上げたい。

二〇〇四年一月

田村善次郎

●初出誌一覧（ ）内が初出論文名および初出誌

●第1章——ポンモ村記

1——ポンモ滞在記

ポンモ村の元日（「ネパール調査記」1『武蔵野美術』六六号、武蔵野美術大学、一九六八）

ラマ僧／キャラバン／学校（「ネパール調査記」2『武蔵野美術』六七号、武蔵野美術大学、一九六八）

病気と葬送儀礼（「ネパール調査記」3『武蔵野美術』六八号、一九六八）

付 グ・ドック観察記（「グ・ドック観察記」『あるくみるきく』一四四号、日本観光文化研究所、一九七九）

2——ポンモの村と人（「ポンモの村と人／ドルポ西南端の村」田村善次郎ほか著『ネパールの集落』所収、古今書院、一九九二）

3——ヒマラヤ山地の塩の道／ポンモ住民の交易活動を中心に（「同名論文」田村善次郎・田村真知子著『シンポジウム・ネパール／一九七三年［第2回］』所収、日本ネパール協会、一九七三）

●第2章——ライ族の村と人

1——アイセルカルカ滞在記（「ヒマラヤの見える村で／アイシェルカルカ滞在記」『あるくみるきく』一七九号、日本観光文化研究所、一九八二）

2——続アイセルカルカ滞在記（「豚を飼う村／くらしの文化1」『家庭科研究』一〇一号、あゆみ出版、一九九三。以下同誌一〇二［一九九三］〜一一一［一九九四］号に連載。タイトルは、「祀られる壺」「ワッシムとアラッカ」「カミの披露宴」「大工の仕事場で」「キムルン・セイマー」「カミと村人」「私たちの草鞋観」「ククリと鎌」「ハワ・パニ・ラムロ」）

3——山を焼く火（「山を焼く火／ネパールの村から」『季刊・武蔵野美術』七一号、武蔵野美術大学、一九八八）

●第3章——フムラ見聞抄

石積み平屋根のシミコット（「石積み平屋根のシミコット／ネパールの村から・1」『あるくみるきく』二〇一号、日本観光文化研究所、一九八三。以下同誌二〇二［一九八二］〜二一二［一九八四］号に連載）

山羊と羊と交易と(同前、二〇二号、一九八三)
塩の道と交易(同前、二〇三号、一九八四)
フムラの村々をゆく(同前、二〇四号、一九八四)
タクリの村と田植え(同前、二〇五号、一九八四)
ハエと南京虫と、そして栄養失調と(同前、二〇六号、一九八四)
魑魅魍魎の世界(同前、二〇七号、一九八四)
橋と崖の道(「橋と崖道と拓かれた山地」同前、二〇八号、一九八四)

●第4章——河川漁と川の民

1——ポーレと河川漁

ポカラとペワタール(「ポカラとペワ・タール」同前、二〇九号、一九八四)
湖畔のポーレ(「ポーレと河川漁」同前、二一〇号、一九八四)
投網・手網そして柴漬漁(同前、二一一号、一九八四)
ポカラの丸木舟(同前、二一二号、一九八四)

2——河の民・ボテ族(「川と生きるボテ族」『季刊民族学』五一号、国立民族学博物館監修、千里文化財団、一九九〇)
ナラカニの河の民(同前)
カリ・ガンダキの船頭たち(同前)

田村善次郎（たむら　ぜんじろう）

一九三四年　福岡県に生まれる。
一九五七年　東京農業大学農学部農業経済学科卒業。
一九五九年　東京農業大学大学院農学研究科農業経済学専攻修士課程修了。
一九六八年　武蔵野美術短期大学専任講師（文化人類学・民俗学担当）。
一九八〇年　武蔵野美術大学造形学部教授（同上）。
二〇〇四年　武蔵野美術大学退職。

一九六七〜六八　西部ネパール民俗文化調査隊隊長としてネパール王国西北部トルボ地方のチベット人村落の文化人類学的調査。
一九七一〜七二年　ネパール王国中部山地およびカトマンズ盆地の農耕村落における物質文化調査。
一九七九〜八〇年　ネパール王国東ネパール中部山地のライ族村落の文化人類学的調査、西ネパール・フムラ地方およびポカラ湖畔漁民の文化人類学的調査。
一九八九年　ネパール王国西南部カリガンダキ流域を中心にボテ族・マジ族の文化人類学的調査。
一九九二〜九三年　中国雲南省西双版納・大理地方調査。
一九九三年　共同研究「職人文化と近代化」の共同研究者としてネパール・日本・中国における職人文化の比較研究に従事。
一九九五年　中国雲南省大理地方・麗江地方調査。
一九九七年　中国四川省調査。

所属学会＝日本民具学会／日本生活学会／民族芸術学会
著書＝『藁の力』『小絵馬』『十二支の民俗誌』『棚田の謎』『ネパールの集落』『雲南の生活と技術』（いずれも共著）他

●MAUライブラリー①
ネパール周遊紀行
二〇〇四年四月一五日初版発行

著　者――――田村善次郎
発行者――――小石新八
発行所――――[株]武蔵野美術大学出版局
〒一八〇-八五六六　東京都武蔵野市吉祥寺東町三-三-七
電話：〇四二二-二三-〇八一〇(営業)／〇四二二-二二-八五八〇(編集部)
振替＝00180-9-573922
http://www.musabi.co.jp

印刷・製本――――[株]精興社

ISBN 4-901631-61-6 C3039
●定価はカヴァーなどに表記してあります
●乱丁・落丁本はお取り替えいたします

MAUライブラリーの刊行によせて

真の人間的自由に達するような美術教育への願い。これが一九二九(昭和四)年に設立された帝国美術学校の精神であった。この建学の精神は、探究の深みと教養の広がりを求めるものとして、現在の武蔵野美術大学に受け継がれている。

今日、造形への期待が社会に高まり、美術やデザインは日常の生活といっそう密接に結びついている。大学の役割を考えるとき、つちかってきた教育と研究の成果がさまざまな形で社会に生かされることが期待される。その成果をわかりやすい形で読者のもとに届けることを使命として、武蔵野美術大学出版局は、ここに『MAUライブラリー』を創刊する。このライブラリーは、武蔵野美術大学にかかわるあらゆる領域、美術・デザインをはじめ、表現と文化のすべての分野に拡大されることとなる。

『MAUライブラリー』の刊行にあたり、広く読者にその意思を伝え、理解と協力を求めるものである。

二〇〇四年四月一日

武蔵野美術大学出版局